集人文社科之思　刊专业学术之声

集 刊 名：理论与史学

主办单位：中国社会科学院历史理论研究所

中国史学理论与史学史研究室

总第11辑

集刊序列号：PIJ-2024-504

中国集刊网：www.jikan.com.cn/ 理论与史学

集刊投约稿平台：www.iedol.cn

AMI（集刊）入库集刊
CNKI 中国学术期刊网络出版总库收录
集刊全文数据库（www.jikan.com.cn）收录

中国历史研究院
Chinese Academy of History
学 术 性 集 刊 资 助

理论与史学

2024年第2辑　　（总第11辑）

中国社会科学院历史理论研究所
中国史学理论与史学史研究室 / 编

社会科学文献出版社
SOCIAL SCIENCES ACADEMIC PRESS (CHINA)

集刊 理论与史学

2024年第2辑
总第11辑

·学术动态·

今天需要什么样的史学史*

张　越**

摘　要：中国史学史学科经过民国、新中国成立后十七年、改革开放至今几个阶段，形成了"要籍解题"式、官私史籍与史馆制度、哲学与史学互动关系、"史学—社会—时代"结合等史学史研究模式与特点。其都与特定时期的历史学研究趋向密切相关。史学史研究必须适应历史学研究的变化而不断反思自身的学科体系、学科地位、研究视角、研究范式、发展趋向诸问题。一些非史学史专业的历史研究者使用史源学、文献学研究方法对古代史籍、史馆制度等方面做更深入的研究，正可与史学史专业研究形成互补，也彰显史学史研究在历史研究中的独有价值；不同史学史研究模式之间不是取代关系，而是共存关系；史学史研究是建构史学理论的重要组成部分，是史学理论阐释不可或缺的基本内容；中外史学理论与史学史研究群体应尽快打破各自营垒，打通更多融通渠道；中国史学史需要更加关注中国的世界史和考古学研究；尽量摒弃综述式、梳理式、概括式、颂扬式、摘要式的史学和史学史评价，真正的学术批评是史学史研究的核心之一。史学史研究如果忽视对前辈学者研究成就的继承、一味奢谈"创新"，将成无源之水；史学史研究如果脱离当下历史研究趋势、沉浸在自我营造的"满足感"中，将成无本之木。

关键词：史学史研究模式　史学史学科建设　史学史研究趋向

2022 年 9 月，中国史学会史学理论分会召开第三届理事会，在距上届理事会组建的 17 年后，组成了包括会长、副会长、常务理事和理事总计 99 人的新一届史学理论分会。第三届史学理论分会的组成，特别是中国历史研究

---

* 　本文系国家社科基金重大项目"百年来中国马克思主义史学话语体系建构研究"（23&ZD242）阶段性成果。

**　张越，北京师范大学历史学院。

院历史理论研究所（中国社会科学院历史理论研究所）的成立，标志着中国的史学理论与史学史研究发展进入了一个新的阶段，史学理论与史学史学科研究受到高度重视，史学理论与史学史研究具备了更好的发展条件，迎来了新的发展机遇。史学史是史学理论研究不可或缺的重要组成部分，在当前构建中国史学自主知识体系的时代要求下，史学理论与史学史研究显得尤其重要，应当怎样定位史学史学科地位，今天需要什么样的史学史，这些问题更需要人们去思考和讨论。本文拟围绕这些问题略陈管见，不当之处，敬请方家批评。

一 问题的提出

2007年，笔者在《学术月刊》发表《中国史学史学科的发展路径与研究趋向》一文，文章回顾了民国时期中国史学史学科形成和初期发展的基本情况，既认为该时期的"史学史著作更像是书目答问、要籍解题"，又强调"受西式学术分类体系的影响而在中国产生的史学史学科，承载的是中国史学自身两千余年历史的厚重内容，因而，就史学史的学科建设而言，一段时间里专注于研究史官、史家、史学的成立及发展、最近史学的趋势等梁启超划定的史学史的研究范围，从而在整体上表现出要籍解题式的研究特征，这在中国史学史研究的最初阶段是有其必然性的"。[①] 若干年后，随着对民国时期中国史学史研究情况的资料有了更多的掌握和了解，笔者发现之前的观点并不准确，遂于2020年发表《再论初创时期的中国史学史学科》，文章分析了梁启超在《中国历史研究法补编》中提出的史学史的"做法"即"一、史观，二、史家、三、史学的成立及发展，四、最近史学的趋势"，指出："由此观之，梁启超的'史学史做法'不乏精辟之见，所谓要籍解题式的史学史特征并不明显。或许是此后的中国史学史著作在'细化'梁启超'做法'的过程中，并非能够全然领会梁启超'做法'的全部要义，同时，在早期的中

---

① 张越：《中国史学史学科的发展路径与研究趋向》，《学术月刊》2007年第11期。

国史学史研究撰述过程中，因研究基础薄弱而不能够均衡表现梁启超的构想，所表现出来的便与史部目录学更为相近了。"此外，从金毓黻《中国史学史》一书中的内容上看，"刘知幾、章学诚讨论过的问题和梁启超规定的史学史框架，均在金毓黻《中国史学史》中有着明显的反映，而且作为早期的中国史学史研究文本，金著不乏许多独到之处"。[①] 因此恐不能绝对地说梁启超的史学史"做法"、金毓黻的《中国史学史》乃至民国时期的史学史研究就是要籍解题式的。

事实上，民国时期高校里的中国史学史课程开设程度要比后人想象得更普遍。仅 20 世纪 30 年代，就有 10 多所高校开设了中国史学史课程，有据可查的担任中国史学史课程教学的知名学者有 30 余人，可见撰写的讲义、讲稿达 10 余种（包括铅印、油印、手写），相关研究论文达数百篇。[②] 其中的大部分讲义几乎就是史学名著提要的汇编，确以"要籍解题"的历史文献学式的研究为主，这大概反映了时人对中国史学史的认知尚不深入的普遍状况，故后人对民国时期中国史学史研究的总体状况有这种评价也属正常。但是，总结一个时期的史学史研究特征，除了要概括绝大多数史学史著述所反映的普遍状况外，标志着该时期史学史研究的前沿认知也是一个不可或缺的评价指标。民国时期以金毓黻与蒙文通为代表的不同史学史研究理念，或许正是当时的史学史研究旨趣的前沿认知。

金毓黻认为："古代只有史籍，而无所谓史学，近代史学成科，而亦寓乎史籍之中。至于旧史之范围狭，仅载君相名人之事迹，新史之包蕴广，兼详社会文化之情状，时代既殊，编法亦异。以及孔子之作《春秋》，子长之撰《史记》，皆各有其背景，初非无故而云然。诸如此类，非可以一端尽者，是则时代之先后，成立发展之次序，有不容或紊者矣。"[③] 他强调的要点是，即

---

① 张越：《再论初创时期的中国史学史学科》，《河北学刊》2020 年第 1 期。

② 详见陈光崇、赵俊编辑《中国史学史论文、著作索引（1900 年—1981 年 12 月）》，辽宁大学历史系，1983。另参见王应宪《20 世纪上半叶中国史学史学科建设再探讨》，《华东师范大学学报》（哲学社会科学版）2012 年第 5 期；张越《中国史学史研究入门》，北京大学出版社，2019，第 110—115 页。

③ 金毓黻：《中国史学史》，商务印书馆，1944，第 2 页。

使近代以来史学已成专门学科，但史籍是最基本内容，且史籍成书皆有成因，故其"时代之先后，成立发展之次序"必须叙述严谨。他的《中国史学史》大致分私家修史和设馆修史两大类来叙述中国史学，更重视对历代史官制度兴废沿革的考证与阐述，是以史家撰写的史学成果为载体，勾勒一个时代之史学发展大势。该书1957年重版"导言"再次说明"史学寄于史籍，史籍撰自史官、史家，四者息息相关，不待论矣"。[①] 齐思和对此提出了批评意见："作者过重故实，而忽略史学，仅言纂修经过，鲜及体例得失，史学之义，似犹未尽也。"[②] 所谓"过重故实""仅言纂修经过"，实为金毓黻的"史学寄于史籍"的史学史理念所致，其后果便是被误解为"史学之义，似犹未尽"。于是又有学者从另一个途径阐发这个问题。

同时期蒙文通的史学史观与金毓黻大相径庭。蒙文通自谓："窃以中国史学惟春秋、六朝、两宋为盛，余皆逊之。于此三段欲稍详，余则较略。"即春秋、东晋南朝和两宋这三个时期是中国史学最发达的时期，其他时期不可与其相提并论。蒙文通认定这三个时期的史学最为关键的原因，来自他的史学史观："每种学术代有升降，而史学又恒由哲学以策动，亦以哲学而变异。哲学衰而史学亦衰。"[③] 把史学的发展与哲学联系在一起，视哲学的兴衰为史学的兴衰，春秋、六朝、两宋这三个时期是哲学史上思想活跃、学派纷立的时期，"史学又恒由哲学以策动，亦以哲学而变异。哲学衰而史学亦衰"，他甚至就此断言："哲学发达之际，则史著日精，哲学亡而史亦废。"[④] 这显然是更注重史学背后的史学思想的涌动，以史学思想作为史学发展的深层原因。蒙文通自知该见解"与人异趣"，而他撰写的《中国史学史》（讲义）因此而"取舍之际，大与世殊"。[⑤]

金毓黻认为蒙文通的观点"所重者为研史之义理，而非治史之方法"。如果按照蒙文通所阐述的中国史学史，则"晚周诸子，不见有自撰之史；六

---

① 金毓黻:《中国史学史》，商务印书馆，1957，第2页。
② 齐思和:《金毓黻著〈中国史学史〉》，《燕京学报》第32期，1947年6月。
③ 《中国史学史·绪言》，《蒙文通文集》第3卷《经史抉原》，巴蜀书社，1995，第222页。
④ 《致柳翼谋（诒徵）先生书》，《蒙文通文集》第3卷《经史抉原》，第417页。
⑤ 《跋华阳张君〈叶水心研究〉》，《蒙文通文集》第3卷《经史抉原》，第470页。

朝时撰史之风极盛，而亡佚其十九；两宋时期史著具在，然多不属谈理之彦"。① 诸如司马迁《史记》、班固《汉书》、唐代官修正史、刘知幾《史通》、杜佑《通典》、马端临《文献通考》、清初及乾嘉史学大家、章学诚《文史通义》等史家史著在中国史学史的地位又将如何评价？金毓黻指出："能自撰一史者，乃得谓之通史学，否则高语撰合，鄙视记注，则成家之作必少。"② 如果将二人分歧用现在的话说，就是史学史研究的主旨是史学编纂，还是史学观念（或史学思想）。怎样在史学史叙事中处理史家著述和史学思想？在初创时期的中国史学史研究中，前辈学者已经触及这类史学史的深层问题，的确是今人需要引起重视的。受限于当时的情况，这个问题并没有引发讨论，但是金毓黻、蒙文通等学者已经在很大程度上将其实践于他们的著述文本中，笔者以为，这应该就是民国时期史学史学科的前沿问题。

新中国成立后十七年时期，除 1961 年 4 月在高教部组织的全国文科教材会议上确定撰写中国史学史教材而引发了短暂的关于史学史问题的讨论外，少有新的史学史著作问世，即使是再版的金毓黻《中国史学史》，也因故删除了其中非常有价值的"最近史学之趋势"一章。杨翼骧、刘节等学者都曾开设了中国史学史课程。北京师范大学还创办了刊物《中国史学史参考资料》，③ 白寿彝撰写了《中国史学史教本》（上册）。④ 白寿彝发表的《谈史学遗产》《中国史学史研究任务商榷》，⑤ 耿淡如发表的《什么是史学史？》⑥ 等文章，虽然在改革开放后乃至 21 世纪以来受到重视，然而在当时产生的影响较为有限。

史学史研究真正重新起步，是改革开放后。20 世纪八九十年代出版的中国史学史专书、教材达 20 余部。数量虽多却不能掩盖其中存在的问题。如有

---

① 金毓黻：《静晤室日记》第 6 册，辽沈书社，1993，第 4591 页。
② 金毓黻：《静晤室日记》第 6 册，第 4591 页。
③ 该刊创刊于 1961 年 6 月，由北京师范大学历史系编印，不定期出刊，至 1964 年 7 月停刊前，共出刊 9 期。
④ 白寿彝：《中国史学史教本》上册，北京师范大学，1964 年铅印本。
⑤ 白寿彝：《谈史学遗产》，《新建设》1961 年第 4 期；《中国史学史研究任务商榷》，《人民日报》1964 年 2 月 29 日。
⑥ 耿淡如：《什么是史学史？》，《学术月刊》1961 年第 10 期。

学者发表对朱杰勤《中国古代史学史》一书的书评，作者批评道："搞史学史的人，天天谈史学体例、史料学、编纂学，而自己的史学史著作却不那么科学、合理，未免太说不过去了。""把史著的体例仅仅当作分类依据或编写形式的差异……对历史编纂学上的这些变化发展的描述，便在各书中显得十分零散和突兀，不能与史学思想、史料学以及历史背景联系起来，因而不能给人以立体的感受。""作者并没有详细发掘材料、分析材料，并从材料入手进行更深入的研究。"① 这些意见，不能不说是许多同类中国史学史专书共同存在的问题。

同一时期，白寿彝对史学史学科的论述有了明显突破。白寿彝结合他在60年代对相关问题的思考，在《史学史研究》1981年第1—4期上连续发表四篇《谈史学遗产答客问》，较为系统地发表了他对中国史学史研究多个问题的想法，同样的观点还反映在此后几年由他主编的《史学概论》和他撰写的《中国史学史》第1册的"叙篇"中。② 白寿彝认为："中国史学的发展，跟许多别的历史现象一样，是由低级到高级的发展。随着历史时代的变动，它也有一个发生、发展、衰老和更新的过程，有时也有些重复，甚至有些倒退。"他指出中国史学史的范围包括"中国史学本身的发展，中国史学在发展中跟其它学科的关系，中国史学在发展中所反映的时代特点，以及中国史学的各种成果在社会上的影响"。③ 白寿彝对史学史学科的理论阐述，是在具有史学史研究的理论自觉意识下做出的，他所提出的"中国史学在发展中所反映的时代特点，以及中国史学的各种成果在社会上的影响"的观点，很明显是在唯物史观史学深层影响下的思考所得，而这些认识则在史学史研究内容上打通了史学与社会两个维度，从史学与社会之间互动关系中考察中国史学的发展历程，是他对中国史学史研究体系的重要贡献，同时也是唯物史观史学视域下的史学史观念的创新之见。

---

① 葛兆光:《谈史学史的编纂——兼评朱杰勤著〈中国古代史学史〉》,《史学史研究》1983年第4期。

② 白寿彝主编《史学概论》,宁夏人民出版社,1983;白寿彝:《中国史学史》第1册,上海人民出版社,1986。

③ 白寿彝:《中国史学史》第1册,第29—30页。

联系到上述金毓黻、蒙文通等学者的观点，无论是史观、史籍，还是史学思想，都是在史学本身的范围内寻找研究主旨，白寿彝观点的创新则表现在突破了史学自身，而将研究范围拓展到影响史学发展的社会条件和史学对社会的意义这两个层面上。就前者而言，史学史研究因渗透到时代和社会这些更宏观的背景中，促使史学史研究者能够从史家、史书、史学思想中将研究视野扩展开来，对中国史学的整体脉络、发展节奏与特点做更加全面和立体的宏观分析，能够更深刻地认识史学发展原因和发展脉络；就后者而言，由于着眼点是史学研究及其研究成果是怎样发挥其学术（或政治）的影响而反作用于时代与社会的，则有利于体现历史学自身功能、社会效应和社会作用。白寿彝对中国史学研究的理论阐述，在20世纪八九十年代至21世纪初期的中国史学史研究中得到了充分体现。这三四十年间，因将史学与社会的联系贯彻于中国史学史研究中，生发出诸如史学发展与历史发展的关系、中国史学发展的总体脉络、不同时期中国史学发展的不同特点、中国史学史发展的分期以及分期标准问题等关乎中国史学史学科发展的一系列具有新意的课题意识，史学史研究的总体水平有了明显提升。

综上，史学史研究的趋向，总是与一个时期的史学研究趋向相联系的。民国时期史学以实证史学为主流，在引入西式学科分类的情况下，史学史开始被视为一门学科专史而成为一个研究门类之时，面对的是中国史学两千余年历史的丰富内容，以近代史学的视角品评古代史著、梳理史家谱系、勾勒史学发展脉络，是梁启超、金毓黻等学者面临的首要问题，而从史学思想方面把握史学发展内在驱动，则是对梁启超、金毓黻史学史做法的一种补充。新中国成立后，唯物史观史学成为中国史学主流，白寿彝从史学演变趋势出发，结合各时代社会发展的大背景规定史学史研究的内容、目的、任务，自60年代直到八九十年代逐渐形成了较为成熟的认识体系，"史学—社会—时代"的中国史学史研究模式不仅使史学史学科获得了长足发展，也出现了一大批中国史学史和外国史学史的研究成果。

进入21世纪后，中外史学交流更为频繁，中国史学以唯物史观为指导的史学多元化局面渐趋形成，域外史学理论和研究方法对中国史学产生了不同影响，出现了大量新的研究领域和新的研究方向。更新学科理念、丰富学科研究方法、反思学科创新问题，是中国史学普遍存在的现象。作为以历史学所有学科发展为研究对象的史学史研究，其自身不可能不受其影响而产生对本学科的反思；而且，怎样适应21世纪以来中国史学新趋向而在史学史研究中做出回应，同样是史学史学科面临的问题。人们已经认识到，"史学—社会—时代"的史学史模式"基本上是把中国史学史研究推向了一个难以逾越的高峰"，如果没有新的研究思路和研究范式，"人们只能在已经形成的思维框架中做些塞漏补缺的工作，难有大的学术建树"。① "如何在学科反思中更新知识体系，是21世纪史学史学术地位的提升需要面对的重要问题。"② 故此，今天需要什么样的史学史的问题，已经明确摆在了人们面前。

二 对史学史学科的持续反思

历史研究的对象是过去发生的、无法改变的历史客体，研究主体根据史料考辨历史事实并因史观、研究方法的不同而做出不同的历史解释、历史评价。与之相比，史学史的研究对象是经过人们对历史客体的研究后形成的历史学，史学的人文性更表现为其正在不断变化的动态特征，这个不同决定了史学史研究更须随史学的脉动而同频共振。朱维铮说："我们的史学史研究，在若干关节点上，不是需要深化，便是需要增补。于是，困扰这门学科史研究的老问题，即史学史写什么、怎么写等等，就再度摆在我们面前。问题的涵盖面，也已越出当初梁启超设计的史学史'做法'的框架，不再是局部修补或扩容所能满足。"③ 有学者强调"开放的史学史"，正是基于史学史学科这种异于具体历史研究的特点所捕捉到的认识。因此，固步于某种研究范式不是史学史研究的常态，史学史研究尤其要不得孤芳自赏、自我陶醉，更不

---

① 李振宏：《开辟中国史学史研究新局面的思考》，《史学月刊》2012年第8期。
② 杨艳秋：《进路："反思"特质的中国史学史研究》，《四川师范大学学报》（社会科学版）2019年第5期。
③ 朱维铮：《史学史三题》，《复旦学报》（社会科学版）2004年第3期。

能坐井观天、管中窥豹。事实上，从民国时期到新中国成立后，从改革开放直到今天，人们对史学史学科的反思一直没有停止。通过对史学史学科的反思而获得的每一次阶段性收获，都对史学史研究的发展产生了明显的促进作用。

20 世纪末的史学史研究，明显加强了在史学发展中注重史学与时代互动关系的研究，这不仅意在跳出要籍解题式的窠臼，更着眼于认清史学与社会政治的关系以及双方相互作用所产生的影响。但即使如此，问题似乎依然存在。张岂之在 1996 年就已经指出：历史学"和政治以及政治史有着不同程度的联系。在学术史上有多种情况，比如，有些史学成果和一定的政治有紧密的联系；有些成果和政治的联系较少，甚至有些和政治并无直接联系。对于史学家来说，情况也是复杂多样的，不可一概而论……似乎不必在每一成果的分析上都和政治挂起钩来，但是需要从学术史的总体上阐明一定的政治和史学学术的联系，在具体的解剖和分析上又必须实事求是"。① 此后，乔治忠提出："学术上的分门别类，是随着社会文化的发展逐步进行的，近现代的专门学科形成之后，有力地推动了学术事业的进步，但各门学术在知识、方法上是密切关联的，在发展进程中是相互影响、相互作用的。如果专门学科的研究在沿着自己关注的问题纵深探讨之时，过分囿于专业畛域而忽视了各门学术间的联系，则可能出现认识的轻重失宜、讹误或疏漏。"② 这两种观点看似是两个问题，其实问题意识是相近的，即都着眼于史学史的学科范围立论，都更强调史学史的"学术"权重。前者提示人们，并非所有史学现象都与社会政治有关系，如果过分地从时代社会的角度阐释史学发展特点，那些不一定能够与政治挂起钩来的史学成果要么会被遗漏，要么在解剖分析上难以做到实事求是；后者则让人们意识到，作为现代学术分类中的一门学科的史学史，如果过分囿于学科专业的藩篱，则难免忽略了学术知识体系的横纵联系，同样会造成史学认识的缺失。可以看到，在继续深化史家史著和史学与社会的关系研究的同时，更重视历史学的学术属性、将史学史纳入学术史

① 张岂之主编《中国近代史学学术史》，中国社会科学出版社，1996，"序"，第 3 页。
② 乔治忠：《论学术史视野下的史学史研究》，《南开学报》（哲学社会科学版）2004 年第 2 期。

的视角中全面考察史学的自身发展、突破狭义的史学畛域而涉及影响史学的诸多学术因素做综合研究，是新的认识趋向。更进一步，有学者认为过于关注史学史的社会史、学术史脉络都会影响对史学"内部发展逻辑"的考察。如2014年胡宝国在其《汉唐间史学的发展》（修订本）"再版序言"中写道："十几年前，我特别强调的是不要孤立研究史学史，要重视史学史与学术史、社会史的联系。这样的考虑当然有其合理性，但回过头来看，也有不足。这个不足就是忽略了史学内部的发展逻辑。"①

2004年朱维铮撰文指出，史学史研究包括三个方面的主要内容：历史编纂学史、历史观念史和中外史学的交流和比较。这应该是21世纪后对史学史研究内容做出的比较切实的规定。朱维铮解释说：历史编纂学史"既需要继续探究各类历史纪录形式的递嬗与衍变，厘清与重要作品攸关的人和事的历史实相，还需要深入考察与作品作者密切相关的生态环境和重大事变。从事后一项工作，尤其需要克服种种非史学的干扰，诸如古为今用、以术代学、以论代史、惟权是尚等等"。②看得出，他所说的"历史编纂学"已经突破了以往人们所谓历史编纂学的范畴，是一种更广义的历史编纂学：它不仅讨论各种史书体裁体例的优劣短长，而且研究"各类历史纪录形式的递嬗与衍变"；它不仅关注史著史家，而且要厘清与之"攸关的人和事的历史实相"，并且要考察其背后的社会和时代因素即"生态环境和重大事变"。朱维铮所说的历史观念史是"在社会历史中互相冲突又互相吸纳的复杂历史认知的存在，那复杂性就在于这类认知总是呈现历时性与共时性错综交集的特色"，"观念未必形成理论。但观念的萌生、分蘖、争存或荣枯，却是历史的整体影像，在历代史学遗存特别是非官方的载籍中多有踪迹。除了狭义的史学理论或史学批评，史学史还需要从更高层面系统考察历史观念史"。③这个"历史观念史"显然更具"史学性"，它不仅包括蒙文通所说的"史学又恒由哲学以策动，亦以哲学而变异"的受哲学引领的"更高层面"的史学

---

①　胡宝国：《汉唐间史学的发展》（修订本），北京大学出版社，2014，"再版序言"，第1页。

②　朱维铮：《史学史三题》，《复旦学报》（社会科学版）2004年第3期。

③　朱维铮：《史学史三题》，《复旦学报》（社会科学版）2004年第3期。

观念，而且还包括受社会因素影响、存在于官方和非官方史籍中、能够反映出"历史的整体影像"却"未必形成理论"的史学观念。历史理论和史学思想、史学理论和史学批评都可以融入这个历史观念史中，在很大程度上消解了因学科分类所导致的"历史观点"的歧义。至于中外史学的交流和比较，虽历代史籍中都有"目治耳食"的记载，但外国史学与中国史学有实质性互动还是要从 19 世纪后期开始，它更多地属于近代中国史学史研究不可或缺的重要部分。① 朱维铮指出的中国史学史研究内容所属的三大板块的观点，值得重视。

大约在 21 世纪第一个十年以后，怎样开辟史学研究的新路径渐成人们关注的重要问题。仅在 2012—2015 年，学者们就发表了多篇回顾中国史学史研究过程、讨论中国史学史研究内容与研究范式的文章。如乔治忠《中国史学史学科体系的思考》、朱政惠《中国史学史研究的国际视野》、罗炳良《深化中国史学史研究的构想》、钱茂伟《中国史学史研究视角的转换》、② 瞿林东《试论中国史学史研究的新路向》③、胡逢祥《关于改进中国史学史研究范式之我见》、李振宏《开辟中国史学史研究新局面的思考》、杨艳秋《关于近年来中国史学史发展趋势的思考》、王记录《回归与变革：中国史学史研究及学科发展趋向》、④ 孙卫国《东亚视野下的中国史学史研究》⑤、谢贵安《论中国史学谱系的层累和延展——兼论中国史学史体系的发展模式》⑥、陈其泰《关于拓展中国史学史研究的思考》⑦ 等。此后，类似文章断续可见，如姜萌《范式转移与继往开来：中国史学史研究一百年》⑧、赵梅春《改革开放40年来中国史学史研究的新进展》⑨、向燕南《是学科基础也是

---

① 朱维铮：《史学史三题》，《复旦学报》（社会科学版）2004 年第 3 期。
② 均见《学术月刊》2012 年第 1 期。
③ 见《天津社会科学》2012 年第 1 期。
④ 均见《史学月刊》2012 年第 8 期。
⑤ 见《史学月刊》2013 年第 11 期。
⑥ 见《人文杂志》2014 年第 8 期。
⑦ 见《陕西师范大学学报》（哲学社会科学版）2015 年第 4 期。
⑧ 见《清华大学学报》（哲学社会科学版）2020 年第 2 期。
⑨ 见《史学史研究》2018 年第 2 期。

学科方法：史学史学科地位解析》^① 等。与此同时，同样主题的学术研讨会也纷纷举办（见表 1）。

表 1 2012—2022 年史学史学术研讨会概况

时间	会议主题	主办单位	地点
2012 年 9 月	史学理论与史学史学科建设前沿理论	华东师范大学	上海
2012 年 12 月	史学理论及史学史研究的再出发	宁波大学	浙江宁波
2013 年 11 月	中国史学史的基础建设与前沿探索	南开大学	天津
2013 年 12 月	全球视野下的中国西方史学史研究	复旦大学	上海
2015 年 9 月	中国史学的历史进程	复旦大学	上海
2017 年 11 月	当代中国的史学理论与史学史研究	河南师范大学	河南新乡
2017 年 12 月	史学史的学科前沿和理论进展	首都师范大学	北京
2018 年 7 月	中国史学史研究的反思与展望	南开大学	天津
2018 年 10 月	近百年中外史学传承与创新	淮北师范大学	安徽淮北
2019 年 11 月	新时代中国史学史研究与中国史学的体系建构	中国社会科学院 四川大学	四川成都
2020 年 11 月	如何构建具有中国特色的史学理论体系	中国社会科学院	北京
2021 年 11 月	20 世纪以来的中外史学理论及话语体系	上海师范大学	上海
2022 年 1 月	建设新时代中国史学理论	中国历史研究院	北京

注：所列学术会议情况系不完全统计。

如此多相近主题的文章的发表和学术会议的举办，既充分说明史学史学科的发展经过民国时期、20 世纪 60 年代和八九十年代后，又来到了一个关键时期，其标志就是集中审视本学科的学科体系、学科地位、研究视角、研究范式、发展趋向诸问题，又表现为史学史研究的发展遇到了很大问题，过往的研究模式已逐渐难以适应不断变化的研究现状，史学史研究需要找到"新路向"，以便"再出发"。

---

① 见《史学理论研究》2020 年第 5 期。

三　最近史学史研究发展趋向评析

当史学史专业的学者还在讨论史学史学科应该如何发展的时候，一些非史学史专业学者已经悄然涉足史学史研究领域。由于他们有着扎实的具体历史研究的积累，由此深入史学史研究，其课题意识和研究成果颇引人注目。如中古史研究学者胡宝国在《汉唐间史学的发展》一书中收录的几篇专题研究论文，涉及《史记》与战国文化传统以及中古时期的经史之学、文史之学、史注、史论、杂传与人物品评、州郡方志等。这些问题都是中国古代史学中的关键问题，在过往的史学史研究中也或多或少地有所讨论，然而又都有很大的深入研究空间。胡宝国说："一部较为全面的史学史，必定要按照时间顺序叙述史家生平、介绍史学著作。在专题研究没有取得多大进展时，单凭这种叙述、介绍，史学发展的内在逻辑并不一定能够自然地展现出来。"他同时指出："专题研究的方式也有自身的缺陷。各专题之间的联系常常是或紧密或松散，读者难以获得一个整体的印象。"这里确实道出了史学史研究的两难：阐述一个时期甚或贯通性的中国史学史，不得不介绍的背景知识势必占据大量篇幅；专题研究则又难免重专精而略疏通，无法展现史学之史的过程。不过，专题研究的好处是，可以展现"史学发展的内在逻辑"，"有利于揭示出那些隐藏在现象背后的史学发展线索"。①

在民国时期，梁启超、金毓黻、蒙文通等治史学史者，都有其各自的具体研究领域，其他许多著名史家亦不时撰写史学史类著述，如顾颉刚的《当代中国史学》②，吕思勉的《史通评》③《文史通义评》④《史籍与史学》⑤，周一良

---

① 胡宝国：《汉唐间史学的发展》，商务印书馆，2003，"自序"，第 1 页。
② 顾颉刚：《当代中国史学》，胜利出版公司，1947。该书作者还有童书业和方诗铭。
③ 吕思勉：《史通评》，商务印书馆，1934。
④ 吕思勉的《文史通义评》写于抗战前，是著者任教光华大学时的讲稿，后收入氏著《史学四种》，上海人民出版社，1981。
⑤ 吕思勉的《史籍与史学》原名《史学研究法》，写于抗战前，为著者任教光华大学时的讲义，后收入氏著《论学集林》，上海教育出版社，1987。

的《魏收之史学》①，周予同的《五十年来中国之新史学》②，齐思和的《近百年来中国史学的发展》③ 等著作和论文，也都成为今日治史学史者绕不过去的研究成果。应该看到，自民国时期至改革开放前，绝大多数史学史研究者不仅有着自己的其他研究领域，而且不一定以史学史研究作为其研究主项。20世纪后期以来，史学理论与史学史专业成为二级学科，按此学科方向培养的学术人才虽专攻史学史专业，却少有以往学者坚实的具体历史研究的学术背景。这种现象是学科分类日渐细化造成的弊端，不惟史学史学科独有。

近年来一些具有广泛的历史研究实践经验的学者介入史学史研究，起到了在发挥其具体研究优势的基础上弥补专业史学史研究某些短板的积极作用，如有学者评价所言：他们"往往能贡献一些独特的观察视角和新议题，对本专业的研究起到积极的激励作用"。④ 这应该是此类研究受到关注的一个主要原因。对此，史学史研究者既用不着过度敏感，也不至于妄自菲薄。对个别具体课题做深入研究并非史学史研究的全部，史学史还需在更宏观的层面从学术史、社会史的大背景中梳理史学发展的整体过程；厘清史学内部的发展逻辑，揭示隐藏在现象背后的史学发展线索，更有利于史学史研究者打通史学发展的内外部联系以便更全面地认识史学发展进程。当下部分历史研究者使用史源学、文献学的研究方法对古代史籍、史馆制度等方面做更深入的研究，这对史学史学科而言是一件好事，有更多领域的学者涉及史学史研究，正可与史学史专业研究形成互补，同时双方又可以此提升各自领域研究的深度和广度。此外，一些具体研究领域的学者"跨界"以史学史问题为研究课题，并以此类研究为其代表性成果之一，或可彰显史学史研究在历史研究中的独有价值。其他学科或研究领域的学者关注并介入史学史研究领域，正是今天史学史研究所需要的局面。

回到史学史学科本身来看，如上所述，中国史学史研究究竟应该以考察

---

① 周一良：《魏收之史学》，《燕京学报》第18期，1935年12月。
② 周予同：《五十年来中国之新史学》，《学林》第4辑，1941年2月。
③ 齐思和：《近百年来中国史学的发展》，《燕京社会科学》第2卷，1949年10月。
④ 李孝迁：《中国史学理论与史学史》，《学术月刊》杂志社组编《人文学术评价报告（2020—2022年）》，上海人民出版社，2024，第214页。

史家、史书、最近的史学趋势为主，还是以着重于史学在其发展中与时代、社会的关系为主，抑或以发掘史学学术属性、把史学置于学术史中去辨章学术、考镜源流为主，对这些问题恐怕难以获得更一致的认识，因为这些问题是随着人们对史学史学科认识的不断加深而先后被重视起来的。它们实际上同为史学史研究的不同面向，其内容互为交叉、彼此涵盖，不能因为认识到了其中的某一方面，便轻易否定其他方面，它们之间不是取代关系，而是共存关系。对史学史研究主旨认识得愈全面，对史学史学科建设就愈有利。至于研究者更侧重于哪个方面，则需根据每个人的知识结构、研究兴趣、材料掌握等实际情况，结合当时的研究状况、研究趋向等因素综合考量而定。学术研究无止境，史学史研究亦不例外。

　　史学史研究必须跟上今日中国史学多途发展的节奏，发挥史学史学科优势，以历史研究带动史学史研究，以史学史研究促进历史研究。适应历史研究的发展趋向，更新史学史研究范式、升级史学史研究理念是当务之急。笔者认为，史学史研究对于构建史学理论的学术要求，应该被重视起来。中国古代史学的两部经典史学理论著作——刘知幾的《史通》和章学诚的《文史通义》，都是以丰富的史学史资源为基础论述、阐发作者的史学理论认识。提出了著名的"一切真历史都是当代史"命题的意大利学者克罗齐的《历史学的理论和实际》，第一编是"史学理论"，第二编是"史学史"，通过在"史学史"中对西方史学的回顾，论证其史学理论观点。[1] 提出了著名的"一切历史都是思想史"命题的英国学者柯林武德的《历史的观念》，全书共有五编，除"导论"和第五编"后论"外，其他四编分别是希腊－罗马的历史编纂学、从中世纪到启蒙时代的历史学、科学历史学的滥觞和科学历史学，也是一部以西方史学史为主体的史学理论著作。[2] 很明显，史学史是建构史学理论的重要组成部分，是史学理论阐释的不可或缺的基本内容。尽管我们把史学理论和史学史合为一个学科，但似乎并没有真正将二者视为一体，在

---

① 〔意〕贝奈戴托·克罗齐：《历史学的理论和实际》，〔英〕道格拉斯·安斯利英译，傅任敢译，商务印书馆，1982。

② 〔英〕R.G. 柯林武德：《历史的观念》，何兆武、张文杰译，中国社会科学出版社，1986。

史学理论与史学史的实际研究中，更多地倾向于史学史研究，即使是"史学理论"研究，重点也是"史学理论史"，是梳理而非建构。今天的史学史研究需要有更明确的"史学理论"建构意识，或者在不断追问史学史研究各种研究目标的同时，将建构本土史学理论视为其中之一。

在近几十年中国学界不断接受、消化西方各种史学理论，并在史学理论与史学史学科培养体系中对外国史学理论研究人才培养已见成效的情况下，一批步入中年或更年轻的中国的西方史学理论学人群体已经形成了一定规模。他们大多有着在国外学习的背景，熟练掌握外语，具有扎实的专业基础。一个有趣的现象是，当前中外史学理论与史学史研究的年轻学者群体，在中国史学理论与史学史研究者中，以研究中国史学史的占大多数；在外国史学理论与史学史研究者中，以研究史学理论的占大多数。笔者对中国的史学理论研究更有期待的是后者，因为他们更了解当代西方史学理论的观点、范式、思辨路径，又掌握一门或多门外语，同时身为中国学人，他们又具有本土学术文化素养的天然优势，这些都是他们在未来史学理论研究中有所突破的有利条件。目下的问题在于，中国的西方史学理论研究群体与中国史学理论与史学史研究群体相互交流甚少，研究内容亦很少交叉融汇。从一些杂志的相关专栏、笔谈、论文以及史学理论主题的学术会议中可以看到，西方史学理论研究和研究者自成一体，中国史学理论与史学史研究和研究者自说自话，即使是综合性的史学理论与史学史会议，也是中国史学与外国史学各自分组，各自为战。史学理论的内涵，说到底应该是不分中国外国的，"一切真历史都是当代史""一切历史都是思想史"这样的史学理论命题，可以覆盖对中外历史的解释。如果能够尽快打破各自营垒，打通更多融通渠道，中国的史学理论研究或可取得明显进展。

世界史和考古学成为一级学科已经有十余年时间，但是中国史学史研究中的世界史和考古学部分一直不太明确。于沛认为："20世纪以来，海内外已有多部《中国史学史》问世，但令人遗憾的是，无论是多卷本或单卷本的《中国史学史》，包括高校的《中国史学史》教材，都没有涉及中国的世界史研究，似乎在中国历史学发展进程中从来不曾有中国学者进行过世界史研究，这显然与事实不符。"① 从晚清时期对外国史地知识的介绍与学习到民国时期部分高校西洋史课程的设置和教材的编译，从新中国成立后世界史学科的建立到改革开放以来中国的世界史学科的发展，在近现代中国史学中，中国的世界史研究逐渐发展起来，但是正如于沛所指出的，中国史学史研究一直没有对中国的世界史研究给予应有重视，中国史学史著述中的中国世界史研究基本处于失语状态。陈恒指出："我们需要自己的历史，需要由自己撰写自己的历史，需要由自己的观念体系、解释体系、道德体系支撑起来的世界历史。"② 中国的世界史学者已经对世界史研究有这样明确的要求，而这与中国史学史学科对中国世界史研究的忽视态度是不相称的。同样，经过百年来的努力，中国的考古学研究已经具有国际同行认可的研究水平，但是史学史学科中罕有对中国考古学的深入阐发。中国考古学对史前文明的重构、考古学建立的古代文化谱系与古代典籍文献里古史记载间的异同、考古学话语对历史学话语的影响及二者的文本对接、对中华文明起源与国家形成问题研究的收获与进展等，都需要史学史视域的考察。此外，时下公众史学在国内外已经形成了规模化、体系化的发展态势，然而公众史学在史学史教材或论著中同样难觅踪影。怎样评价公众史学的史学意义、公众史学的研究方法和研究模式与一般意义的历史学有何不同、公众史学的史学效应是什么等问题，同样也是史学史研究的题中应有之义。因此，与其纠结于其他领域学者跨界研究史学史的"得失"、史学史范式何为"正统"这类问题，不如关注史学史研究应如何顺应历史研究发展的最新动态，及时更新问题意识、调整研究目标、做出创新研究成果，这才是今天需要的史学史。

史学史学科对历史学"具有的总结、反思、批评、评估、展望等基本属性"，③ 同样适用于史学史研究自身的成果。对古今历史著述的学术评价通常是史学史研究的基本内容之一，对史学史研究著述的学术批评也应该开展起来。当年金毓黻《中国史学史》出版后，陈定闳认为"历史哲学虽不能视

---

① 于沛：《加强我国世界史学科的史学史研究》，《人民日报》2011 年 11 月 17 日。
② 陈恒：《今天我们需要什么样的历史学家》，《探索与争鸣》2020 年第 9 期。
③ 张越：《中国史学史研究入门·导言》，第 1 页。

为史学的正宗，但既谈史学史，似乎对于这一方面也不应该或缺的"。① 白寿彝认为："书中说史或史家的地方，很少是说到法式和义例的，说原理的更难见到。""我们固然不当要求作者具备某种史学观念，但我们必须要求作者有'一个'史学观念。如果写史学史而没有自己的史学观念，这本书如何能使读者看得清楚呢?"② 当前的史学史论著大量出版刊行，却很难看到类似的学术批评。值得一提的是，《学术月刊》杂志社组编《人文学术评价报告（2020—2022年）》一书，对2020—2022年"中国史学理论与史学史"研究论著的评价颇有新意。该部分的评价者从2020—2022年出版、发表的大量相关研究成果中选取部分学术价值较高的论著做介绍和评价，对一些重要成果做了重点评述，如路新生的《历史美学：理论与实践》③、章益国的《道公学私：章学诚思想研究》④、聂溦萌的《中古官修史体制的运作与演进》⑤、刘力耘《政治与思想语境中的宋代〈尚书〉学》⑥、谢贵安的《抗战时期"南明"语境的形成与史学表达》⑦、张越的《范文澜与"汉民族形成问题争论"》⑧、李剑鸣的《欧美史学的引入与中国史家的话语权焦虑——一个当代学术史的考察》⑨ 等。这些被列入重点评价的成果既有专著，也有论文，系出自"50后"至"80后"不同年龄段的史学理论与史学史、中古史和美国史等不同研究领域的研究者之手，评价者所论全从学术出发，特别是其中的批评性意见尤具启发性。如认为《历史美学：理论与实践》一书"尝试沟通中外史学，涉及西哲亚里士多德、康德、黑格尔、叔本华、马克思等一些思想家，但不可否认的是，这些思想资源都略显偏旧（不意味着过时），且覆盖面过窄，与过

---

① 陈定闳：《评金毓黻著〈中国史学史〉》，《中央周刊》第8卷第43期，1946年11月。

② 白寿彝：《图书评介·〈中国史学史〉》，《文讯》第7卷第1期，1947年6月。

③ 路新生：《历史美学：理论与实践》，上海人民出版社，2021。

④ 章益国：《道公学私：章学诚思想研究》，北京大学出版社，2020。

⑤ 聂溦萌：《中古官修史体制的运作与演进》，上海古籍出版社，2021。

⑥ 刘力耘：《政治与思想语境中的宋代〈尚书〉学》，中国社会科学出版社，2022。

⑦ 谢贵安：《抗战时期"南明"语境的形成与史学表达》，《史学理论研究》2021年第4期。

⑧ 张越：《范文澜与"汉民族形成问题争论"》，《中国社会科学》2020年第7期。

⑨ 李剑鸣：《欧美史学的引入与中国史家的话语权焦虑——一个当代学术史的考察》，《清华大学学报》（哲学社会科学版）2022年第1期。

去一百年西方学界对话较少"。《道公学私：章学诚思想研究》一书"常用大量篇幅阐述所依凭的理论资源，习惯性地使用舶来术语和范畴，造成行文晦涩，心中似乎没有读者"。《中古官修史体制的运作与演进》一书"在支撑起宏大的论述主题时显得力不从心"。《政治与思想语境中的宋代〈尚书〉学》一书"竭力避免文本的'经典性''后置抽象性'的解读，但并未破除文本思想性的'执迷'"。《抗战时期"南明"语境的形成与史学表达》一文"所谓史实派和史观派的区分，恐过于泾渭分明，遮蔽了历史的多种可能性"。《范文澜与"汉民族形成问题争论"》一文"所揭示范文澜希望纠正马克思主义史学中存在教条主义的努力是有说服力的。不过，这或许是历史的一面，是否同时还纠缠着其他面相呢？"《欧美史学的引入与中国史家的话语权焦虑——一个当代学术史的考察》一文"似乎高估英国马克思主义史学对中国史学的影响"。① 相比那些颂扬式、概括式、综述式、摘要式的写法，这样的学术批评，在今天的史学史研究中才是真正需要的。

　　总之，无论是就史学史的学科属性而言，还是从史学史研究的学科史来看，史学史的研究范式、框架、方法、途径、目的一直是动态发展变化的。史学史研究如果忽视对前辈学者研究成就的继承、一味奢谈"创新"，将成无源之水；史学史研究如果脱离当下历史研究趋势、沉浸在自我营造的"满足感"中，将成无本之木。更多非史学史研究专业的历史研究者关注并从事史学史方向的研究，是史学史意识更为普及、史学史研究学术价值和学术影响力不断提升的客观反映。今天的史学史研究更需要强化史学理论研究意识，扩大研究视野，反思学科理念，营造学术评价的氛围，接纳学术批评的声音，在不断突破自我的努力中使史学史研究更为健康地发展。

---

① 李孝迁：《中国史学理论与史学史》，《人文学术评价报告（2020—2022 年）》，第201—213 页。

知识、修辞与图像：基于"开放的史学史"研究的思考

邱　锋　李　娟[*]

摘　要：史学史是历史学科内部地位相对特殊的一个分支学科，既有特定的学术领域和研究方法，又与历史学其他研究领域密切关联。史学史研究的"开放性"不仅指向研究对象与研究方法的多元化，还意味着能够包容多样化的阐释工具和叙事框架。知识、修辞、图像三个研究领域及方法是史学史研究"开放性"可能呈现的形态。历史知识，作为对过往的抽象与表达产物，深深植根于社会各层面的文化与知识结构之中，史学史因而可以是史学的知识史；而历史知识的形成与传播，又离不开修辞和图像以及诸如此类的传递方式，史学史因而可以探讨历史知识从内容到形式的种种变迁。"开放性"并非预示史学史将消融于其他研究领域之中，而是作为历史学自我反思能力的另一种表述。史学史研究正是在这种意义上总结、判断和预流历史学的过去、现在和未来。"开放性"的态度，鼓励跨学科的对话与融合，旨在拓宽史学研究的视野，深化对历史复杂性的认识，从而推动史学史研究不断向前发展。

关键词：开放的史学史　知识　修辞　图像　跨学科研究

本文想讨论的是这样一个问题，即中国史学史这一学科在现有学术传统上进一步发展的可能性，因此它既带有一定的实验性质，也包含了我们对自己之前研究兴趣的总结和体会。首先，我们将围绕这一学科的"开放性"提出一些设想，继而是对一些具体研究领域和研究方法展开讨论。这固是由于我们受学力所限，无力对史学史未来发展的总轮廓和定位做出明确的回答，只好避重就轻地发表意见，但也是基于这样一种认识，即只有在具体研究层

---

* 邱锋，兰州大学历史文化学院；李娟，兰州大学历史文化学院。

面上，我们才能真正地思考这个学科发展中的实质性因素。因为研究方法不可以完全割离于它所原出的情境脉络，都是依据具体的研究对象和研究角度而制定的，需要在史学史研究的实践层次上来思考。

一 开放的史学史

自梁启超在《中国历史研究法》中首次提出"史学史"这一专史概念后，一个多世纪以来，众多的学者已写了大量专著和文章，几代人花了终身的精力，研治中国史学史。这些学术积累使得史学史研究逐渐形成了一个自主的学术领域。"自主"就意味着一些明晰的学术理路和内部规则的产生和不断自我完善，但同时我们也要看到，任何学科的自主性都是相对的，史学史研究在沿袭自身学术传统的同时，也必然和其他众多学术领域相互交涉，相互影响。从中国传统学术的史部目录学，到新史学提出的对史官、史家、史学成立及发展、最近史学趋势的研究，再到马克思主义史学专注于对史学与社会关系的探索，史学史学科的发展历程就已充分显露出这个特点。近二三十年来，各种西方后现代的理论对传统研究的解构，以及本土研究在断代史、文献学方向上的积极介入，更不断模糊着史学史的面貌，对这一学科的"身份性"带来了新的"挑战"。这种"挑战"促使许多研究者围绕史学史的学科属性、理论框架、研究方法及研究路径等许多问题展开了持续的讨论。

在我们看来，这些"挑战"对于史学史学科发展带来的影响可说是双向的，既有亟待厘清和澄明的理论问题，也包含了促进学科发展的内在张力和动力。之所以这样说，是基于以下几种考虑。

首先，对于后现代史学带来的"解构"不必过度焦虑，因为解构并不等于重构，史学史并非只是一个与历史文献有关的丛脞之所，而是一直有其内在的研究理路和概念范畴作为支撑，如果脱离了自身的研究方法和学术规则，那史学史也就丧失了其作为一个"学科"的基础而没有必要存在了。

其次，断代史研究中日益浓厚的史学史兴趣不必然会创出新的研究"范式"，因为这些研究的意义主要在于得出了一些特殊的历史结论，这加强了史学史在某些方向上的研究深度，也呈现出这一学科的内在复杂性。但与之相关的各种实证类的个案研究，都不应排除对中国史学史全过程的思考，这种全过程的思考正是建立在之前史学史研究的基础之上的，因此其关键就在于应该不断结合传统文献的挖掘、新材料的引入与新观念的尝试，对既有的叙事模式和研究理路进行补充和丰富。

最后，在学术研究千门万户、人各不同的今天，似乎很难得出一个确定且固定的史学史研究框架，但与之相关的理论思考和学术实践却是异常丰富的，这也成为后继的研究者可以借鉴和学习的对象。从这个认识出发，我们可以确定的是，史学史学科正在向一种多元化的方向发展，它在未来的模式恐怕很难再固定于学科内部的"知识循环"，而是拥有更为广阔和灵活的选择，由此各个研究者或研究机构间的差异就会成为必然。这些差异的存在并不意味着"正确的"或"错误的"价值判断，相反，承认差异才会使我们的选择具有实质性的内容，这不仅为持续的知识互补和学术商榷打下基础，也将更凸显研究者自身的能动性和原创性。当然，要使这种学术机制成为一种常规性的操作，通畅的学术交流和中肯的同行批评是必备条件。对于当下学术发展而言，如何形成一个良好互动的学术环境，似乎要比如何确定和维持一个具体的学术"框架"或研究"范式"更为重要。

基于以上几点认识，我们主张一种"开放性"的史学史研究。所谓"开放"，不仅是一种态度，更包含多重意义。它既意味着研究对象和研究方法的多元，也可以容纳不同的阐释手段和叙事模式。从这一认识出发，以对既往史学史研究的继承为基础，再借用其他领域引进的新视角和新概念系统，就可以逐渐形成一个"开放性"的研究架构。这种"开放性"，也可以看作各种方法和理论的并存和互动，其最终结果是研究内容和研究观念上的不断丰富以及研究者日益扩大的交流和辩论。在我们看来，这种开放性的史学史研究至少具有两个方面的优势。首先，它不曾割裂与既往研究的学术关联，而是要充分吸收和发展前人留下的史学遗产。综观古今中外的学术发展，连续总是要远远多于断裂，我们现在所做的学术工作大多是在前辈学者成果的基础上，进行的一些综合与阐发，那种背离传统的"创新"几乎是不存在的。其次，任何时代的学术只有以它所处时代的整体知识背景为基础，才能获得充分的发展，引入当代"热点"学术概念和话语，可以使史学史反思对象从内部扩展到外部，史学史研究也可以更好地呼应当代的学术思潮与论辩。

二　作为历史知识史的史学史

历史学作为一门知识体系，除了各类史料的收集和整理，最重要的功能就是不断生产历史知识。这些知识是对于人类往昔的理解，我们凭借这些理解获取对自身处境的判断和对未来的期待。如果以历史知识的产生和应用的视角理解历史学，那么史学史作为历史学反思自身行为的一个学科分支，除了按照以往史家、史著等角度，以时间顺序爬梳和总结史学工作的成就之外，至少还可以探讨以下几个方面的内容。

第一，从历史学整体发展判断历史知识的性质和意义。现代历史学已经形成了分支相当齐全的学科体系，各个分支产生的历史知识共同构成了整体历史知识结构，但相较于其他分支，史学史的角色较为特殊。一方面，目前史学史已经发展成了相对独立的研究门类，但另一方面，史学史在历史学中充当总结和评判的角色，它的发展和进步其实相当依赖其他史学分支。换言之，想要合理地总结评判史学发展中任何研究领域的知识产出，就需要对该领域本身有着较为全面和专业的认知。更重要的是，随着各个学科分支的发展，整个史学知识体系也在不断地变化，识别、分析甚至预估这种变化，也是史学史的重要工作之一。比如近年来较为热门的情感史研究，如果放置在历史学整体知识结构中看，就不仅仅是历史学研究对象的简单扩充，还是借由对不同历史时期情感表达和情感规训的研究，对人类行为动机、社会变化和历史发展动力之间的关系，提出另一套解释体系，而在将情感"理性化"、判断情感表达真实与否以及史料搜集过程中面临的障碍，也恰恰反映了当下历史研究中，在主客观关系、真实性的判断原则和材料范围上存在的问题。

因此，从历史学整体发展判断历史知识的性质和意义，就意味着对史学整体发展趋势进行高度概括和抽象，由此才能对某个史学发展现象或知识产出做出较为合理的分析，相对公允地评判其在该分支内部和整个史学发展中的价值和影响。

第二，从社会整体知识结构的角度判断历史知识的性质和意义。任何一门知识体系都无法独自发挥作用，而且在任何社会、群体乃至个人的知识结构中，各知识门类的分布、比重未必总是均衡的。因此，史学史对历史知识的关注势必要以某种更大的知识结构为依托，不仅要关注历史知识本身的存在，还要判断历史知识和其他知识门类之间的关系。这样做的意义有二，一方面建立史学史的全局视角，防止出现"一叶障目不见泰山"的局面，合理评判历史知识在不同历史时期的价值；另一方面，积极打通与其他学科门类的关系，尤其是文学、哲学和艺术，这对于研究传统史学的意义尤为重大，同时也为其他相关领域的研究提供借鉴。此外，一个社会的知识组成也不总是同质的，这就是思想史中所谓的"精英文化"与"大众文化"，或者学术史上"王官学"与"百家言"等诸如此类的区分。历史知识也是如此，比如传统史学中就存在"官修史书"和"私修史书"之类的区别。由于时代、地域、身份、性别等差异形成的不同人群，获得历史知识的途径不同，甚至就连获得的历史知识本身都不尽相同，对知识的解读和应用更是千差万别，这些因素及其彼此竞争、交融的过程，共同形成了这个社会多层次、复杂而立体的"历史意识"。从这个角度进行的史学史研究，正是要揭示历史知识的动态存在过程，并在这个基础上，阐释历史知识作为社会知识结构的一部分，所具有的某些普遍和恒定的作用。

第三，重视历史知识的产生机制。历史知识并不是天然自然存在的，无论以何种方式——文本、图像或者影像——呈现，它首先都是研究者们的思想成果。因此，讨论历史知识的产生机制，首先涉及历史知识的生产者们。在史学领域中，由于古今知识体系的变化，今天被视为历史学家的知识分子，在传统社会未必承担这样的身份，反之亦然。史家身份的不同判定，必然影响我们对其所产生历史知识本身性质的理解。而且，由于中国传统学术思想的性质，不同的史家往往分属不同的学术思想传统，这些传统不仅存在地域和时代的差异，更有着不同的思考方法、旨趣和致力于解决的问题，这些因素都影响着史家对历史知识的认识和生产。认识、梳理和解释这些因素，并从传统与传统、传统与现代的观念差异中，理解历史思维的变与常，应该成为史学史的一种研究路径。比如隋唐既是政治上从分裂走向统一的时期，也是南方和北方在文化与学术上不断融合的阶段，南北学术传统的差异和融合，是我们理解初唐官方史书编纂的重要背景之一。再比如张之洞曾言，"由经学入史学者，其史学可信"，这句话便向我们提示着当时史学知识生成和理解的一种机制，它与当下所遵从的历史知识产生机制存在巨大差异，这种差异引导我们理解传统和现代史学各自的彰显与遮蔽，以及它们之间的断裂与连续。

此外，我们不能否认，历史知识的重要性很大程度上源于它的现实性，无论是为当下提供实践经验、道德感召、哲学启示还是美学熏陶，它都与在其中产生和传播的现实社会之间关系密切。正如马克思在《路易·波拿巴的雾月十八日》中所说："人们自己创造自己的历史，但是他们并不是随心所欲地创造，并不是在他们自己选定的条件下创造，而是在直接碰到的、既定的、从过去承继下来的条件下创造。"[①] 根据马克思的观点，人的决策是否合理，行为是否有效，就取决于对这种行动环境的理解充分与否，而历史知识正构成了这种理解的一个重要基础。从这个角度出发的史学史研究，可以着眼于人类活动的各个层面上，历史知识作用的发挥机制、内容和效果。比如，历史知识与日常经验。日常经验或者常识往往是人们形成和判断历史知识的重要依据，而历史知识也是常识的重要来源，这两者之间构成了一种互为基础、循环互动的关系。因此，史学史讨论历史知识的产生机制时，除了学术化的思想方式外，常识与历史知识的互动也是个值得关注的问题。

与历史知识产生机制伴生的，还有历史知识的传播和接受机制，与上文讨论的问题类似，这个领域中也呈现多元局面，比如早就进入研究视野的

---

① 《路易·波拿巴的雾月十八日》，《马克思恩格斯文集》第 2 卷，人民出版社，2009，第 470—471 页。

"通俗史学"和"影视史学"，还有方兴未艾的"公众史学"等等，都是重要的史学史研究领域。换言之，史学史不仅要关注"历史知识"在表现上的多样性，也要关注"历史知识"被接受的社会过程，并从中尝试探讨作为历史知识背后产生机制的"历史思维"具有何种普遍性特征，以及它与其他思维形式之间的关系。

总之，将史学史视为历史知识史，就是将它塑造为一部专业人员与非专业人员，生产者、传播者和接受者之间互动的历史，同时更是一部传统与创新、固定与变迁、专业和常识之间互动的历史。

三　史学史视野下的历史修辞

修辞，过去往往被视为文学的重要研究对象，史学对此关注不多。但随着近半个世纪以来，史学对历史文本和书写的关注日益深入，与之关系密切的修辞问题理应获得相应的重视，以推进我们理解古往今来史学思维和表达的变化。比如传统史学中奉为楷模的"春秋笔法""一字定褒贬"，其实就是修辞在史学中作用的集中且经典的体现，而这种作用又离不开整个社会，尤其是精英和统治群体对这一套修辞规定的认同和尊崇。由此，传统史学借助修辞，获得了在各种现实的斗争性纲领中进行仲裁的重要地位。

随着近代历史学对社会科学诸模式和逻辑经验主义的依赖不断加强，史学表达逐渐呈现出两个趋势，一是从叙述性的"事件报道"向论证式的"结构建构"转变，二是历史写作的"非修辞化"。这两者都是相当复杂的理论问题，在此需要强调的是，它们在很大程度上都是近代历史学科为了获得科学地位而进行的自我规训。但是，经历过这番淬炼的历史学，无法证明道德，也无法为道德判断提供基础。换言之，历史中没有实践理性的位置。[①]这也就部分解释了西方史学界返回古代修辞学寻找弥补之道的行为。因此，修辞与传统史学休戚与共，而对于当下的历史写作、研究和创新，也有着非

---

① 〔美〕汉斯·凯尔纳:《修辞的复归》,〔加〕南希·帕特纳、〔英〕萨拉·富特主编《史学理论手册》,余伟、何立民译,格致出版社,2017,第205页。

常现实的意义，理应成为史学史重点关注的领域。

对于无论哪个时代和社会的历史写作者和阅读者而言，以史料或者历史文本呈现的过去总是勾连着两个世界，一个是发生过的事件的世界，另一个是当下的语言的世界，处在这两个世界之间的历史文本，其实就是试图用语言和概念描摹过往的世界。因此语言体系本身的性质，必然也塑造和决定了历史叙事和历史观的某些特性。综上所述，从史学史角度，就目前的研究而言，我们认为至少有以下三个方面是值得注意的。

首先是汉语本身的语法特点和在此基础上的修辞形式在历史撰述中的体现。至晚从清初兴起的考据学开始，对于古今词义演变以及其对于文本形成和阐释的价值，就已经成为经学和史学研究共同关注的焦点。而且，现在我们更是可以在现代语言学的加持下，在前人的成果上更进一步。比如，历史时间，这是一个与历史撰述和历史观念都有密切关联的问题，在具体表述中基本反映为一种语言时态的问题。在印欧语系中，有着丰富的以时态来表达时间的方式，几乎所有的动词都必须如过去、现在、将来和完成等精确的时态中加以运用。但对于汉语来说，却不存在这种词形变化来表明时态的问题，人们往往需要借助上下文才能更加清楚地理解其具体意思。这种语言时态上的灵活性和多义性，尽管造成了语法上的含混不清，却增加了语言表述的张力，因为修辞技巧往往优先于叙事的清晰度，它们对中国人对历史时间的理解和表达都构成了潜在的影响。

其次是修辞与传统史学价值判断之间的关系。如上文所言，在传统史学中，修辞从来就不仅仅是一种修饰性技巧，它还具有明确的价值判断意义。比如，"赵盾弑其君"，既描述了一个史实，又表达出一种道德评判。如果改为"赵穿弑君"或"晋灵公薨"，尽管有了语言上的客观性，但放在当时的时代背景中，却会被看作违背了历史事实。现代人理解这桩公案，仅凭史书上的这几个字怕是与作者本意相去甚远，这恰恰说明了传统史学中的修辞同时涉及事实判断和价值判断两个方面，而这种修辞体系的变化，直接影响了我们对历史叙事的理解。这样的案例也促使我们重新思考文学和史学的关系，文学的"写实"与历史的"写实"是否真的泾渭分明，换言之，明明是虚构的"写实主义文学"是如何获得了"写实"之名？如果在文学领域中，写实只是一种修辞效果，那么在历史写作中，是否要重新考问我们获得、理解"真相"和书写、传递"真相"的思维程序？

最后，是历史意识与以语言为基础的思维形式之间的深刻关联。中国古代的修辞观念中，发源于《诗经》的"兴"扮演着相当基础性的角色。简单而言，"兴"本质上是一种联想方式，由自然现象联想到人间百态。在这种联想的建立过程中，除了想象力的天马行空，类比及推类发挥了重大作用。"类"在中国古代的知识论中是最为重要的概念，"推类"则是一种最为常见的思维方式。"推类"即由已知事物推至未知事物，或以直观浅显的事例来推知抽象难懂的事理。与古希腊哲学中"类"主要为种属概念不同，"类"在中国古代思想中不是作为对象概念的逻辑种属，而是作为关系概念的特征相似而存在。① 所以"类"的主要用途不是定义事物，而是就某些一致性提供说明。因为"类"仅是"似"或"相似"，它缺乏严格的概念确定，所以在论证与自然科学有关的问题上，往往会因为概念的模糊而陷于"强类失实"的错误。但历史事件往往只具有过程上的相似却不存在种属概念上的同一，因此"推类"在中国古代历史思维中运用颇广，其中最受推崇的"以史为鉴"作用，就是植根于这种思维特性。

西方史学谈论"语言学转向"时的"隐喻"问题，吸引了众多学者关注，我们也可以尝试在这种视角下完成这个问题的本土化。自古以来，隐喻一直是修辞学和诗学的对象，在一定时间内也是史学的对象。如《春秋》的编纂确有特笔，即所谓的"微辞"。《公羊传·定公元年》说："定、哀多微辞，主人习其读而问其传，则未知己之有罪焉尔。""微辞"是匿其实义而隐微其辞的意思，孔子为了回避直书统治者的罪过可能带来的危险，只好用隐喻的方式来记载。此外，文学中的隐喻往往预示着作家对现实的某种感性理解，但史学中的隐喻以及对它的诠释，却通过隐喻中语词间的张力，特别是在字面解释与隐喻解释之间的张力中，不时显露出某种超越现实和经验的抽

---

① 参见李巍《相似、拣选与类比：早期中国的类概念》，《社会科学》2021年第2期。

象宏观视野，这种视野将过去的一个个片段连缀成一幅完整连绵的画卷，关于往昔的意义也就由此诞生，这也就是"史意"或"史义"的产生过程。如何借助修辞，隐匿或彰显这种"意"，是传统史学写作的重大问题，而理解和阐释"意"的产生、隐匿或彰显，就是史学史的重要问题。

总之，关注历史修辞，就是关注历史知识的表达形式，关注这种形式与历史知识所传递的内容和价值判断之间的关系，由此更进一步讨论历史学"求真"的内在机制与发挥现实作用的思想与文化基础。而修辞本身具有的历史性，也更提示我们注意，总结和评判历史知识的史学史，本身也是在历史中进行的。

四　史学史与图像转向

20世纪70年代以来，西方学界在"语言学转向"影响下出现了"图像转向"的学术思潮，对于图像的关注以及围绕图像的阐释逐渐成为历史学研究中的新方向。受其流韵所及，近年来国内的人文研究也颇有转向图像的趋势。相对于将图像作为新证据的"图像证史"式的研究，学界对于图像在史学史层面上的意义和价值还缺乏应有的重视，这也使得图像与史学的关联成为一个值得讨论的领域。从史学史的角度研究图像，不同于历史实证领域的"以图证史"，并非将图像视为某种具有针对性的历史证据，而是将其当成一种历史知识的表现形式，因此涉及与历史有关的图像的生产、传播、影响以及相关社会基础和意识形态等诸多方面，不能一概而论，在这里我们择取两个重要的方向并结合实例谈一些初步的想法。

第一个方向是关于图像生产与视觉经验在历史叙事中的特点与意义。与单纯的描摹外物不同，以历史为内容的图像是对人物或事件的再现，这不仅是对历史的提炼与再创作过程，也意味着叙事的产生。以汉代至北朝的墓室、祠堂石刻以及绘制于棺木和屏风上的历史题材图像为例，其叙事的结构正对应了同一时期历史撰述的呈现方式。这引发了我们对于图像生产与历史叙事间相互联系的兴趣。例如著名的武梁祠西壁上描绘的上古帝王图像，就遵循了《史记》创立的古史体系，而被独立描绘的历史人物则把历史、道德以及政治标准具体化，其连续的图像程序使观者可以通过视觉形式，感知设计者的历史观。[①] 再如，这一时期内绘画所涉及的历史内容，包含古代人君、忠臣、孝子、列女等主题，不仅反映了汉代以来国家意识形态的构成，也对应了自西汉后期出现的新历史撰述。如刘向所著《说苑》《列士传》《列女传》正是围绕人君、忠臣孝子、列女三种历史人物所做的择选与阐释，其中"列士""列女"与当时的屏风绘画有密切的联系，而此后"列士"主题图像又新增了"处士"这一新的道德类别，这也对应了此后史书类传中有关"逸民"内容的出现。这类图像创作呼应了东汉至南北朝时期别传、杂传以及正史中相关类传的产生与发展，也成为此后历史主题绘画的取材依据。

这些历史图像通过描绘人物故事求得善恶标准，并以此警示和教谕后人。从艺术形式观察，它们往往具有相同或相近的构图，说明自东汉以来，这类历史或故事性绘画已形成了为各时期所遵循的固定的图像程式。从史学史的角度看待这些程式，其重要性在于它们展现出视觉形式在历史叙事中所具有的构成意义。这首先表现为一种修辞的具象化，以及由此具象化而形成的历史解释的合法性。也就是说这类绘画采取了拟像与叙事策略，而这种拟像的标准化过程所表现的必定是一种较为稳定的图像模式。依据这个模式，可以衍生出许多新的作品，这和历史撰述有着相近似的特点。通过研究可以发现，同时期的历史撰述，在题材和体例的编排上也会有趋同的特点，而文字性的叙事活动也遵循某些内在的规定。其次则表现为与文字叙事相对比，历史或故事性绘画特殊的情节选择和符号化过程。文字性叙事的思想内核需要通过叙事语言中的情节设置、修辞技巧、形式论证、语言转义和意识形态等要素体现，图像叙事也需要类似的要素。但区别在于，在从故事→情节→符号的过程中，图像所选择和表达的情节具有瞬时的时间性意义，在表达抽象观念时也具有天然劣势。就前者而言，

---

① 参见〔美〕巫鸿《武梁祠——中国古代画像艺术的思想性》，柳扬、岑河译，生活·读书·新知三联书店，2006，第238页。

图像展示与文字叙述不同，无法表现故事发展的完整时间顺序，故而更加注重选择具有戏剧性的瞬间情节并形成符号化表达。就后者来说，图像往往需要借助文字说明具象形式无法或不易表达的抽象性内容。从汉代的画像石到北魏的漆屏画，历史题材的图像往往配有文字性的榜题，以交代人物和主题。榜题常由简短的赞词组成，且许多出自当时史书的赞语。图像与文字叙述方式的联合，不但有助于观看者记诵和理解画像的内容，更决定了叙事的有效性。从刘知幾开始，对于东汉以来史书的赞语多持否定的态度，站在图像与文字相互关联的角度，或可对中国传统史学中的这些要素得出新的认识。

第二个方向是艺术创作与视觉语言在建构历史中的功能与意义。以 20 世纪以来的革命现实主义美术创作为例，它包括了 20 世纪 30 年代左翼新木刻运动、以延安为代表的解放区美术以及中华人民共和国成立后五六十年代成为主导的美术创作。革命现实主义美术的承载方式与政治运动密不可分，也与自 20 世纪以来人们对美术功用的认识有关。首先是对于图像功能性的认识，由过去的所谓"明劝诫，著升沉""成教化，助人伦"的讽喻、劝谏功能，更多地指向社会与革命实践的功用。其次是写实主义与大众文化的融合，革命现实主义美术多采用写实主义创作风格，写实主义直白明确的方式，能够更清晰地表达思想，更易于在社会各个阶层传递，因此也被赋予了传达革命理念、打造思想意识形态的作用。

从形式上说，革命现实主义美术创作中充满了关于革命历史人物、历史事件的母题，如何看待这些母题的形成和衍变以及它们在完成公共历史叙事和塑造大众历史观方面所起到的作用，正是史学史研究需要加以留意的问题。首先，这些母题在视觉图像上的直观性，丝毫不能降低解读的难度，因为即使是写实的绘画风格，也经过了画家对生活体验之后在头脑中的加工和笔下的琢磨。同时，时代的特殊性，造就了这类图像在一定程度上语义的隐蔽性，对于这种隐蔽性的解读，也是见仁见智的。其次，这些母题下的艺术作品往往都被赋予"艺术品"和"实用品"双重属性。战争和建设年代的许多宣传绘画创作，都可以归于实用品范畴。它们的首要目的不是供人进行审美感受而是宣传，让广大群众在"用"的过程中受到政治规训，而这种政治规训是在图像吸引人和影响人的前提下才可能取得的；在某种意义上，此类实用品更是一种传播载体，在抽象的政治话语和具体的民俗生活之间充当"传话筒"，进行生动的翻译。而对于另一些历史题材，特别是创作于新中国成立后的画作来说，在摆脱战时宣传工具的图像地位的同时，回顾和叙述历史、观照新中国的革命史，则是这类画作诞生的首要目的。它们在视觉语言的表述和历史回顾的方式上都受到画家所处社会背景的影响。相对于简略而富有装饰性或启发性的图像，画家更注重对"史"的构建，多表现为对宏大场景或诸多人物的写实性的再现，这与历史的某些书写类似，不同的只是毛笔墨汁换成了炭笔、油画颜料，史书内页换成了素描纸、油画布。需要注意的是，当一件艺术作品被用以联结个体和群体身份、浅表和深层社会、文化艺术和意识形态时，它既与实用品和艺术品所包含的内在意图关联，又与一般艺术品和革命历史画范畴的艺术品之间辩证相关。再次，是这些母题所蕴含的客观性现实与表达性现实。客观性现实，对应于社会、经济和制度的背景，是具体的行动和事件；表达性现实，则对应于象征性领域或话语的形态，是思想和态度。反映在绘画当中，绘画作为一种物质性的载体，是对于某些客观性现实的描述，有关的事件和过程都可以通过图像象征性地表达出来。图像作为一种媒介更具有传递表达性现实的功用，思想的倾向通过图像得以传递，其象征性意义、意识形态话语、政治性的上层建筑及哲学倾向等都可以借助视觉的方式呈现，从而构建出表达性现实。这种关系在 20 世纪中国的革命美术中表现得至为突出。借用毛泽东的话说，就是："政治和艺术的统一，内容和形式的统一，革命的政治内容和尽可能完美的艺术形式的统一。"[①] 内容和形式与"革命"文艺相联系，被赋予政治意义。从内容上说，在救亡图存的现实面前，中国革命现实主义美术更迫切地需要唤起革命和斗争并坚定人民的政治信念，其创作方法虽各有不同，但相同的是都包含了政治参与之下的特殊情感，就是以画为语、以画为史、以画为故

---

① 《在延安文艺座谈会上的讲话》，《毛泽东选集》第 3 卷，人民出版社，1991，第 869—870 页。

事进行更宽泛和易于理解的阐释。阐释就意味着理解和对现象的重构与重述，进行"再现"，这本质上是一个如何利用图像语言构建革命历史和树立新的意识形态的问题。清晰地分析这种关系，并集中于对客观性行动和表达性心态的相互作用的探讨，是从史学史角度关注图像的重要方面。

根据以上三个方面的讨论，我们最后重申关于"开放的史学史"的主题。"开放"并不意味着消融于其他研究领域，而是作为历史科学"自省"功能的另一种说法。我们越来越清醒地认识到，无论哪个时代、哪种文化的历史研究和撰述，都是对过去的一种抽象及其表达。这种抽象过程运作不仅涉及社会各个层面的文化和知识结构，作为其结果的历史知识，在传播的过程中也要经历各种内容和形式的变化。这林林总总和繁复多样，并非对历史学研究的扭曲与遮蔽，它们恰恰体现了历史的真实就在于其复杂和矛盾。史学史的任务，正是在这种意义上，总结、判断和预流历史学的过去、现在和未来。

对史学研究未来走向问题的回顾与调查

苏全有*

摘　要：21 世纪以来的 20 多年间，学界不断对未来史学走向进行预测。其中 21 世纪初的探讨有三次，一是 2002 年的 21 世纪中国历史学展望学术讨论会，再就是 2002 年、2004 年《南开学报》与《史学月刊》针对史学走向专题分别刊发的笔谈。至于近 10 多年的探讨，又可分为两个时段，一是 2010 年前后，二是最近几年。最近几年的探讨中又以 2023 年《华中师范大学学报》的笔谈最为典型。据笔者对全国数十位历史学者所做的采访，有关史学未来趋向的看法大致可以归类为五点，即数字技术的广泛使用，跨学科、全球化，民众史学，为现实服务和新领域的开拓等。公开发表观点与问卷调查两种路径所收集的信息，印证了上述五大趋向具有广泛的认同基础。

关键词：历史学　未来走向　预测学

史学界有一个惯性特征，即长于回望，而疏于前瞻，瞻前远弱于顾后。以中国近代史为例，相关研究从新中国成立以来算起，已经走过 70 多年的历程；若从民初计算，更是上百年了。长期以来，学术界围绕中国近代史研究的综述性总结，可谓连篇累牍，不胜枚举，[①] 相较之下，对未来发展、演变等方向性问题所进行的探讨则较为薄弱。人们更在意当下，眼中多是具体的课题，心中萦绕着的是过去。随波逐流者有之，随心所欲者有之，更多的是埋头拉车、鲜少看路。其实，对史学研究的未来预测十分重要。历史学不能只是面向过去，背对未来，历史学本身就应该是未来学！ 2018 年张广智说，

---

*　苏全有，河南师范大学历史文化学院。
①　参见苏全有《近代中国史研究述评》，中州古籍出版社，2016。

史学工作者所关心的必然是未来史学的进化。^①2019 年 1 月 2 日习近平总书记在致信祝贺中国社会科学院中国历史研究院成立时，就提出希望广大历史研究工作者"把握历史趋势"。^②有鉴于此，本文拟对 21 世纪以来学界对未来史学的预测进行梳理，并结合调查采访进行汇总归类，以昭示史学研究未来之可能走向。

一 21 世纪以来 20 多年间学界的探讨

对未来史学的预测，在 20 世纪即存在。如 1987 年《中国人民大学学报》第 3—4 期围绕"史学的现状与未来"连载十多篇笔谈，同年《群言》第 5 期也发表了张芝联针对西方史学发展新趋势的文章。总体来看，20 世纪八九十年代对未来史学的关注，多是基于当时史学危机的忧虑，预测的科学性和价值不足。而到了 20 世纪末 21 世纪初，受世纪交替的影响，史学界对未来史学发展的关注度迅猛高涨。

（一）世纪之初学界的预测

世纪之初围绕史学未来的探讨，最为重要的有 2002 年的 21 世纪中国历史学展望学术讨论会，同年岁尾《南开学报》第 6 期、2004 年《史学月刊》第 6 期分别刊发了一组探讨未来史学的笔谈。

1. 21 世纪中国历史学展望学术讨论会

2002 年 5 月，云南大学召开了 21 世纪中国历史学展望学术讨论会。在大会开幕词中，金冲及明确指出，会议的主题是"21 世纪中国历史学展望"，当然不是说要在这次会上预测 21 世纪内中国历史学将会怎样具体发展，那是不可能做到的，正如刚进入 20 世纪时的人们不可能预想到今天中国历史学的现状一样。会议确定这个主题，主要是想在我们刚刚进入 21 世纪的时候，一起来对中国历史学在新的世纪应该怎样发展，共同交换一下意见。对

---

① 张广智：《从三个维度观察史学未来发展趋向》，《人民日报》2018 年 11 月 26 日，第 22 版。

② 习近平：《习近平致中国社会科学院中国历史研究院成立的贺信》，《历史研究》2019 年第 1 期。

此李文海评论道，金冲及同志在开幕式上说，不可能也不应该对21世纪中国历史学的具体发展过程、发展状况预先做空想式的设计和规定，这完全是对的。如果一定要这样做，也不免是主观主义的、脱离实际的。但是，在讨论中，大家对历史学今后的发展毕竟提出了许多很有意义、很有价值的意见和想法。那么，我们可不可以在此基础上，对未来一段时间中国历史学的发展，从宏观的角度，提一点期望、希望，或者提出作为努力追求的某些目标呢？我想，这还是可以的，也是应该的。① 次年他又发表专文，提出了自己对中国历史学未来发展的期望，包括优化学术环境、学风，强化研究队伍以及与世界接轨，等等。②

综观21世纪中国历史学展望学术讨论会，其对未来史学发展以"期望"的形式所做的预测集中在两个方面。一是研究内容上要拓展新领域，如张磊提出要注重民国史、经济社会文化风习等，张海鹏也提到了民国史；黄留珠主张应当更多地关注自然史研究，侯建新则强调了经济 – 社会史；李华瑞针对宋史研究宏观倡导开拓新领域；李育民从多元化的视角出发力主研究内容的多元；蓝勇认为21世纪中国史学的新方向是关怀现实。③ 二是理论方法方面，郑学檬指出史学研究需要跨学科，万永林亦持相同看法；齐世荣认为应适当吸收新理论与新方法，何一民在认同跨学科的基础之上，强调了宏观理论、宏观与微观的结合及历史与现实的结合，龚书铎亦指出微观与宏观相结合，现实与历史不能混同。此外还有挖掘史料、注重历史哲学等主张。④

21世纪之初召开的这次研讨会，掀起了对史学未来发展思考的高潮，其中研究内容和理论方法的创新得到了广泛的认可。

2. 2002年《南开学报》的笔谈

2002年，《南开学报》第6期刊发了一组笔谈——"新世纪中国的历史学发展趋向"，包括南开大学历史学院的王晓德、陈志强等多位学者的文章，

---

① 中国史学会、云南大学编《21世纪中国历史学展望》，中国社会科学出版社，2003，第1、408—409页。

② 李文海：《对中国历史学未来发展的几点期望》，《史志研究》2003年第1期。

③ 《21世纪中国历史学展望》，第14—25、45—60、177—183、282—291页。

④ 《21世纪中国历史学展望》，第33—37、204—210、274—278、302—311、348—353页。

所配发的编者按指出,20世纪80年代以来,伴随着"史学危机"钟声的敲响,史学向何处去成了备受学界关注的课题,进入21世纪后,更是牵动人心,故而刊发笔谈,以推动纵深思考。①

笔谈6篇文章大致可分为两类,一类是宏观而论。王晓德强调了"现实性",他指出,解决历史与现实的关系问题是学界所面临的挑战,史学要为现实服务,为社会发展提供资鉴,这是史学的价值所在,也体现了史学研究发展的趋向。因此,学界应致力于在求真的基础之上,充分借助原始资料探讨一些重大问题。② 陈志强强调的是"多样性",在他看来,所谓历史研究的多样性,是指研究主体要有个性,表现之一是选题有充分的自由,二是理论思维要有多样性,三是研究方法需要多样。③ 乔治忠关注的是"学术性",他从研究者的素养、境界出发,认为研究者在治学精神上要体现出严谨,耐得住寂寞,既要有缜密的史实考证,又要有深入的理论思维,要有献身史学研究的崇高职志;至于社会环境,则需要配套的氛围营造。④

笔谈中第二类是具体而论。张国刚关注的是"微观史",他认为,20世纪史学存在的问题一是古今问题,二是中外问题,如史学未能摆脱政治附庸的地位,引进西方不求甚解,等等,这在21世纪依然是需要面对的最大挑战;学界的转向是放下发现历史变动模式的诉求,而致力于微观史、日常史的研究,由下看上进而小中见大、见微知著,至于未来"还是会去渴求对世界的整体观照"。⑤ 李治安关注的是综合性区域史,在他看来,综合性区域史研究定将在21世纪得到迅猛发展,并成为史学界的重要支撑,"前景无限美好";至于推进路径,一是嫁接年鉴学派的方法于国内的区域史基础之上,二是全面仿效年鉴学派区域史研究模式。⑥ 王先明关注的是社会史,他指出,

---

① 《南开学报》编辑部:《新世纪中国的历史学发展趋向》,《南开学报》(哲学社会科学版) 2002年第6期。
② 王晓德:《对当前国内史学研究的几点思考》,《南开学报》(哲学社会科学版)2002年第6期。
③ 陈志强:《小议全球化与历史研究的多样性》,《南开学报》(哲学社会科学版)2002年第6期。
④ 乔治忠:《史学的发展应当强化学术性》,《南开学报》(哲学社会科学版)2002年第6期。
⑤ 张国刚:《从历史学20世纪的遗产谈21世纪的任务》,《南开学报》(哲学社会科学版)2002年第6期。
⑥ 李治安:《综合性区域史研究前景美好》,《南开学报》(哲学社会科学版)2002年第6期。

改革开放以来，社会史研究尽管存在社会学化、区域化等问题，然而主体形塑了中国史学的基本样貌；未来史学将形成多种样貌，理论与方法亦会趋向多元，然而万变不离其宗的是求真原则。①

无论是宏观还是具体，6位学者都对未来史学发展进行了有益的探讨，只是由于出发点的不同而各有侧重而已。相对比而言，宏观领域中的原则思考，更有意义。

3. 2004年《史学月刊》的笔谈

2004年，《史学月刊》第6期也刊发了一组笔谈——"21世纪中国近代史研究走向"，与两年前《南开学报》所刊笔谈不同的是，讨论的主题更为具体，即围绕中国近代史立论。笔谈配发编者按称，谈论新世纪中国近代史研究如何深入的问题，既需要回顾20世纪的研究历程，又需要前瞻未来的发展趋势，并在此基础之上提出具体发展路径。

笔谈的7篇文章大致可分为两类，第一类是宏观总论。章开沅此前曾倡导上下延伸、横向汇通，前者指的是时间，后者指的是空间，总之是多维度走出中国近代史，延展中国近代史。这篇文章则主谈境界，他以陈寅恪、王国维为例，强调追求圆融，指出治学要有大智慧，要力避"著书都为稻粱谋"的功利主义，急切地迎合时下，以得与古人处同一境界，入乎其内，出乎其外，进而达到佳妙境界。②马敏在1999年就提出中国近代史研究要放宽视野，历史观要注重更趋精细、长程及内部取向。③此次笔谈中又加入总体的历史观，向下、向外、向内、向上，四维延展。④朱英的治学注重实证、多元化及现实关怀，⑤此次笔谈他提出，未来发展应以建构完整与客观的中国近代史为总目标，其中新材料的寻觅为前提条件，视野放宽、方法优化及求

---

① 王先明：《社会史：走入新世纪的新取向》，《南开学报》（哲学社会科学版）2002年第6期。
② 章开沅：《境界——追求圆融》，《史学月刊》2004年第6期。
③ 马敏：《放宽中国近代史研究的视野——评介〈近世中国之传统与蜕变〉》，《历史研究》1999年第5期。
④ 马敏：《21世纪中国近现代史研究的若干趋势》，《史学月刊》2004年第6期。
⑤ 苏全有、常城：《当代中国史学界的三大趋向——以朱英为例》，《濮阳职业技术学院学报》2011年第5期。

真务实是必要手段。[①]李良玉则强调了历史观念的全面性及历史研究的实证性、个性，所谓个性，就是要有差异化的兴趣、风格与特色。[②]

笔谈中第二类所论要更为具体。虞和平强调了未来中国史学会继续现代化的研究，之所以如此，是基于其认为学术发展受制于学术自身发展的轨道和现实生活需要的轨道。[③]彭南生更加注重下层史，认为未来研究要目光向下，将普通民众纳入视野之中，进而提出要扩大研究对象，延展研究时空。[④]林家有的看法与之有相似之处，在他看来，过去的学术存在急功近利与方法单纯的问题，未来应目光向下审视社会，其中解决社会演变过程中存在的问题是关键，对当今社会富有启迪是关键。[⑤]

上述7篇文章所提出的一些认知、观点，至少在较短的时段里将会体现在中国近代史研究当中。

总体来看，世纪之初学术界对史学未来发展的探讨，因新世纪而引起了广泛关注，讨论较为热烈。除了上述三次较为集中的对话之外，还有一些散见的观点，如2003年李永福等从历史学的功用出发认为未来史学发展的主要趋向是"精神的满足和知识的生成"[⑥]等，在此就不赘言了。

（二）近10多年来学界的预测

近10多年来学术界针对历史学未来发展的预测，大致分为两个较为集中的时段，一是2010年前后，二是最近几年。最近几年的探讨中又以2023年《华中师范大学学报》的笔谈最为典型。

1. 2010年前后的讨论

2008年是改革开放30周年，学界在这一节点进行了较为细致的史学研究梳理，其中代表性的著作是张海鹏主编的《中国历史学30年》（中国社会

---

① 朱英：《更加完整与客观：中国近代史研究的发展走向》，《史学月刊》2004年第6期。
② 李良玉：《历史学的观念、方法与特色》，《史学月刊》2004年第6期。
③ 虞和平：《关于中国现代化史研究的新思考》，《史学月刊》2004年第6期。
④ 彭南生：《关于新世纪中国近代史研究如何深入的思考》，《史学月刊》2004年第6期。
⑤ 林家有：《历史学者需要眼睛向下透视社会》，《史学月刊》2004年第6期。
⑥ 李永福、郑先兴：《历史学的功用及其在当代的发展趋向》，《安徽史学》2003年第4期。

科学出版社，2008），该著分 20 多个专题，侧重回顾。此外，邓正来等主编有《中国人文社会科学三十年：回顾与前瞻》，对当代社会科学发展的两大倾向：西方化、唯学科化进行了批评。①

此后的史学未来讨论，有几篇文章值得关注。

2010 年，李长莉著文针对社会文化史指出两大趋向，一是史料的数据化、网络化，这是大量民间文献纳入学者视野的机遇；二是社会文化交叉视角将成为一种新的史学范式，起到范式补充与完善的作用。②2013 年，牛润珍专文阐释了唯物史观对未来中国史学发展的主导，包括 10 个方面，除了理论方法、研究内容等常态影响之外，其中提到了中国史学融入国际学术、史料的数字化及新学科的兴起。③

2014 年，张旭鹏对新时期史学发展趋势提出了自己的看法，他认为，就研究内容而言，有关情感、记忆、动物、海洋及大历史、星球史等将会得到更多的关注；研究内容的变化，其背后蕴含着的是传统理念的更迭，因而具有方法论上的意义。就理论而言，有关历史规律、走向及发展动力等历史理论或历史哲学等问题将会引发更多的思考，其核心是对历史本体论的思考。④同年，王记录针对主流史学、精英史学以及大众史学认为，主流史学需要学派化，精英史学将引领史学研究，大众史学需要整合规范，三者之间应交叉融合，以利共进。⑤

上述之外，王俊奇还针对体育史强调未来应直面社会转型、变迁所生成的新问题，思想要更新，方法要多元。⑥ 程群还针对美国史学发表了自己的

---

① 邓正来、郝雨凡主编《中国人文社会科学三十年：回顾与前瞻》，复旦大学出版社，2008，第9—14页。
② 李长莉：《交叉视角与史学范式——中国"社会文化史"的反思与展望》，《学术月刊》2010年第 4 期。
③ 牛润珍：《唯物史观的新机遇与中国史学的未来发展》，《廊坊师范学院学报》（社会科学版）2013 年第 4 期。
④ 张旭鹏：《新时期以来中国史学发展的特点与趋向》，《史学理论研究》2014 年第 3 期。
⑤ 王记录：《当代中国史学的形态、演化及发展趋向》，《河南师范大学学报》（哲学社会科学版）2014 年第 2 期。
⑥ 王俊奇：《再论体育史学的现状与未来走向——兼论体育史学的学科地位与"文史合一"的发展》，《体育学刊》2007 年第 6 期。

见解，包括多元主义、史学国际化和民主化等。①

总体来看，在21世纪初未来史学讨论热潮之后，2010年前后是一个低谷时期。虽然在研究内容、方法等方面亦有真知灼见，然而总的情况是沉寂占主体。

2. 2023年《华中师范大学学报》的笔谈

最近数年里，有关史学未来的探讨又掀高潮。王也扬、赵庆云著《当代中国近代史理论研究（1949—2019）》（中国社会科学出版社，2019）和曾业英主编《当代中国近代史研究（1949—2019）》（中国社会科学出版社，2019）以回顾为着力点，《华中师范大学学报》的笔谈让人眼前一亮。

2023年，《华中师范大学学报》为了推动中国史学科自主知识体系的建构，组织了中国史学科评审组成员荣新江等，撰写"中国史研究的传承与发展"笔谈。十多位学者畅所欲言，其中多篇涉及对未来史学的观照。

荣新江围绕敦煌学指出，未来应持续推出新问题，注重建筑学、文学艺术、考古学等学科交叉的新方法，强化跨学科研究。② 吴义雄针对清中叶中西关系史，强调应挖掘第一手的文献资料，借用新的研究路径和方法，研究者要有多语种的语言支撑和跨学科的知识背景。③ 侯旭东对学界重微观不重宏观的碎片化及盲从海外时髦等现象进行了批评，指出未来应致力于深究细描不断重复的日常统治背后的运行机制，变与不变并观，从而极大地丰富研究内容，进而扩大研究视野。④

孙江以社会史为视点，提出要吸纳新文化史之长，努力探求社会史推进的新方向与成长点；他还特别强调了微观史研究，认为这一研究有助于求真、求新，微观不是小，是小处见大，微观不是碎，是聚沙成塔，无数单个

---

① 程群：《论战后美国史学：以〈美国历史评论〉为讨论中心》，光明日报出版社，2009，第253—256页。

② 荣新江：《谈谈敦煌学研究的新问题与新方法》，《华中师范大学学报》（人文社会科学版）2023年第2期。

③ 吴义雄：《清中叶中西关系史研究的回顾与前瞻》，《华中师范大学学报》（人文社会科学版）2023年第2期。

④ 侯旭东：《关系思维、日常与历史：关于史学未来研究的思考》，《华中师范大学学报》（人文社会科学版）2023年第2期。

的人的聚合，乃可重构历史。① 马敏则延续了他在世纪之交所表达的观点，并有新的突破，如上下延伸方面，向上要引入"近世化"概念，向下要引入"新革命史"与"现代化史"的概念，至于横向会通，则可引入"全球化"的概念，从时空两方面走出中国近代史；至于研究方法则是多样化，如比较、整体、互动交叉、大数据等。② 章清分析了近代中国思想史领域的变化，指出其特点，一是扩张，思想史的界划并不十分清晰，其向下和向外的延伸是该领域学术体系建构的关键；二是收缩，主要在于对新名词或新概念的关注，概念史研究对于历史学科话语体系的重构会有助益。③ 李帆以清代学术史为讨论对象，提出该领域研究的突破，需要在前提预设层面下大工夫，其中，概念史的视角、方法之借助十分重要。④

大致说来，《华中师范大学学报》的这组笔谈涉及研究内容、方法等，相关认知代表了学术界的最新看法。

3. 近年来其他学者的新见解

最近数年间，除了2023年《华中师范大学学报》的笔谈之外，学界有关史学未来发展的新见解不时涌现。

有强调史料者。潘光哲对史料十分重视，2022年他著文《中国近代史知识的生产方式：历史脉络的若干探索》，在梳理了学界寻找、认识、鉴别史料的知识生产过程后，指出历史学应该建立在扎实的材料基础之上，"而不是专以形构理论、概念等空言为能事"。⑤

有强调数字人文者。2023年唐宸等围绕古典文学文献辑佚路径指出有两点需要学界注意，其一是将传统的辑佚学、目录学以及版本学与数字人文新技术相对接，无论是辑佚准备时段、挖掘拓展时段，还是录入校勘时段、辨

---

① 孙江：《社会史身份的再确认》，《华中师范大学学报》（人文社会科学版）2023年第3期。
② 马敏：《如何"走出中国近代史"》，《华中师范大学学报》（人文社会科学版）2023年第3期。
③ 章清：《"重访"与"重读"：近代中国思想史研究的扩充与收缩》，《华中师范大学学报》（人文社会科学版）2023年第3期。
④ 李帆：《清代学术史研究的回顾与再思考》，《华中师范大学学报》（人文社会科学版）2023年第3期。
⑤ 转引自陈红民《为学跬步集》，浙江古籍出版社，2022，第232页。

伪定本时段，都要充分借助数字人文的新技术；其二是要灵活运用各种数据库，对于无全文检索的数据库也要充分关注和利用。[①]

与上述强调史料、数字人文等集中论述不同，学界更多的是宏观多视角的阐释。

2017 年，姚啸坤提出，当代史学的趋向一是研究环境宽松化，二是史学在理论、方法、内容等方面的多元化，三是中外交流加强。[②] 次年，张广智提出史学未来发展趋势有三，一是学科之间的交融，二是中外交流，三是唯物史观扩张影响。[③] 其后到 2020 年他又重申了自己的看法。[④]

2019 年，孟钟捷针对西方史学史指出其未来的三大趋向：以整体为导向、关注全球交织、面向公众需求。[⑤] 张海鹏认为史学发展的着力点一是科学理论的导引，二是深化对我国优秀历史文化的研究，三是持续丰富学科概念和理论，四是力推大著作，五是积极培养史学大家。[⑥] 周文玖以中国史学史为例提出了六大着力点，归纳起来，一是材料，要在发现新材料上持续发力，从而形成新的课题；二是理论，由博而约，在广泛研究的基础之上提炼史学理论，从而构建有中国自身特点的学科体系；三是素质，要借助经典名著，从而提升研究者的理论素养和专业功力；四是方法与眼光，即借鉴异域新方法并进行比较分析，加强国际交流以走向世界。[⑦]

2022 年，张越以当代马克思主义史学为视点，指出了史学范式的多元并存状况，未来发展趋向一是注重史料以及实证研究；二是海外史学无论是观念还是方法，其影响都很大；三是国学受到追捧。上述变化，对马克思主义

---

① 唐宸、张萍：《数字人文时代古典文学文献辑佚路径的实验与思考》，《数字人文研究》2023年第 2 期。

② 姚啸坤：《论历史学的功用及其在当代的发展趋向》，《现代国企研究》2017 年第 22 期。

③ 张广智：《从三个维度观察史学未来发展趋向》，《人民日报》2018 年 11 月 26 日，第 22 版。

④ 张广智：《现当代西方史学及其未来发展趋势》，《首都师范大学学报》（社会科学版）2020 年第 1 期。

⑤ 孟钟捷：《关于"西方史学史"未来发展的几点思考》，《史学理论研究》2019 年第 1 期。

⑥ 张海鹏：《把握新时代我国史学发展的关键》，《人民日报》2019 年 4 月 1 日，第 9 版。

⑦ 周文玖：《回顾与思考——70 年来中国史学史学科的轨迹及未来发展》，杨共乐主编《史学理论与史学史学刊》第 21 卷，社会科学文献出版社，2020。

史学的影响不容小视。① 同年，刘江等以人大复印报刊资料为中心对2022年的中国近代史研究进行了总结，指出其特点是注重科际交叉、利用中外文资料、构建本土话语体系，再就是见微知著式的微观支撑下之宏观审视。②

2023年，张旭鹏再次提及其所关注的星球史视角。③

大致看来，近10多年来学界对未来史学的关注，继21世纪初的高潮之后，再次掀起新的高潮。海外史学的影响以及本土现实需要的驱动，都促使学界持续探讨。

上述21世纪以来我国学界对未来史学的探讨，可谓高潮迭现，其中有组织的探讨是一抹亮色，之外散见的观点呈现也不乏真知灼见，学界在史学研究的实践中心系未来，几至望穿秋水。

二 对学界多个层面的调研归类

对未来史学的预测，上述公开发表的看法尽管不乏亮丽，然而总的感觉是缺乏系统性的梳理，覆盖面也不够。为了进一步了解当代学界对未来史学的看法，笔者对不同年龄段、不同专业的数十位历史学者进行了采访，问题是"历史学的未来走向是什么？哪些方面引人关注？哪些领域可能拓展？"所收集上来的观点可谓众说纷纭，特分述如下。

（一）数字技术的广泛使用

数字技术运用到史学研究当中，是近年来史学发展的一大亮点，研究者置身其中，感同身受，自然对未来更多地利用数字技术存有期待。汪朝光（四川大学）就提出，未来不仅是历史学，整个人文学科都可能更依赖于技术，在网络的加持下，运用大数据，过去许多没有意义的事，可能就有了意

---

① 张越：《当代中国马克思主义史学的研究特点与发展趋向》，《史学月刊》2022年第7期。
② 刘江、文茂群：《2022年中国近代史研究的深耕与突破——以复印报刊资料为中心的考察》，《学术研究》2023年第7期。
③ 张旭鹏：《"星球史"视野下的文明思考》，刘新成、刘文明主编《全球史评论》第24辑，中国社会科学出版社，2023。

义。这样一来，知识获取可能很方便，不需要我们那个年代的死记硬背，大多数人都能做今天的所谓研究，但视野和见识更难得，提出问题并予以有创见性的解答，更是少数人的事了。闵祥鹏（河南大学）也认为，数字史学是未来史学的一大走向。随着科技的进步，数字化已经成为历史学研究的重要手段。未来的历史学家将更加依赖大数据、人工智能等技术手段，以提高研究效率和准确性。此外，马斗成（青岛大学）还提出了"史学的科技化"概念。

持相似看法更多的是青年学者。在刘杰（南昌大学）看来，引人关注的领域包括数字史学、量化历史研究等，其中，大数据、大型文献平台发展（比如抗日战争与近代中日关系文献数据平台等）与史学研究息息相关。白中阳（延安大学）亦注意到了数字化发展趋势的日益凸显，指出其表现一是新媒体介入，资料群、视频会议等科技元素多应用于历史学研究；二是硬件、软件等电子元素的更新换代，以及史料的数字化推动着史学研究的发展。崔洪健（河南师范大学）指出，数字技术的迅猛发展为历史学提供了全新的工具和方法，以更深入地分析历史数据。这包括数字档案馆、文本分析、数据可视化和机器学习等技术的应用，使历史学家能够处理和理解大规模的历史文献和数据集。付燕鸿（河南大学）强调，在数媒时代，历史研究的手段方法日益多样化，历史研究的成果也在与时俱进，呈现方式也日益多样化，如电影、电视纪录片、访谈记录等。当然，在历史呈现多元表达的同时，专业的历史学家和非专业的历史学家，都应当遵从历史最基本的道德和底线。巴杰（郑州大学）、靳环宇（中央政府驻港联络办深圳联络部）等亦有同感。

相比较而言，王川（四川师范大学）对数字技术更为重视，他认为因互联网而逐步诞生的新的史学，或可将其命名为"互联网历史学"。未来的历史学不可能脱离互联网的影响而存在。史学，究其根本是对人的研究。互联网带给人类社会最深刻的改变也是对人的改变。互联网正在重新构造社会生活本身。史学善于以长时段的视角来考察社会，也就善于发现那些"百姓日用而不知"的变化的沉淀积累轨迹；就互联网发展对史学的影响而言，目前最直观也最显著的变化是历史言说主体的极大扩充。麦克卢汉有言，"媒介即信息""媒介即人的延伸"。近代史与古代史相比，一大区别即史料浩瀚无比。之所以如此，大众传媒的发达是重要原因。近代以来，出版技术的进步令更多的思想和言说被保存下来，成为后人治史的基本依据。而当互联网平台为大众所运用时，一个"人人都有麦克风"的时代就来临了，个人对时代的体验、对世界的观察乃至内心瞬间即逝的感受，都有可能被记录下来并且展示在网络搭建的公共空间中。几千年来的史学研究中已被默认为前提的"沉默的大多数"一变而为"大多数不沉默"。

从上述论述可以看出，互联网时代的史学与传统史学的差异乃代际差异，并随着时代发展而生出巨大的"割裂感"。

（二）跨学科、全球化的趋向

无论是跨学科还是全球化，都是涉及未来史学研究的视野问题。

1. 跨学科的趋向

跨学科的认同在学术界长期存在，且渐呈强化的态势。章义和（华东师范大学）认为，跨学科的研究，尤其是与文化人类学、体质人类学、考古人类学、社会学等人文社科的交叉，给传统的史学研究提供更多的资料与研究工具。李宪堂（南开大学）指出，史学的演变趋势之一就是由专门学科走向多学科整合，容纳人类基因学、环境与气候学、文化人类学、考古学、天文学、卫生医疗学、社会学等多学科的理论和方法。姚百慧（首都师范大学）强调跨学科，力主打破学科分野。他指出，世界史和外国语言文学、国际政治等结合，现在有了交叉学科区域国别学；在人才培养上则有"新文科"，这都要求打破学科分野。俞祖华（华中师范大学）也认为未来史学在方法上，可能还会借鉴概念史、话语分析、情感史、记忆史等，这里强调的同样是跨学科。汪朝光相对更侧重科学，在他看来，就中期而言，与自然科学相结合的历史研究可能更值得关注，如环境学、心理学、生物学、地理学等，不过这些领域都非传统史家所长，需要新进史家的开拓，最好文理兼通。

汪高鑫（北京师范大学）在阐释跨学科问题时，以中国古代史学史研究的多视角为例指出，其一是政治史视角，其二是四部学视角，其三是多民族视角，其四是中西比较视角。王川则以历史人类学为例，认为可以走向田野触摸鲜活的百姓生活与微观历史，在村落、祠堂、庙会与仪式中穿越古今，发现灵感，提供以普通人为中心的自下而上的观察，挑战或补充数千年来王朝立场的思考。

青年学者对跨学科的推崇度很高，以与我接触较多的中原学者为例，任同芹（河南师范大学）提到，历史学需要关注跨学科研究、多学科研究，即借助其他学科的理论与方法进行历史研究。历史学的发展必须与其他学科进行融合，才能有所突破，比如税收史，它不仅仅局限于经济史、财政史，如果与社会史结合起来就比较有意思，另外这方面的研究若借助统计学、计量科学等一些方法就比较有意思，就能拓展研究空间。贺怀锴（河南大学）认为未来发展方向之一就是交叉学科研究，即跨学科研究增加，如体育史、教育史、法律史等。崔洪健指出，历史学与其他学科的交叉研究也越来越普遍，如历史与人类学、社会学、文学、政治学、经济学和环境科学等的交叉研究，有助于提供更全面的历史视角。付超（新乡医学院）称未来史学方向是跨学科融合，自然科学视角下的中国史与世界史特别值得关注。巴杰也认同学科交叉的方向。

跨学科的趋向之所以被广泛认同，与当下学界对学科界划阻滞学术创新的感同身受与不满有关。至于跨学科趋向的支撑体系，则在于多元化。正如闵祥鹏所言，未来的历史学家将更加重视多元化史观，尊重各种文化和历史传统，以期在全球范围内寻求共同的历史经验和教训。田涛（天津师范大学）也认为，未来史学会越来越多元，会分化，有坚持叙事传统的，有与其他学科交融的。多元化的肥沃土壤，将促成跨学科之花盛开。

2. 全球化的趋向

伴随着交通、通信业的飞速发展，国家民族间的交往日趋密切，置身其中的历史学显然亦是国际交流的组成部分，故而全球化就成了未来史学的一大趋向。正如闵祥鹏所道，随着全球化的推进，历史学研究将更加注重全球视野，关注不同国家和地区的历史发展及其相互关系。章义和亦认为，未来史学研究者应具有全球化的视野，中西互鉴，且能贯通融合。

河南大学的两位青年学者的观点具有一定的代表性。付燕鸿提出了"国际化"概念，强调要具有世界眼光，加强国际学术交流。尽管对外学术交流一直被国内学界所重视，国外也有不少经典的史学著作译介到中国，尤其以刘东主编的"海外中国研究丛书"为代表，但是普遍的、常态化的国际交流十分有限。许多国外历史学家并不了解我国史学发展的情况，当然，我们对外国历史研究的成果也有很多没有关注到，因此迫切要求加强国内外学术交流，让青年教师多走出去学习，开阔眼界，让我们自己的研究成果也推广出去。贺怀锴亦预测历史学国际化趋势将更加明显，表现为论文对话的国际化、史料的国际化（外文史料的运用）。

王川围绕全球化趋向做了进一步的阐释，他认为，区域国别史是世界史研究的方向。改革开放后，世界史的研究备遭冷落，进入21世纪后都没有一个相关的学术研讨会，整体状况还不如改革开放前的态势；亚非拉的历史越来越不受重视，研究基础薄弱，队伍匮乏，比如印度史几乎没有专门的研究人才；中国史与世界史两个学科之间的对话越来越少，为学术而学术的越来越多，关心时代精神的似乎越来越少。心中没有世界，何来鲜活的学术？伴随共建"一带一路"倡议的提出，周边国家史、区域史研究的重要性越来越凸显；"人类命运共同体"的提出，不仅是中国对全球化的回应，更是中国对未来全球治理的展望。世界是多元的，需要大家彼此协同，贡献各自的智慧，世界治理是有多种方案、多种路径的，不是一种模式就可以解决。这就需要各个国家尤其是大国在拥有自主知识生产的基础上进行各自的全球认知探索，因此新的区域国别史研究是未来世界史研究的方向。

未来史学的中外交流将会更加密切，其全球化的趋向注定将如同芝麻开花一般，节节攀高。

跨学科导致学科交叉，全球化促进走向世界，未来史学注定将发生天翻地覆的变化。

（三）民众史学的趋向

民众史学的趋向包含两个方面，一是服务对象的大众化，二是研究内容的向下。

史学就其功能而言应该为社会提供服务，只是长期以来史学脱离现实，在象牙塔里打转转，这不仅导致了史学的被边缘化，也引起了史学界自身的反省，从而发出大众化的呼声。郭培贵（安徽师范大学）就此指出，历史也是供大众消费的，既有学术内涵又为大众喜闻乐见的通俗史学将永葆活力。李德锋（内蒙古大学）的看法类似，他也强调了历史学知识的社会价值发掘，直观的就是通俗化表达。李宪堂也认为，历史学将由专门学术知识转变为大众启蒙教育的社会资源，助益人类本体性的觉醒和建树。付超的侧重点稍有区别，他认为，未来的历史学应该是专业化学术研究与满足大众娱乐需求双向并行走向。

需要关注的是学界强调的"公共史学"概念。章义和认为，未来史学的增长点在于走出狭窄的专业领域，发扬传统史学的叙事功能，发展面向普通大众的公众史学。马斗成指出，史学大众化是未来的一个走向，公共史学或会受关注。王记录（河南师范大学）此前曾论述公共史学，他预测公共史学可能有较大发展。

青年学者亦发出了支持大众化的声音。付燕鸿说，一方面是研究者大众化。历史研究不再是学界个别人的专利，越来越多的人加入史学研究的行列，史学工作者"职业化""大众化"成为趋势，但是史学研究"从业者"必须提高自己的专业理论修养和水平。另一方面是史学读者大众化。近年来一些以满足普通大众需求为目的的科普性史学著作问世，吸引了不少读者。常城（郑州航空工业管理学院）亦提出，历史学的走向应该是社会生活史，是能摸得着、看得见的历史，与民众生活联系更加密切的历史，包括健康史、心理史、家庭史等。冯成杰（河南师范大学）强调，历史学应该走向大众，用平实的语言、讲故事的方式向大众传播文化和思想。冯秋季（新乡医学院）认为，未来史学不能成为显学，但必须是人人关注、敬畏，并愿意从中汲取营养的学科。历史的智慧和教训更需要引人关注，不能只是历史学人自说自话。白中阳提出了"史学公共化"的概念，认为其发展趋势明显，原因一是历史教材及历史教学的通俗化助推史学公共化的发展；二是除了娱乐味道浓厚的各种历史剧、历史小说外，电视讲史与网络写史也推动了史学公共化的不断升温。

作为现代史学与传统史学的最大区别，"大众化"将以"公共史学"为主要载体形式，在未来得到彰显。

就研究内容而言，民众史学更趋向于研究下层。有别于精英史学，以民众作为主要研究对象的史学研究在20世纪80年代伴随着社会史的复兴而风生水起，学界的下层取向不仅由来已久，且大有一往无前的气势。因此，对于未来史学的趋向，学界普遍注重下层史学的推进。如朱英（华中师范大学）就强调了底层民众视野下的变革与发展。马勇（中国社会科学院）预测未来史学的一个突破点就是由上层向下，要强化社会生活、家庭、底层方面的研究，古典史学内容就是帝王将相、私有体制，真实性有问题，人民被漠视，底层生活的研究会有出路。章义和认为，历史学研究应眼光向下，关注中下层民众，社会史、口述史研究，应该有很大的发展空间。孟祥晓（河南师范大学）亦注重向下，指出未来的走向应该是趋势向下，更注重多数人的活历史。相对而言，任同芹更注重微观，认为未来史学将致力于微观史或个案史研究，再或者历史细节的研究，即通过个案，或就某一小问题或就某一个小历史人物，进行细致、深入的微观研究，进而探讨其背后的社会、经济、文化等问题。崔洪健提出"边缘化"概念，认为历史学将越来越关注不同社群和文化的历史，包括被边缘化和被忽视的历史，这有助于改变历史中的偏见和不平等，并提供更全面的历史叙述。

（四）为现实服务的趋向

为现实服务一方面体现了史学的功用，另一方面也契合了存在决定意识的原理。[①] 学术界对此颇多认同，赵长海（郑州大学）说，历史学其实就

---

① 江树革、安晓波：《德国中国学研究的当代转型和未来发展趋向》，《国外社会科学》2012年第2期。

是研究当下的自己、民众和社会。齐春风（云南大学）认为，历史学的未来走向仍然是传统的鉴古知今，因为现在遇到的问题仍然是历史上积累下来的问题，比如如何对待西方文化，仍然是"五四"时的话题，在今天，西化论者与文化保守主义的影子仍然可以看见。至于历史学引人关注的方面，政治史、经济史、思想文化史仍然有生命力，也值得拓展。靳环宇也言道，中国历史学始终不脱察古鉴今、经世致用的基本原则，因此离当下愈近愈容易受到现实政治社会变动及由此带来的相应领域凸显的问题的影响，这是历史学服务政治及社会需要使然。无论是夏商周断代工程、清史工程、马克思主义理论研究和建设工程的实施，还是中华优秀传统文化、"四史"、海洋史、中华民族史（"三交"史）、"人类命运共同体"史（新全球史）等概念的提出和受到重视，无不是来自现实政治需要，也是直接服务于国家战略需要。因此围绕国家战略而开展的历史研究，就相对容易获取课题、项目等资源，也容易引人关注，但这对历史研究人才提出了更高的要求，需要有基础理论扎实、高度关注现实、具有史学和政治敏感性、掌握最新研究方法的综合性高素质史学研究者。田牛（湖北师范大学）提出，历史学发展趋向之一是经世致用，为现实服务，特别强调构建中国特色话语体系。姚百慧则强调资政，在他看来，未来史学的资政功能会强化。国家建设了历史研究院，其目标除了统筹历史学研究，还有就是加强资政功能，包括对中国周边国家政策、边界问题、中国与大国关系、中华优秀传统文化、文明新标准等，提出新的有根据的看法，提高中国学者的国际话语权，为国家制定政策提供智力支持。付超也提到服务现实特别是资政育人走向。

在为现实服务问题上，有两种观点需要关注。其一是处理共性与个性的问题，李恭忠（南京大学）指出，历史学可能不是单一的走向。一方面，是如何面对人类共同的问题，如技术（包括人工智能）、环境等要素与自然人生存条件和生命质量的相互关系。由此，环境史、科技史文理结合，面向未来，可能会有更大的发展。另一方面，是如何回应不同人群（族群、民族、国家、文化共同体）在维系文化传统和认同上的需求。由此，传统的思想史、文化史甚至政治史，还会有相当的惯性和发展空间。其二是价值因素的制约，李金铮（南开大学）认为，历史研究的趋向取决于研究对象的价值，一是影响和决定人类历史进程者，譬如物质、技术、精英、民众、革命、战争；二是当下人类社会面临的巨大矛盾、困境，促使人们反思历史、研究历史，譬如信仰、环境、瘟疫，同样也包括战争；三是后人对历史的好奇，其对象广阔无限。马建强（湖北大学）也认为史学研究的新领域是回应现实的重大问题，而不是盲目跟风。

不少学者的看法更为具体。王天根（安徽大学）认为，未来史学趋向，一是互联网改变时空认知，需要重视社会结构、劳动、财富等问题；二是民族国家叙事和地方感、空间感的关系值得探讨。俞祖华说，国家倡导的、与现实生活联系紧密的、个体的、社会文化方面的史学，或许是历史学未来发展的方向。李德锋强调了历史学服务国家战略发展，典型题目如"铸牢中华民族共同体意识的历史基础"。孟祥晓与之相类，认为中华文明的突出特性（连续性、创新性、统一性、包容性、和平性）、人类命运共同体、生态环境、河流和海洋问题应该是热点。符海朝（安阳师范学院）提出，史学仍应承担启蒙的重任，包括世界和中国。首先，当今世界和平尤其重要，必须宣传两次世界大战的血的教训；其次则是对封建专制主义的批判；再次则是对环境史的研究的重视；最后是靠谱的通俗读物的写作。冯秋季认为未来史学可能拓展的领域包括与民族国家发展主题密切相关的领域、有助于提升百姓民生幸福指数的领域、有助于温暖民心的领域、有助于提升各方面正能量的领域。崔跃峰（郑州航空工业管理学院）针对近代史领域指出，民族复兴史、中共党史、中国文化和中国精神研究在今后一段时期会成为热门，并将延续一段时间；在社会史领域，主要是加强一些民间资料的搜集整理和研究。

需要说明的是，学术界在为现实服务问题上还有补充、完善的声音。孙建国（河南大学）就指出，历史学不能媚俗，还是要回到历史本位，探究历史真相、总结历史规律、弘扬历史优秀传统的发展方向。郭培贵也认为，历史是客观的，史学是求真的，而记载历史的史料又是真伪并存的，故不论到何时，总有一部分史学工作者为求真实而甘于献身历史的考证。程民生（河南大学）亦强调回归历史本真的学术。李宪堂有所不同，他力主摆脱史料学的局限，重新获得对历史和现实的阐释能力，从具体知识的探掘走向整体意义的建构。

尽管在服务现实的方式、方向等方面各有侧重，不过总体来看，未来历史学服务现实的趋向则是学界的共识。

（五）新领域的开拓

论及未来史学的趋向，王奇生（北京大学）之"因各人的兴趣而异"一语，道出了学界的"真相"。确实，因关注领域的千差万别，对未来史学的侧重也众说纷纭，

就学科而言，翁有为（河南大学）认为未来史学会关注科技史、环境灾荒史等。田涛认为是技术史、环境史、生命史等。冯成杰提及了环境史、医疗史、技术史、概念史、阅读史等。贺怀错列出了医疗史、环境史、概念史、观念史、记忆史、科技史、计量史学、党史、国史等。丁高杰（四川轻化工大学）列出了概念史、区域史、妇女史、生态史、城市史等。周永卫（华南师范大学）强调了中国地域文化和地方史、口述史等。白中阳强调了概念史、情感史、理想史学、游戏史等。任同芹强调了量化史学或者计量史学。崔洪健列举了社会历史和文化历史、社会记忆和历史教育、比较历史学等。靳环宇列举了民族史、治理史、海洋史、法律制度史、文化文明史等。付燕鸿列举了性别史、环境史、心态史、身体史、情感史等。巴杰认为有区域史、口述史学、影视史学等。闵祥鹏也十分关注口述史学。王川推测的领域是环境史和情感史。……

就专题而言，姚百慧侧重于世界史，认为对世界史的个案研究仍然不够，在国别史诸多问题上，对有的国家和区域（如西欧低地国家、北欧、前社会主义国家、非洲、拉美）等研究不够，对大国内政与外交关系（如美国国内政治运作）等需要加深研究。郭培贵围绕中国古代史提出，未来史学应强化对优秀传统文化的研究。清末以来，对传统文化立足于批，或褒少贬多，以至于丢失了部分优秀传统文化，故对于优秀传统文化的继承、探

究、宣传和发扬也会成为一个热点。何科（河南师范大学）就中国近现代史立论，认为未来北洋时期历史和抗日战争史研究空间会比较大，尤其是前者还没有形成一个固定的、有名气的研究机构，研究水准急需提高；中共组织史、宣传史以及新中国史（"文化大革命"以前）可能会逐步走向更加严谨的史学化，尤其是制度建设研究空间较大，可能会得到更多的重视。吴稌年（江南大学）针对当代史提出新中国成立后的前17年史研究需要拓展。

此外还有强调史料建设者。俞祖华说，从材料上看，全国层面的可能比较齐备了，可能往地方文献、地方档案方向继续拓展。孙建国指出，需要关注文书票据的热点，近期各地涌出的特色明显的文书文献值得重视。付燕鸿和付超亦都强调了文献整理与研究。

总体来说，学界因关注点的不同，而对未来史学的走向在学科、专题等领域上的判断呈现出差异化的特征，不过若求同存异则当可发现，所有的分歧都有一个共同的诉求，就是求新。开拓新领域，是学界对未来史学的一致判断。

以上是笔者对学界数十位学者就未来史学走向问题所做的采访汇总，此外笔者还对一些高校历史学专业的本科生进行了问卷调查，内容涉及数字工具、资鉴、跨学科、传统文化、教育、服务大众、向下、精细化等，亦非常丰富。概括而论，上述5个方面可视为学界对未来史学走向较为全面的归纳，也是包括笔者在内的业界之共同心声。

相比较而言，学界在未来史学趋向问题上进行专题阐释并公开发表看法者较少，[1] 所以，结合问卷调查形式进行对比综合分析十分必要。从上述两种路径所采集的信息可知，学界对未来史学预测的差异多在于侧重点的不同，共性的认知则获得了广泛的认同。在此归类趋同的过程中，学人们在不同的领域里披荆斩棘，探索向前。

---

① 苏全有：《中国近代史研究必须去西方化》，《焦作师范高等专科学校学报》2016年第4期。

史学史视野下中国考古学史研究的回顾与前瞻*

王　兴**

摘　要：中国考古学史是考古学领域的重要组成部分。近百年来，学术界对中国考古学史既有通论性研究和专题性研究，又呈现若干新思路和新进展。日记书信类材料扩充了中国考古学史研究的史料来源，推动了中国考古学史研究走向深入。考古学人交游与学谊研究，成为近年来中国考古学史领域的研究热点，这虽仍属人物研究的范畴，但实际上已大为扩充了人物研究的领域。从学术史的视角专门研究中国考古学发展历程中的重要调查或发掘、会议、工作队等，亦是近年来中国考古学史研究的亮点。在前人研究的基础上，进一步推进中国考古学史研究的着力点在于：加深对 1949 年后的中国考古学发展史的研究；根据新资料旧题新作或开辟新题，还原以往较为熟悉的考古学人和机构的若干历史细节乃至学术场景，或者揭示以往关注较少但仍有助于理解中国考古学发展进程的人物、机构和著作；将中国考古学史置于广义的中国史学乃至整体学术视野下予以考察；以比较方法或从世界学术视野考察中国考古学史。

关键词：中国考古学史　史学史　考古学人　考古机构

一门学科的研究，既包括该学科各个领域的研究，也包括该学科自身发展史的研究。一门学科若想取得长足发展和进步，除了有赖于学科各个研究领域的不断深入拓展之外，更有赖于学科自身发展史的厘清。具体到考古学领域，中国考古学史是整个考古学领域的重要组成部分，而广义的历史学包含考古学，因此考察中国近代史学发展历程时，不应把考古学的成果排除在

---

* 本文系国家社科基金重大项目"百年来中国马克思主义史学话语体系建构研究"（23&ZD242）阶段性成果。

** 王兴，湖南大学岳麓书院。

外。本文拟以史学史研究的视野，梳理和总结中国考古学史研究成果，并尝试分析已有研究成果存在的薄弱环节，就教于方家。

一 通论性研究

以田野发掘为主、运用地层学等方法的中国近代考古学兴起于20世纪20年代，但如果就学术思想渊源而言，有学者将中国考古学的前身追溯至北宋中期的金石学。

1926年，梁启超欢迎瑞典皇太子演讲的演说辞《中国考古学之过去及将来》，[①] 可视为论及中国考古学史的最早文献。梁启超认为考古学在中国成为一种专门学问，起自北宋时代，考古学研究的对象大致分为四类，即石类、金类、陶类、甲骨及其他。以梁启超在当时学术界的威望，他对考古学的认知影响着当时及此后一段时间内大多数人对考古学的看法。该文虽然几乎没有言及近代意义的中国考古学内容，但其叙述思路多为后来学者所效仿。

八年后，时为中研院历史语言研究所考古组主任和中央博物院筹备处主任的李济，发表了《中国考古学之过去与将来》[②] 一文。作者在该文中并未言及作为中国考古学"前身"的金石学，而是直接从田野考古调查及发掘谈起，概括出十年来中国考古学的两件特别值得称述的成绩：一是发现中国北部的石器时代，二是确定中国的青铜时代文化。值得注意的是，李济强调的这两点均跟中国上古史的范围有直接关系，考古学家把地底下的实物发掘出来，改变了一些学者对于中国上古史的认识。此外，李济还总结了周口店古人类遗址的发掘成果，认为周口店的发现在自然历史、人类历史与中国民族史中均占有同等重要地位，因此一部完整的新的中国历史叙事应该由此出发也是毫无疑义的。

此外，卫聚贤《中国考古小史》（商务印书馆，1933）和《中国考古学史》（商务印书馆，1937）值得关注。前书主要述及"近代的发掘"（包括周

---

① 梁启超：《中国考古学之过去及将来》，《晨报副刊·社会》第53期，1926年10月26日。
② 李济：《中国考古学之过去与将来》，《东方杂志》第31卷第7期，1934年4月。

口店、沙锅屯、西阴村、殷墟等）以及"外人在中国考古的成绩及纠纷"，并附有其他学者关于中国考古学史的论文。后书主要包括"周至唐的古物与政治的关系""东周至唐的考古学者""宋至明的考古""清至现在的考古"，内容多限于金石学，可以看作对梁启超关于考古学认识的进一步发挥。虽然两书言及的考古学，与近代科学观念视域下的考古学有较大距离，但作为民国时期仅有的两部中国考古学史专著，还是受到很多学者的注意，且在1949年以后多次被重印出版，流传较广。

1949年11月，中国科学院正式成立。次年5月，在原北平研究院史学研究所和中研院历史语言研究所一部分的基础上，中国科学院考古研究所开始筹建，8月1日正式成立，郑振铎任所长，梁思永、夏鼐任副所长。由于郑振铎当时还担任文物局局长，需要负责处理文物局的日常工作，梁思永因身体状况需要经常卧床休养，因此考古所的很多实际工作便自然而然地落在了夏鼐的肩上。作为新中国考古工作的主要指导者、中国现代考古学的奠基人之一，夏鼐关于中国考古学史的诸多论述，非常值得重视。夏鼐关于中国考古学史的著述主要分为两类：一是对新中国考古学阶段和发展进行总结，二是考古学通论讲义中涉及考古学史的内容。在新中国考古学发展的不同时期，夏鼐注重及时概括中国考古学发展所取得的成就，指出存在的不足及未来继续发展的空间。他往往会梳理归纳出各地、各时期最新考古发掘的进展情况、主要成果及学术意义，这些内容本身已涉及中国考古学史的研究。①

新中国成立后，中国考古学迎来全面发展时期，但当时的专门人才很少。除了北京大学历史系考古专业培养专门人才外，1952—1955年中国科学院考古研究所与文化部、北京大学共同举办了四届全国考古工作人员训练班。此外，因为1956年考古所增添了大批中等学校毕业的见习员，他们的专

---

① 此类著述较多，详见夏鼐《新中国的考古工作——在河南文管会欢迎会上的报告》，《新史学通讯》1951年第3期；《中国考古学的现状》，《科学通报》1953年第12期；《考古工作在新中国的蓬勃发展》，《科学通报》1954年第10期；《一九五四年我国考古工作》，《考古通讯》1955年第6期；《十年来的中国考古新发现》，《考古》1959年第10期；《我国近五年来的考古新收获》，《考古》1964年第10期；《三十年来的中国考古学》，《考古》1979年第5期；等等。

业知识和技术水平需要提高，1956 年 12 月—1957 年 3 月，中国科学院考古研究所举办"见习员训练班"。此次训练班连旁听生共 170 余人，他们大都成为新中国的第一批考古学人才。

进入 21 世纪后，对中国考古学发展历程进行整体梳理和概括的著作主要有蔡凤书《追寻远古的呼唤：百年考古学历程》（齐鲁书社，2003）、朱乃诚《考古学史话》（社会科学文献出版社，2011）、黄建秋《百年中国考古》（江苏人民出版社，2013）等。蔡凤书首先梳理了源远流长的古代考古学，然后将百年考古学历程划分为近代考古学的序幕、战火中的探索、百废待兴的新中国考古、考古调查发掘的全面展开、新中国考古学的第二个春天等几个不同阶段。朱乃诚将中国考古学发展史划分为萌芽期、开创期、发展期（上）、发展期（下）等不同时期。

若自 1921 年安特生发现仰韶文化算起，中国近代考古学已有一百多年的历史。这一百多年间，中国的社会环境发生巨大变化、综合国力显著提升、国际影响力日益增强，中国考古学也取得了突出成就并在世界考古学的舞台上日益发挥着重要的学术影响。当中国考古学走过一个世纪的行程之后，无论是考古学史、考古学理论还是其他分支领域的研究者，均对中国考古学的"盘点"和"回顾"抱有极大渴望。因此，回顾中国考古学百年史便显得尤为重要。王巍主编《中国考古学百年史（1921—2021）》（中国社会科学出版社，2021）、赵宾福等著《中国考古纲要：百年发现与研究（1921—2021）》（吉林大学出版社，2021）等著作即在此背景下完成。其中《中国考古学百年史（1921—2021）》共四卷十二册，把百年来的中国考古学按照石器时代、夏商周时代、秦汉到宋辽金元明清时代考古、科技考古以及各个考古学专题研究四大部分进行概括总结，在一定程度上可视为"一部独具特色、名副其实的中国考古学研究的百科全书"。①

中国考古学"年表"或"大事记"，亦是中国考古学史通论性研究成果的反映。20 世纪 80 年代以来，夏鼐主编《中国大百科全书·考古学》（中国

---

① 王巍主编《中国考古学百年史（1921—2021）》，"序言"，第 1—2 页。

大百科全书出版社，1986）附有"中国考古学年表"、知原主编《面向大地的求索——20世纪的中国考古学》（文物出版社，1999）附有"中国考古学大事记（1899—1997）"、王巍总主编《中国考古学大辞典》（上海辞书出版社，2014）附有"中国考古学大事记（1899—2012）"、王巍主编《20世纪中国知名科学家学术成就概览·考古学卷》（科学出版社，2015）附有"20世纪中国考古学大事记"。这些"年表"或"大事记"通过辨析史实，梳理出中国考古学发展历程中的重要地点、重大发现、关键人物活动、主要研究成果等，相关内容本身对中国考古学史研究具有参考意义。这类"年表"或"大事记"是以编年形式呈现中国考古学发展的基本历程，但稍感不足的是，它们往往是作为附录列入某一主题的著作正文内容之后，并未作为专门著作独立成书，因此有时候不方便读者专门了解中国考古学史研究的相关内容。

以编年形式呈现中国考古学发展历程的专著，则属王世民编著《中国考古学编年史》（中华书局，2024）。王世民于1963年、1978年、1981年三度参与起草全国考古研究规划，负责撰写《中国大百科全书·考古学》"中国考古学简史"长条以及卷末"中国考古学年表"，连续数年为中国社会科学院研究生院考古学系的研究生讲授"中国考古学史"课程。《中国考古学编年史》一书既便于读者阅读和使用，亦可凸显中国考古学史研究在整个考古学领域的重要地位。作为一种史书编纂体裁，比起"传记"等，"编年"的一大特征是可以同时兼顾时间和空间，最大程度地囊括不同事实，甚至可以在同一时间基点呈现出多元化的事实，能够将历史碎片与有逻辑的整体历史关联起来。中国考古学的发展复杂、多样、观点纷呈，既有社会时代转型的因素，也有学术思想过渡的缘由，因此"编年"这种体裁正好可以同时包含诸多不同的事实，尽可能系统、全面、多角度地呈现出中国考古学的发展历程。

二 专题性研究

中国考古学按照时代划分，可分为史前考古学、历史考古学，其中历史考古学又可分为夏商周考古学、汉代考古学、六朝考古学、隋唐考古学等；按照地区划分，可分为东北地区考古学、西北地区考古学、东南地区考古学、西南地区考古学等；按照资料种类划分，可分为金石学（或古器物学）、铭刻学及古文字学（含甲骨学）、古代陶瓷学、古钱学、印章学、美术考古学等。就此而言，有学者围绕中国考古学的某一分支领域，开展专题性的中国考古学史研究。

陈星灿《中国史前考古学史研究（1895—1949）》（生活·读书·新知三联书店，1997）是首部研究中国史前考古学史的专著。书中不仅涉及近代考古学知识在中国的传播、金石学及其向近代考古学的过渡、五四运动与中国史前考古学的滥觞等内容，更重点论述了年代学的突破，地层学和类型学方法的形成、进步与完善等议题。该书讨论的时间范围下限虽然大体断自1949年，但书中讨论的很多话题，对了解1949年以后中国史前考古学乃至整个中国考古学发展状况及趋势，均有参鉴价值。因此该书被视为"任何人要想了解1949年以来中国考古学每一件特征的来龙去脉必读的读物"。[1]

史前考古学又可细分为旧石器时代考古学、新石器时代考古学，所以史前考古学史研究又可以分别从这两个领域进行梳理。吕遵谔主编《中国考古学研究的世纪回顾·旧石器时代考古卷》（科学出版社，2004）总结了20世纪中国重要的古人类化石和旧石器遗址的发现、研究成果及工作中存在的不足。张忠培《中国新石器时代考古的20世纪的历程》（李文儒主编《故宫学刊》第1辑，紫禁城出版社，2005）认为中国新石器时代考古于20世纪已经走完了两个阶段，并且在经历着第三阶段历程，其中：1921—1958年是第一阶段，1959—1974年是第二阶段，1975—2000年是第三阶段。严文明主编《中国考古学研究的世纪回顾·新石器时代考古卷》（科学出版社，2008）总结了20世纪中国重要的新石器遗址的发现、研究成果及不足之处。此书主体内容共分四部分，即"综合研究的回顾""专门性研究的回顾""考古学文化研究的回顾""地域性文化研究的回顾"，体现了20世纪中国新石器考古工

---

[1] 张光直：《序》，陈星灿《中国史前考古学史研究（1895—1949）》，第3页。

作者的观点及在理论方面的探索。书末还附有"中国新石器时代考古大事记
（1901—1999）"，便于读者查询、参考。

1999 年，为庆祝中华人民共和国成立五十周年，中国社会科学院考古
研究所组织撰写了一组文章，即《考古》专稿"中国考古学五十年"，刊于
《考古》1999 年第 9 期。该组文章分别梳理了 20 世纪下半叶中国古人类学与
旧石器时代考古学、中国新石器时代考古学、夏商周考古学、秦汉考古学、
三国至明代考古学、中国科技考古、中国古文字学、中国古代铭刻与文书研
究、中国古瓷考古与研究、中国石窟寺考古的研究历程和主要成就，值得
关注。

上文提及，一些考古学概论类著作会用相当篇幅叙述中国考古学发展
史。从此思路出发，一些考古学分支学科的概论类著作中，有时也会用一定
章节描述该考古学分支领域研究的发展历程。张之恒、黄建秋、吴建民《中
国旧石器时代考古》（南京大学出版社，2003）第二章为"中国旧石器时代
考古学简史"。张之恒、周裕兴《夏商周考古》（南京大学出版社，1995）在
"概论"当中，梳理了"商周考古学简史"。杨泓、郑岩《中国美术考古学概
论》（中国社会科学出版社，2008）设有专节"中国美术考古发现史"。

殷墟甲骨文曾被视为 20 世纪初四大新发现史料之一，此后随着考古发掘
的深入及考古学科的发展，甲骨文一直是考古学界及相关领域的研究重点。
中国甲骨学史研究领域，主要成果有吴浩坤、潘悠《中国甲骨学史》（上海
人民出版社，1985），王宇信、杨升南主编《甲骨学一百年》（社会科学文献
出版社，1999），王宇信、徐义华《商周甲骨文》（文物出版社，2006），等等。
《中国甲骨学史》论及甲骨文的发现、搜集与流传、殷墟发掘和其他地区的
考古发现、甲骨文研究的回顾等内容。《甲骨学一百年》不仅总结了不同阶
段甲骨文研究的侧重点、主要成果与理论方法，更展望了新世纪甲骨文研究
的趋势，书末还附有"甲骨学大事记（1899—1999）"。

地区考古学史方面，主要有邹厚本主编《江苏考古五十年》（南京出版
社，2000），张新斌、李龙、王建华《河南考古史》（大象出版社，2019），
等等。《江苏考古五十年》首先在"引言"中扼要梳理了江苏考古学的发展

历程和取得的主要成就，然后在内容上以时代为序，以物质文化为主线，分旧石器时代、新石器时代、夏商周、秦汉、三国两晋南北朝、隋唐五代两宋、元明等七个部分，对江苏历代的重要考古发现分别进行了阐述，对已有研究成果也做了系统的总结和归纳，书末且附有"江苏考古大事记"。《河南考古史》以时间为经线，以河南考古的重大事件和重要收获为纬线，通过大量考古文献资料的引用以及理论框架的科学建构，系统梳理了自1921年河南考古的肇始时期以来的历史发展脉络，勾画出一幅河南考古的全貌图。此书将河南考古发展史分为五个时期，即发端时期（1921—1949）、初步发展时期（1950—1976）、振兴时期（1977—1991）、提升时期（1992—2008）、兴盛时期（2009年以来）。

梁启超曾在《中国历史研究法补编》中提出"史官""史家""史学的成立及发展""最近史学的趋势"应成为中国史学史研究的基本课题。参照这一思路，可从人物、机构、考古报告的角度，考察其他专题性的中国考古学史研究。

其一，人物研究方面。以夏鼐研究为例，早在1985年，王仲殊便撰写了《夏鼐先生传略》一文，并经夏鼐本人审阅，发表于《考古》1985年第8期。该文是第一篇概述夏鼐学术经历和业绩成就的文章，对后来学者研究夏鼐学术思想具有借鉴意义。此后学术界关于夏鼐的研究成果，集中体现在《夏鼐先生纪念文集——纪念夏鼐先生诞辰一百周年》（中国社会科学院考古研究所编，科学出版社，2009）中，该书收录了夏鼐去世后25年间国内外考古学界和其他方面的学者所写的纪念夏鼐的有关文章。《考古》杂志2010年2月第2期的专栏文章"夏鼐先生百年诞辰纪念"（这组文章包括：王仲殊《夏鼐先生与中国考古学》、徐苹芳《夏鼐与中国现代考古学》、任式楠《夏鼐——诲人不倦的导师》、刘庆柱《我心中的夏鼐先生》、王巍《夏鼐先生与中国考古学》），整体论述了夏鼐的治学特点、理论思想及学术贡献。考古学人群体研究亦受到学术界的关注，徐玲《留学生与中国考古学》（南开大学出版社，2009）考察了李济、梁思永、夏鼐等留学生群体在中国考古学近代转型过程中的学术活动及思想观点。

其二，机构研究方面。陈洪波《中国科学考古学的兴起：1928—1949年历史语言研究所考古史》（广西师范大学出版社，2011）在对 1928—1949 年中国考古发展状况进行梳理的基础上，考察了史语所考古思想起源及组织准备情况，并将史语所 20 年间的考古活动分为探索期、发展期、鼎盛期和延续期四个阶段加以论述，分析了这一考古机构的特征、影响与局限性，尝试对中国科学考古学形成阶段的学术史进行较系统的总结。罗宏才《陕西考古会史》（陕西师范大学出版总社有限公司，2014）主要考察了陕西考古会（1934 年 2 月由北平研究院与陕西省政府联合组建）的成立缘起、发展历程、所取得的成就及其意义，进而梳理了陕西近代考古学兴起的时代背景和地域特点。桑兵《东方考古学协会述论》（《历史研究》2000 年第 5 期）对东方考古学协会（北京大学研究所国学门考古学会与日本东亚考古学会合组而成）进行个案考察，指出该协会是彼时中日考古学界交往的代表，但中日双方利益和想法的不一致，导致北大难以顺利展开考古发掘工作，无法在重建古史的活动中占据重要位置，不得不将在这一领域的应有地位拱手让人。刘焱鸿《器物学还是考古学：考古学社的学术诉求》[《华南师范大学学报》（社会科学版）2014 年第 3 期]、查晓英《现代考古学背景下的考古学社》（《考古》2022 年第 9 期）通过梳理"金石""器物""考古"等概念，考察了考古学社的"旧思想"与"新观点"，以及这一学术团体在民国"考究古史"潮流中所扮演的角色。庞小霞《中国科学院考古研究所筹设考析》（中国社会科学院考古研究所夏商周考古研究室编《三代考古》第 9 辑，科学出版社，2021）详细梳理了中国科学院考古研究所如何筹备设立及设立之初的一些机构、人员情况等。

其三，考古报告研究方面。徐苹芳《重读〈白沙宋墓〉》（《文物》2002 年第 8 期）、赵献超《〈白沙宋墓〉与建筑考古——纪念〈白沙宋墓〉出版 60 周年》（《文物》2017 年第 12 期）、罗丰《考古材料的主观与客观——读〈白沙宋墓〉》（《读书》2021 年第 8 期）论述了宿白《白沙宋墓》在考古材料运用与解读、考古学研究方法、考古报告体例等方面的典范价值。孙庆伟《〈辉县发掘报告〉——新中国田野考古范式的确立》（《人民日报》2017 年 1

月10日，第24版）通过梳理辉县考古发掘史，揭示了《辉县发掘报告》的"经典"形象。

三 新思路和新进展

史料是历史研究的基础，中国考古学史研究的推进离不开对史料的搜集扩充与综合整理。近年来，随着相关新史料的出版，中国考古学史研究呈现出若干新进展。

就史料类别而言，日记和书信既能反映社会时代特点，又能彰显人物思想观点、情感心理、认知观念、价值判断，甚至可还原若干历史细节。因此，日记、书信类材料，对中国考古学史研究大有助益。2011年8月出版的《夏鼐日记》（华东师范大学出版社），既是夏鼐个人学术生涯的真实记录，又从侧面展现了中国考古学的发展历程，被誉为"中国考古学之剪影"与"中国考古学发展史上一份难得实录"。《夏鼐日记》出版后，王世民又在主持整理出版新版《夏鼐文集》（五卷本，社会科学文献出版社，2017）的基础上，撰写完成了《夏鼐传稿》一书（社会科学文献出版社，2020）。《夏鼐传稿》以时间发展为主线，根据《夏鼐日记》等翔实可靠的资料，运用朴实的文字，叙述总结夏鼐的生平活动、业绩思想及学术贡献，可视为夏鼐的第一部传记。《夏鼐传稿》被誉为"折射中国现代考古学发展历程的三棱镜"。[①]

其他日记和书信类材料，如《尹焕章文集·考古日记卷》（文物出版社，2010）、《曾昭燏文集·日记书信卷》（文物出版社，2013）、《安志敏日记》（社会科学文献出版社，2020）、《苏秉琦往来书信集》（社会科学文献出版社，2021）、《徐旭生文集·日记》（中华书局，2021）、《夏鼐书信集》（社会科学文献出版社，2022）等，均扩充了中国考古学史研究的史料来源，推动了中国考古学史研究走向深入。

---

① 王齐:《〈夏鼐传稿〉：折射中国现代考古学发展历程的三棱镜》，"澎湃新闻·私家历史"，2021年3月17日。

　　学者之间的学术活动、交谊、掌故，是中国考古学史研究的一部分。考古学人交游与学谊研究，成为近年来中国考古学史领域的研究热点，这虽仍属人物研究的范畴，但实际上已大为扩充了人物研究的领域。陈星灿根据瑞典东方博物馆的馆藏档案，研究了安特生与杨锺健、裴文中、李济、胡适等人的交往事迹，由此深化了学术界对 20 世纪前半叶中国考古学发展史的认识。陈星灿还根据有关田野考察笔记、日记、书信等，考察了夏鼐与张光直的交往故事，夏鼐与尹达、安志敏的交往活动，等等，对学术界进一步了解相关考古学人学术经历及学术贡献有所帮助。① 刘文锁、博思源（Clayton D. Brown）《夏鼐与李济》（台北《古今论衡》第 20 期，2009 年 12 月）、李东华《从往来书信看傅斯年与夏鼐的关系：两代学术领袖的相知与传承》（台北《古今论衡》第 21 期，2010 年 12 月）利用史语所档案及相关材料，论述夏鼐与李济、傅斯年的学术交往以及二人对夏鼐后来学术道路的影响。

　　殷墟、二里头、三星堆等重要遗址自发掘起，便备受考古学界关注。近年来，对这类重要遗址发掘或研究情形进行学术史梳理的著述，也相继问世。在中国所有考古遗址中，殷墟发掘不仅开始时间早，而且持续时间长，见证了中国考古学的诞生与发展。李济《安阳》（华盛顿大学出版部，1977）详细梳理了殷墟发掘的历史背景、过程和主要收获，并探讨了科学考古学是如何形成的。唐际根、荆志淳《殷墟考古九十年回眸：从"大邑商"到世界文化遗产》（《考古》2018 年第 10 期）认为中国考古学界选取殷墟进行发掘，既有传统金石学因素的影响，更是近代西方田野考古理念与方法传入中国的结果。该文从学术史的角度，回顾殷墟发掘九十年的历史，并由此观察中国考古学的发展进程和时代特色。唐际根、巩文主编《殷墟九十年考古人与事（1928—2018）》（社会科学文献出版社，2018）以时间为经、事件为纬，选取 1928 年以来，尤其是 20 世纪 50 年代以来众多考古学者在殷墟工作过程中留下的照片、工具以及生活用具，为九十年来的殷墟考古留下了物证，并赋予其学术史意义。许宏、袁靖主编《二里头考古六十年》（中国社

---

① 相关研究文章，均收入陈星灿《20 世纪中国考古学史研究论丛》，文物出版社，2009。

会科学出版社，2019）第一章即为"田野工作及研究历程"，将二里头考古分为两个阶段（即1958—1995年、1996年以来）。该书是关于二里头遗址及以其命名的二里头文化田野工作与综合研究成果的集成之作，书中的成果综述不限于考古学本体发现与研究的层面，还涵盖众多学科领域合作研究的最新收获。冉宏林《三星堆遗址考古工作九十年》（《中华文化论坛》2023年第4期）将近九十年的三星堆遗址考古工作分为几个阶段，从最初的寻找地下埋藏文物，到确认遗址，到构建遗址的分期体系与考古学文化序列，再到系统性有规划地开展"聚落考古"和"社会考古"工作，这与中国考古学的发展历程大致相适应。文章指出，经过近九十年的考古工作，三星堆遗址的分布情况和保存状况已较为明确，内涵特征基本清晰，分期年代与文化序列大致确定，并对聚落结构和区域聚落形态有了初步了解。高大伦、刘佳君编著《唤醒古蜀众神——三星堆考古90年》（文物出版社，2024）共分三部分，第一部分梳理1927—2017年各时期发掘活动历史与各阶段工作成绩；第二部分分析已发掘出来的三星堆遗址分期、文化及价值，遗址的基本形态；第三部分介绍三星堆考古学术传播工作及成果，包括遗址保护研究、文物展览交流、学术出版等内容。

四　几点思考

综观以上研究成果，学术界从不同角度对中国考古学史研究的成果，已较为丰富，既有宏观梳理，又有专题考察与个案考证，但在一定程度上仍存在薄弱环节，甚至一些内容仍是研究"空白"。此处将"薄弱处"予以揭示，希冀在此基础上推进相关研究。

首先，就研究时段而言，学术界对民国时期的中国考古学史关注较多，相较之下，对1949年后的中国考古学发展史的研究较为薄弱。如果以1949年后的中国史学发展史的研究状况相参照，则1949年后的中国考古学发展史的研究亦显薄弱。中国近代考古学发展已有百余年历史，其中新中国考古学发展有七十余年，因此，对新中国考古学发展史的研究，既必要且紧要。在系统研究新中国考古学发展史的基础上，方能全面理解中国考古学的整体发展进程、阶段特点和学术使命。

其次，从具体研究对象和资料运用来看，学术界对中国考古学史的研究，涉及人物、机构、考古报告等。随着相关新资料的披露，关于考古学人、机构、报告的研究，仍有进一步扩展的空间，或旧题新作，或开辟新题，可以还原以往较为熟悉的考古学人和机构的若干历史细节乃至生动场景，或揭示以往关注较少但仍有助于理解中国考古学发展进程的人物、机构和著作。考古会议、考古规划、考古日志、考古期刊等，亦均可成为考古学史的研究对象，由此扩宽考古学史的研究范围。除此之外，近些年出版的一些考古口述材料、访谈录、回忆录，以及有关机构收藏的考古工作档案等，仍有待于相关领域学者深入挖掘、利用，由此从不同材料视角呈现中国考古学发展的多元面貌。

再次，应将中国考古学史置于广义的中国史学乃至整体学术视野下予以考察。张岂之主编《中国近代史学学术史》(中国社会科学出版社，1996)第四编为王宇信撰写的"近代史学学术成果：考古学"，这一部分占了全书1/4的篇幅，或可彰显彼时史学界对于考古学、历史学与考古学关系的重视程度。然而，这一做法并未引起有关研究者的足够重视，此后关于中国近代史学史的著述中，对中国考古学史的叙述，要么暂付阙如，要么仅占一小部分篇幅。学科日趋分化以及人才培养日益专业化，也是造成这一现象的原因。一般而言，中国考古学史研究工作应当由专业考古学者完成，但在"田野考古"占主流的学术界，考古田野调查和发掘、考古报告和研究论文撰写等工作，已耗费了专业考古学者的大量时间，因此考古学界专门从事中国考古学史研究的学者并不多，有的学者将研究中国考古学史视为"副业"。从学科交叉研究的角度而言，中国近代史学史等领域的研究者，对中国考古学史也可以给予关注，从而弥补中国近代史学史的叙事中对考古学记述分量的不足，扩充中国近代史学的研究范畴。

最后，以比较方法或世界学术视野考察中国考古学史。中国文化在世界历史发展进程中占有特殊地位，中国考古学是世界考古学重要且独特的组成部分。在世界考古学发展脉络中考察中国考古学史，有助于说明中国考古学对世界考古学发展所已做出的以及将来还有可能做出的贡献，亦有益于总结中国考古学在世界考古学体系中所具备的特色话语体系。蔡凤书《中日考古学的历程》（齐鲁书社，2005）对中国和日本考古学发展史进行了研究，内容包括萌芽期的差距、探索期的异同、近代考古学的产生、战后与考古学、继续发展与动荡不安、差距逐步缩小的十年等。但类似的比较研究成果似不多见，故相关议题的研究仍值得深入推进。

突破边界：从西洋史学史到全球史学史

冯加帅　李隆国 *

摘　要：在20世纪外国史学史研究的百年历程中，翻译是其底色，从翻译的角度来考察中国20世纪的外国史学史研究是非常必要的。如果以北京大学历史学系的外国史学史教学为个案进行考察的话，则外国史学史的教学和研究似乎不那么专门化，集中表现为缺乏专门的外国史学史教师。主讲西洋史学史或者外国史学史的教师多为来自世界史各个专门领域的专家。他们的教学可能并不那么专门化，然而充分彰显了外国史学史对于整个历史学研究的广泛作用和意义。从这个角度而言，北大的外国史学史不断推动历史学研究突破各种边界；在这一过程中，外国史学史也实现着自我突破，越来越走向更加开放的全球史学史。

关键词：西洋史学史　翻译学　北京大学历史学系　专门化　全球史学史

1929年，商务印书馆出版由何炳松与郭斌佳翻译、美国史家绍特韦尔所著的《西洋史学史》。在译者序中，何炳松说，鉴于文字艰深，因此请向达校订，并拟请他代作导言。"向君精于中外史学，译者曾请其代为作一导言，将中西史学发展之陈迹作一比较之研究，以便读者。"[①] 向达（1900—1966），字觉明，中国著名历史学家。当时的向达大学毕业不久，在商务印书馆担任编辑工作。何炳松（1890—1946）则是当时声名甚著的留学归国人才、北京大学史学系教授。绍特韦尔的《西洋史学史》属于由何炳松主持的商务印书馆"西洋史学丛书"第一种。中年的何炳松请年轻的向达代作导言，颇能引人联想。尽管随后向达翻译了班兹的《史学史》，然而他并不是专门研究西

　＊　冯加帅，北京大学历史学系；李隆国，北京大学历史学系。

① 〔美〕绍特韦尔：《西洋史学史》，何炳松、郭斌佳译，商务印书馆，1929，第1—2页。

方史学的学者，他的专业是中西交通史，他是具有强烈西方史学研究偏好的史学家。向达的案例提醒我们，中国的外国史学史研究具有极其广泛的学科外爱好者，这一广泛群体的关注使得外国史学史研究具有相当的开放性。本文拟从这一视角，梳理中国的外国史学史研究历程。

对于这一话题，海内外学术界业已产生了丰硕的成果，从学科建设的角度，张广智多年来做过非常系统的阐发。① 一些杂志相继发表相关专题笔谈和论文，回顾与前瞻中国西方史学史学科的未来发展方向。② 郭圣铭、宋瑞芝、安庆征、孟庆顺、王扬、张广智、张广勇、夏祖恩、杨豫、王建娥、陈勇、罗通秀、郭小凌、陈新、王岩、尹英杰、孙华、于沛、徐浩、王晴佳、李隆国、陈恒等学者通过撰写西方史学史教科书和专著，对学科的历史提供了独特的思考。③ 因此本文将不再对改革开放之后的历史做过多的言说，而

① 张广智：《西方史学史研究在中国》，《史学史研究》1985 年第 2 期；《西方史学史学科在中国的历史进程要要》，《福建论坛》（人文社会科学版）2010 年第 1 期。

② 《史学理论研究》2019 年第 1 期发表"中国西方史学史研究的回顾与展望"笔谈，包括吴晓群《无问东西：浅谈中国西方史学史研究范式的建构》、李宏图《社会语境与西方史学史研究》、邓京力《跨文化的史学史研究范式》、孟钟捷《关于"西方史学史"未来发展的几点思考》。《史学月刊》2012 年第 10 期发表"西方史学史学科发展问题笔谈"，包括张广智《再出发：中国西方史学史学科的传承与展望》、陈恒《新时代如何编撰史学史——多重视野下的外国史学史编撰》、陈新《当前西方史学史学科拓展的可能方向与任务》、周兵《国外史学前沿与西方史学史的学科建设》、郑群《拓宽西方史学史学科的跨学科视野》、储新国《西方古典史学的身位与西方史学史研究的深进——以古希腊所谓"文化史""政治史"范型分野为中心》。另有学者撰文论述相关问题，如陈恒《西方史学史的诞生、发展及其在中国的接受》，《史学史研究》2016 年第 2 期；吴晓群《作为思想史的史学史：中国西方史学史研究的一个当代视角》，《史林》2022 年第 4 期。

③ 郭圣铭：《西方史学史概要》，上海人民出版社，1983；宋瑞芝、安庆征、孟庆顺、王扬主编《西方史学史纲》，河南大学出版社，1989；张广智、张广勇：《史学，文化中的文化——文化视野中的西方史学》，浙江人民出版社，1990；夏祖恩：《外国史学史纲要》，鹭江出版社，1993；杨豫：《西方史学史》，江西人民出版社，1993；王建娥：《外国史学史》，兰州大学出版社，1994；陈勇、罗通秀：《西方史学思想导论》，武汉大学出版社，1995；郭小凌：《西方史学史》，北京师范大学出版社，1995；张广智、陈新：《西方史学史》，复旦大学出版社，2000；王岩、尹英杰、孙华：《西方史学之路》，黑龙江人民出版社，2009；杨豫：《西方史学史研究导引》，南京大学出版社，2011；于沛主编《西方史学思想史》，湖南教育出版社，2015；于沛、郭小凌、徐浩：《西方史学史》，高等教育出版社，2015；〔美〕王晴佳、李隆国：《外国史学史》，北京大学出版社，2017；陈恒主编《外国史学史》，高等教育出版社，2019。

是止步于改革开放之初。下面将回到何炳松，回到民国，从作为史学学科纽带的角度，将外国史学史置于史学研究的广阔舞台中加以考察，以便说明作为现代中国史学的有机组成部分，外国史学史联络现代西方史学与普通的史学研究者，不断推动中国现代史学的发展。

一 西洋史学史与中国史学现代化

外国史学首先是通过日本大规模地传播到中国学术界的。受到日本学界的术语影响，外国史学史最初被称为"西洋史学史"。倡导史界革命的梁启超，通过日本史学概论类教科书，了解到现代西方史学的特色，如触电然，以此为依据，对观中国史学，遂有"史界革命"的呼吁。梁启超所经历的史学认识转型表明，西洋史学成为中国现代史学革新的媒介之一，对西洋史学史的学习也就成为获得革新源泉的有效渠道。我们不妨将这种学习西洋史学的态度称为实用主义式的，其旨在利用西洋史学的理念和方法来改造中国旧史，尤其是作为一种史学方法来学习。梁启超主张用社会的视角去看待历史，将历史现象视作社会现象，将历史研究的对象从古代王朝变成古代社会。

梁启超改造旧史的呼吁，代表了当时留日学人的普遍性诉求。章太炎与梁启超及其老师康有为的政治主张不同，在政治上是论敌；然而，他们对于从社会角度重述古代历史的想法却不谋而合。受章太炎以及日本新史的影响，民国成立之后，接掌北大史学系主任一职的章门弟子朱希祖，就着手改革课程体系，将社会科学的训练视作史学系学生的必修科目，以期实现革新国史编修的方式。

1917年，应北大校长蔡元培的建议，国史馆从衙门改为研究机构，归并到北京大学史学系内。史学系一方面贴出公告，在全国范围内征集史料，另一方面用现代社会科学的方法培养编史人才。"学史学者，先须习基本科学。盖现代之史学，已为科学的史学；故不习基本科学，则史学无从入门。所谓基本科学者，即人文地理、生物学、人类学及人种学、社会学、政治学、经济学、宪法、社会心理学等。"因此，北大史学系的学生在头两年就把主要精力用于学习各种社会科学概论。尤其是"政治学、经济学、社会学及社会心理学"，因为它们"尤为重要，学习时尤宜注意！"① 学完了这些社会科学概论，到高年级，学生们学习专门史，似乎也确实顺理成章。赓续传统，从社会角度革新国史编修，建立新的编排体例，这一培养方法颇符合实际，具有其合理性。

当年曾在北京大学和武汉大学史学系任教的李璜对此有生动的总结："现在一个研究历史的学生，特别是研究中国历史的学生，要想不受古人之欺，而又能得个历史事变的统整观念，便该当注意历史学与社会科学。这差不多是成了一般的定论，而毋庸疑义。因此大学历史系的课程表里，都有社会科学，如经济学、政治学、法律学、统计学、宗教学，以至社会学等等科目。"②

在这个课程体系中，居于重要地位的是史学方法论，而西洋史学史与中国史学史类似于两翼，用以支撑和辅翼史学方法论，分别从西洋和东方史学演化的角度加深对史学方法的理解。尤其是治中国史学史的学者，想重建中国古代史学史的发展脉络，为此借助现代西洋科学史学，将它当作脚手架，来建造一座新的中国史学大厦。所谓"既学史学，则于本国外国史学之变迁利病及治史方法，尤宜深知灼见"，因此，专门安排了"欧美史学史"课程，"此为本系最重要之学科也"。③

何炳松是最早一批在北大史学系讲授西洋史学史的教师之一。何炳松翻译的《新史学》出版于1921年，用作在北大史学系讲授史学方法论的教材，正好契合北大史学系的课程设计方案。《新史学》也是分各种社会科学进行分别论述的。按照这个课程体系的设计，在翻译了《新史学》之后，何炳松在中国史学史和西洋史学史领域继续翻译或者著述。1929年遂有《西洋史学史》之翻译。何炳松并非有志于专门研究西洋史学，他翻译绍特韦尔的

---

① 《国立北京大学史学系课程指导书：十四年至十五年度》，北京大学，无出版年，第1页；尚小明：《抗战前北大史学系的课程变革》，《近代史研究》2006年第1期。
② 李璜：《历史学与社会科学》，东南书店，1928，第1页。
③ 《国立北京大学史学系课程指导书：十四年至十五年度》，第1页。

《西洋史学史》，是为研究中国史学史做准备。其译序云："致力于中国史学史之编辑，以期于吾国之新史学界稍有贡献。唯觉兹事体大，断非独立所能奏功。且此种研究为吾国学术上之创举，尤非先事介绍现在西洋新史学之名著，不足以资借镜。译者近来所以有编译《西洋史学丛书》之计划，其故盖即在此。"①

何炳松于 1930 年出版了《通史新义》。作者用现代史学术语，重新解读刘知幾和章学诚的史学遗产，融贯中西，推陈出新，建构了一套独特的中国史学话语。何炳松的经历提供了西洋史学史对于中国史学做出重大贡献的一个成功案例。

何炳松之后，在北京大学史学系开讲西洋史学史的老师还有陈翰笙。陈翰笙（1897—2004），江苏无锡人氏，1915 年赴美留学，1920 年获得芝加哥大学硕士学位，1924 年获得柏林大学博士学位。该年归国之后，他被蔡元培礼聘到北大任教，讲授"欧美史学史"课程。其课程说明如下："欧美史学之起原与其发达之经过；注意史家思想之变迁，并讲现时欧美史学社与史学杂志之概况。"②

陈翰笙在北大史学系还开设另外一门课程"欧美近世史"，这才是陈翰笙的真正专长。1924 年陈翰笙完成的博士学位论文是《1911 年瓜分阿尔巴尼亚的伦敦使节会议》。与此同时，陈翰笙也积极回归自己早年的学术兴趣，投身于改革社会的洪流之中，开展中国农村研究，发起成立"中国农村经济研究会"。陈翰笙讲授欧美史学史彰显了外国史学史课程的另外一种独特渊源：研究中国农村和欧美现代史的学者，讲授西洋史学史。与向达、何炳松和李璜不同，陈翰笙其实对欧美史学史并没有特别的兴趣。他特别重视的是揭示"史家思想之变迁"，更好地了解 19 世纪的史学专业化之所来自。晚年的陈翰笙对于史学史的意义表述得更加清楚："那么哪些历史材料是我们必需阅读的呢？第一手资料大约可以有三类。第一是从地下挖掘出的大量文物资料。第二是中外各国的已出版和尚未出版的各种档案。第三是当事人的可靠

---

① 〔美〕绍特韦尔：《西洋史学史》，第 1—2 页。
② 《国立北京大学史学系课程指导书（十五年至十六年度）》，北京大学，无出版年，第 6 页。

的记载，尤其是回忆录、日记、书信等。这些都是我们研究世界史必需采用的材料。第二手材料，便是可靠的或较为可靠的历史著作……"① 所以，他认为欧美史学史要"讲现时欧美史学社与史学杂志之概况"，以方便学者查阅一手和二手资料。作为案例，陈翰笙的经历反而可以更好地说明，民国时期西洋史学史的学科边界比较淡，其联络史学研究各分支的强大功能得到了彰显。

1930 年，蒋梦麟、傅斯年等人改革北大史学系，聘请刚刚归国的陈受颐担任系主任，也按照他们对史学专业化的理解，重组北大史学系的课程系统。所谓专业化人才培养，就是培养整理史料的专业人才，而非编纂国史的后备史官。在西洋史学史课程之外，增设"外国史专籍研究"。

这一时期，较长时间在北大史学系讲授西洋史学史的教授中有皮名举（1907—1959）。皮名举是著名经学家皮锡瑞的后裔，1935 年毕业于美国哈佛大学。在哈佛大学的博士学位论文题目为《胶州湾租借：一项基于外交和帝国主义的研究》。② 从专长来看，皮名举与向达颇为类似，从事于中西交通史研究。向达研究古代中西交通史，皮名举研究近代中外交涉史。

梳理了北大史学系民国时期的西洋史学史课程讲授人的传承之后，可以发现北大史学系长期缺乏稳定的西洋史学史教师和专门的西洋史学史研究人员。那些讲授西洋史学史的教师，都各自有非常专业的研究领域。无论是用社会科学的方法编辑国史（朱希祖），还是用一切手段来整理可以逢着的史料（傅斯年），北大史学系的西洋史学史讲授者都是符合当时流行的科学史学范式的著名史学家。

如果把外国史学史研究比作一个大海的话，大海的底层是无声的，由那些出于自身需要研读西洋史学的学者构成，他们没有专门涉足西洋史学史学科，然而，他们在自己的研究中有意识地吸收西洋史学的理念、方法，以便在自己的研究中推陈出新。时至今日，如果我们翻看史学博士学位论文，其中多会提及某个西方史学流派或者作品对其研究的启发。正是他们无声地提

---

① 陈翰笙：《对研究世界史的几点意见》，《世界历史》1978 年第 1 期。

② 杨钊：《皮名举的博士论文》，《读书》2024 年第 2 期。

供了外国史学史这个科学的强大存在需求。像何炳松、向达、陈翰笙、皮名举这样的历史学家则代表了这个学术大海的中间层，他们学有专攻，但对于西方史学史研究怀有浓厚的兴趣或者特长，出于各种机缘，他们或者翻译或者写作了西方史学史的作品或者讲授了相关的课程，承担起联络外国史学史研究和其他史学研究领域的功能。专门研究外国史学史的学者属于大海的浪花层，浪花级别学者在民国时期非常少，其实，在当时的国际学术界，专门研究西方史学史的学者似乎也很少。然而，海底和中间层的形成，为浪花的出现或活跃，提供了广阔的舞台。

二　潮流改变：外国史学史取代西洋史学史

新中国成立后三十年的历史往往以 1966 年为界，分为前后两段。然而如果以能否自由有效地接触国外资料作为衡量指标的话，则从 1949 年到 1979 年又具有强烈的历史连续性。历史学者很不容易自由地接触西方的资料。因此，本文将这三十年视为一个历史时段进行考察。

这是一个全面确立马列主义史学范式的时期。在民国时期，唯物史观就很流行，新中国成立后，全面建设马列主义史学被提上了日程，全面学习苏联、批判支持国民党的美国，也是史学界的基本特点。社会主义革命是在欧洲的边缘地区或者欧洲之外的地区成功的，这些地区在 19 世纪的殖民体系中并不处于中心的位置，在历史叙事中也就很少被提及。随着社会主义国家阵营的建立，一个新的世界中心形成，呼唤着新的世界历史体系。原本以西方尤其是欧洲为中心的世界历史体系遭到了彻底的批判。西洋史被世界历史取代，西洋史学史或者欧美史学史演化为外国史学史。

1955 年，北京大学史学系的齐思和撰写《批判胡适派对于世界史的反动唯心观点》，生动具体地揭示了这一历史视野的调整："如英国剑桥大学所主编的十二卷本的'剑桥上古史'，内容是以希腊、罗马为中心的，根本就没有提到中国和印度……在他们的书中所讲到的只是世界的一小部分，但他们妄称这就是世界上古史。他们对于中世纪史的处理也是如此……在十三卷本的'剑桥近世史'中，也是以西欧为中心，每卷只附上一两章，讲一下东欧、北欧，作为点缀。"①

这种学科名称和观察视角的调整，背后有强大的理论体系的支撑，即马列主义史学理论。马列主义史学强调人类社会发展的普遍规律，马克思主义史学工作者心中装着全人类的历史。尽管需要分国别地研究历史，然而，这种研究是为了证明马列主义也适用于各个国家的历史，它们都依次要经过原始社会、奴隶社会、封建社会、资本主义社会和社会主义社会五种生产方式或社会形态。推动五种生产方式转变的力量就是阶级斗争。为此有必要批判"欧洲中心论"或者"西欧中心论"。"要大立以毛泽东思想为指导的革命的历史科学理论，大破资产阶级的反动历史学理论和现代修正主义的反马克思主义的荒谬理论。现代资产阶级历史学中流行着'欧洲中心论'的荒谬观点，这是必须首先打破的。我们在中国历史科学研究领域中，一定要树立起民族的自尊心。"②

新兴的带有强烈意识形态色彩的马列主义史学改造，是政府推行的社会主义改造在文化领域的一个组成部分。史学改造既是对民国史学的继承，也是对民国史学的批判。它继承的是民国时期形成并影响越来越广泛的马克思主义史学，它批判的是民国史学中的欧风美雨即所谓反动的史学。经过新中国成立后若干年的思想改造运动，中国历史学整体面貌发生了重大的变化："许多人由用唯心主义的观点对待历史事物，改变为学习运用历史唯物主义的观点来处理实际问题，承认有阶级的社会底历史是阶级斗争的历史，劳动人民是历史的主人；由原来的把历史研究当做'名山事业'，转变为承认研究历史必须为人民服务；由旧有的'贵古贱今'的态度，转变为注重近代史的研究；由过去的所谓欧美中心主义等错误观念，转变为尊重自己民族的历史。"③

"马列主义的历史告诉我们，社会发展有它一定的规律，掌握了这些规律，掌握了社会现象中的基本环节，人类社会一切复杂的历史，不管复杂到

① 齐思和：《批判胡适派对于世界史的反动唯心观点》，《历史研究》1956年第6期。
② 邓拓：《毛泽东思想开辟了中国历史科学发展的道路》，《历史研究》1961年第1期。
③ 刘大年：《中国历史科学现状》，《科学通报》1953年第7期。

如何程度，都容易得到解释。"历史变得像算术一般简单，似乎只要掌握了那些公理公设，人人都会得出同样的历史结论，从而变成了高明的马列主义历史学家，历史学被大大地简化。一种新的马列主义史学的范式宣告形成。人类历史有规律，是"有血有肉的社会发展过程"，从原始社会依次经过五种生产方式的演化，其发展的目的是共产主义。贯穿这一过程的红线"便是阶级斗争"。由于过去留下的史料都受到了统治阶级的歪曲，所以要从阶级斗争的角度恢复历史真面目。新方式的理想样板就是苏联老大哥的史学研究。研究苏联史学史，就是说明他们如何按照马列主义的这套真理来解释复杂的历史变迁，尤其是从全世界的视角、人民群众的立场，关注研究对象的阶级属性，以革命为重点研究对象，重新评价历史，揭露资产阶级史学的歪曲，还历史以本来面目，说明苏联历史学所取得的成绩远远高于西方资产阶级史学界。而他们之所以取得如此巨大的学术成就，"首先要归功于苏联共产党的领导关怀和苏联学者自己的努力……但是光是自己奋斗，如果没有党和政府的积极帮助绝不可能取得今天这样的成绩……最后，马列主义经典著作在苏联大量的刊行也是使新的历史科学在苏联迅速发展的重要因素"。[①]

有史学史研究爱好的史学家们，自身的经历和治学的风格不尽相同，马列主义史学范式，给他们带来的影响也就大不一样。对于像齐思和这样偏好考据之学的史家，新范式给他们带来了新的思考维度，增添了其学术成果的丰富性。例如齐思和所梳理的欧洲史学历程。[②] 对于像吴于廑这样勤于反思的史学家，则借此可以重估史学史，以便于从新的角度反思自己的研究，寻找自我突破的节点，走向史学新思维。[③] 郭圣铭则将其作为锻炼文笔的机会，为写作文笔优美的教材做准备。[④]

改向苏联学习，只是潮流的改变，学术界对于学习外来文化的偏好未变。大规模地翻译和引进苏联历史科学的研究成果，批评欧美资产阶级史

---

① 朱庆永：《苏联在历史科学上的重要贡献和成就》，《北京师范大学学报》1958 年第 2 期。
② 齐思和：《欧洲史学的发展历程》，《文史哲》1962 年第 3 期。
③ 吴于廑：《论西方古今两个"客观"史学家》，《江汉学报》1963 年第 6 期。
④ 郭圣铭：《批判阿诺德·汤因比的反动历史观》，《文史哲》1962 年第 1 期。

学，意味着外国史学史研究的转向，然而学习外来文化的结构层仍然坚固地存在。中国学者特别渴望地吸纳外国各项建设的经验和教训，中国史学界认真地探求苏联同行们的新进展，翻译仍是外国史学史研究成果的最重要表现形式。

在破除了旧的学术权威之后，自然需要重新建设新的学科体系，要编教材，翻译参考资料。1956年，人民出版社作为出版机构的管理部门，出台了《哲学、社会科学重要著作选译目录（1956—1967）》，计划未来由各大出版社分工协作、翻译图书1632种，其中历史学有356种。这些图书被认为"都是基本的、代表性（包括唯心主义的和反动的在内）比较大的重要著作，照顾到了研究和批判两方面的需要……曾参考了有关科学部门的远景计划，研究了一些书刊资料，请教过五十多位专家、学者，访问了沪、宁、汉、穗等地将近三百位翻译工作者和有翻译能力的人士，收到将近三百份对目录草稿的书面意见。"据出版社透露，"单是向该社和世界知识出版社联系翻译的，已有五百多人"。①

这份翻译目录，并没有完全得到兑现，然而确实实实在在地促进了学术界翻译外国史学史作品。仅商务印书馆在这三十年间，出版的西方史学名著就包括：摩尔根之《古代社会》（1950），悉·布·费之《第一次世界大战的起源》（1959—1963），汉默顿编订之《西方名著提要》（1959），希罗多德所著《历史》（1959），《甘地自传》（1959），塔西佗之《阿古利可拉传、日耳曼尼亚志》（1959）、修昔底德的《伯罗奔尼撒战争史》（1960），吴于廑主编之《外国史学名著选》（1962—1965），马迪厄之《法国革命史》（1963），《美国历史协会主席演说集（1949—1960）》（1963），斯宾格勒的《西方的没落》（1963），阿庇安之《罗马史》上卷（1963），《新史学》（1964年齐思和新译），米涅之《法国革命史》（1977），勒费弗尔之《拿破仑时代》（1978），凯撒之《高卢战记》（1979），布克哈特之《意大利文艺复兴时期的文化》（1979），甘米奇之《宪章运动史》（1979），艾因哈德之《查理大

---

① 《人民出版社等修订12年哲学、社会科学重要著作选择目录》，《读书月报》1957年第8期。

帝传》（1979），等等。^①而上海人民出版社出版了汤因比的《历史研究》索麦韦尔缩编本（1959—1964）等。还有一些西方史学名著的译稿在这一段时间翻译完成，然而由于各种政治因素，拖延到改革开放之后才出版。这里尚未统计各种从苏联东欧翻译的史学书籍。因此，从翻译的规模而论，新中国成立之后三十年至少不逊于民国时期。翻译不仅构成了外国史学史在新中国成立后三十年的主要成就，更开启了改革开放之后三十年的外国史学史新局面。翻译构成了20世纪中国学者研究外国史学史最为亮丽的天际线。

三　突破边界：全球史学史

中国在1978年迎来了改革开放。走出影射史学之后，历史理论与史学理论适当分离，史学逐渐回归于史学的专业学术规范。

英国历史学家汤因比的巨著《历史研究》似乎可以作为一个晴雨表来度量中国回归开放传统的步伐。从1959年译成中文之后，对其批判之声不断。到1979年的时候，风向明显改变。这一年华东师范大学的郭圣铭写作了长篇批评文章，分两次发表在《世界历史》杂志上。文章标题使用了非常中立且富有学术性的词眼——《汤因比的史学理论及其影响》。尽管文章的基本内容与此前的批评文章保持着较大的延续性，行文之中，也难免居高临下的批判姿态，然而整个文章的基调表现出了重大的调整："他提出了一整套史学理论，对人类历史的发展进程作了饶有兴味的解释。下面，让我们把他那套史学理论的几个要点介绍出来，并略加剖析。"^②就这样外国史学史挥手告别"文革"，走向新时代。

要走向新时代，除了自我松绑之外，也需要借助外力。打开视野，了解国外同行的新研究进展，可以更好地放下包袱，更加轻快地前行。接续此前的翻译潮流，出现了丛书如"美国史译丛"，刊物如《世界史研究动态》等。国外的马克思主义史家以及研究革命的史家，他们如何开展研究呢？张芝联

---

① 《商务印书馆图书目录（1949—1980）》，商务印书馆，1981，第79—95页。
② 郭圣铭：《汤因比的史学理论及其影响（上）》，《世界历史》1979年第3期。

介绍了法国的马克思主义史学以及年鉴学派，引介了一个自由多元的史学西洋景。"有一点需要说明：法国的马克思主义者在政治上并不是统一的，其中有的是法共，有的不是法共，有的即使是法共，在观点上也不一定完全接受法共中央的路线。他们在学术上也不是统一的，有的侧重马克思主义的某一部分学说，有的侧重马克思主义的另一部分学说，有的甚至自称发展了马克思主义。有的对年鉴—新史学派采取否定态度，有的则接受年鉴—新史学派的某些观点和方法，甚至同他们合作。"① 杨生茂则借助于介绍美国的外交史学，批判吸收，探索科学专业的外交史研究之路。②

国际多元纷繁的史学动态生机勃勃，刺激着正在走出僵化和教条偏向的主流马列主义革命史学范式的中国史学家们，令他们更加自觉地阅读和介绍外国史学，以便重新寻找历史学的意义，解决面临的严重史学危机。王晴佳说："她（历史女神）已经失去了那种冷峻、严肃，昭示人类未来的面孔，而代之以和善可爱、服务于人类现实的笑脸了。"③ 前往美国攻读史学博士学位、毕业后在美国教书的王晴佳，自觉地承担起外国史学史学科的联络纽带功能，继续向中国读者介绍西方史学的新对象、新方法和新问题，也向西方读者介绍中国史学的传统与新进展。他主持的《中国的历史学》（*Chinese Studies in History*），精准地推送中国史学家的最新研究成果，介绍当代中国史学的动态，成为中西史学交流最为频繁和活跃的园地。④ 无问东西，平等自由地交流中国史学与外国史学传统与成果，推动中国史学家参与一种全新的全球史学史建设。

结　语

回顾中国的外国史学史研究历程，难免挂一漏万，然而翻译似乎成为

---

① 张芝联：《漫谈当代法国史学与历史学家》，《内蒙古社会科学》1981年第1期。
② 杨生茂：《漫谈美国外交史学》，《历史教学》1982年第12期。
③ 王晴佳：《历史哲学面面观》，《读书》1985年第8期。
④ 林漫、邓京力：《跨文化视角、马克思主义与当代史学主要趋势——对话王晴佳教授》，《史学理论研究》2016年第2期。

首选的学科史关键词，它贯穿于学科的始终，彰显着外国史学史研究的开放基因，也从学术的角度反映了中国现代历史的一个鲜明特征。从梁启超到何炳松、向达，从引介苏联史学到改革开放，中国的外国史学史内联外通，将中国史学与世界史学紧密地连接，迎来了全球史学史。通过译介和研究，中国的外国史学史研究者推动着中国现代史学不断地实现自我更新；也通过译介，积极地参与全球史学知识的创造。近年来，以北京师范大学、复旦大学等高校为代表，探索外国史学史的专业化，在学科建设方面取得了非常好的成绩。北京大学的外国史学史研究和教学颇沿袭旧制，专业化色彩较淡。现代史学断代为史，也在告别神学与哲学的过程中自立，史学史的专业化既可以依托于史学理论，也可以建基于历史文献学；前者要求学者有哲学的训练，后者则多关涉语言文字之学。不够专业化的外国史学史，依托于翻译，反而可以充分发挥史学史研究的知识辐射效应，及时地将新理论、新方法和新对象介绍给历史学同行，联络历史学家与理论，帮助历史学家不断地突破边界！

梁启超的史学史观念及影响

黄雯馥*

摘　要：梁启超对史学史研究对象的认识和实践，对一段时期内中国史学史研究的"史部目录学或史籍提要"倾向产生了很大影响，这其实并非他的史学史理念的原本意图。他将"史学史"划分于"学术思想史"下的学科谱系，对史学史采用了横剖式断代、纵断式分类的不同分期方法，以史家、史著内容、史著体裁、史学事件、史官制度、史学思潮等为史学史研究内容，并且从中探讨史学理论问题。他的史学史分期思想与史学史论述方法与他阶段性的治史转向密切相关，史学史研究也是他治史理念的旁证之一。他具有的中外史学比较研究意识，不仅是为了改革传统史学的需要，也有以近代历史思维理解中外史学之异同的目的，具有"世界史学史"的取向。他的倡议与研究对史学史学科的发展产生了持续影响，具有跨时代的启迪意义。

关键词：梁启超　史学史观念　史学史分期

梁启超被普遍认为是中国的史学史学科的奠基人。20世纪初，他立下研究整理中国史学"浩如烟海之资料"之志。[①]1921年他在南开大学讲演《中国历史研究法》，梳理"过去中国之史学界"；1926—1927年他在清华学校的讲演汇编成《中国历史研究法补编》（以下简称《补编》）一书，明确提出中国史学史的做法。因此，在对史学史学科的回顾中，几乎都肯定了梁启超的奠基性意义。[②] 但专对梁启超的史学史观念及实践做考察与梳理者尚

---

* 黄雯馥，北京师范大学历史学院。

① "我国史界浩如烟海之资料，苟无法以整理之耶？……启超不自揆，蓄志此业，逾二十年，所积丛残之稿，亦既盈尺。"梁启超：《中国历史研究法》，商务印书馆，1922，"自序"，第2—3页。

② 张越：《再论初创时期的中国史学史学科》，《河北学刊》2020年第1期；王传：《论民国时期中国史学史的学科建设与著述特点》，《河北学刊》2020年第1期；姜萌：《范式转移与继往开来：中国史学史研究一百年》，《清华大学学报》（哲学社会科学版）2020年第2期；等等。

少，^① 现有成果的研究多集中于"史学史的做法"一节，梁启超其他的史学史研究实践较少得到关注，对其研究观念与方法的分析也仍有深入空间。从史学史学科在 20 世纪的发展来看，在梁启超明确提出的史学史框架以外，他在研究实践中蕴藏的学术理念也对史学史学科的发展起了深远影响。因此对梁启超的史学史研究实践的梳理，对其学科观念、学科定位、设想的考察与分析，有利于理解在梁启超理念指导下的中国史学史学科的发展，也有助于人们思考当今史学史学科的走向，回应时代任务。

一　梁启超论史学史学科概念与研究对象

关于"史"的概念，梁启超在《中国历史研究法》开篇就提出："史者何？记述人类社会赓续活动之体相，校其总成绩，求得其因果关系，以为现代一般人活动之资鉴者也。"^② 而后专章论述其对象、意义、范围和目的，从这番论述来看，他讨论的其实是编写的历史。在"史之改造"一章，他提到"史"的范围：

> 中国古代，史外无学，举凡人类智识之记录，无不丛纳之于史，厥后经二千年分化之结果，各科次第析出，例如天文、历法、官制、典礼、乐律、刑法等，畴昔认为史中重要部分，其后则渐渐与史分离矣。今之旧史，实以年代记及人物传之两种原素糅合而成。然衡以严格的理论，则此两种者实应别为两小专科，曰"年代学"、曰"人谱学"——即"人名辞典学"，而皆可谓在史学范围以外。^③

基于此，梁启超所认为的史学，不应当再据"硕大无朋之领土"，以致漫无

---

① 有俞旦初《梁启超论中国史学史的基本理论和方法》，《史学史资料》1980 年第 4 期；白寿彝《中国史学史》第 1 卷 "梁启超对史学史专著的设想及其影响"，上海人民出版社，2006，第 102—107 页。
② 梁启超：《中国历史研究法》，第 1 页。
③ 梁启超：《中国历史研究法》，第 46—47 页。

边际导致"逐渐瓦解而无复余""无独立成一科学之资格"，而应当"在旧领土上而行使新主权"，发明"吾国民继续努力之结果，其活动状态之表示"。① 这部分论述表明，他在这里所讨论的"史学"与开篇讨论的"史"在概念范畴上是一致的。

在此前撰写的《中国史叙论》中，梁启超提出"史也者，记述人间过去之事实者也"，也就是记载的历史，但对现在而言，这些"不过记述人间一二有权力者兴亡隆替之事"，"虽名为史，实不过一人一家之谱牒"，"近世史家"应当"探察人间全体之运动进步，即国民全部之经历，及其相互之关系"。② 由此可知，以上不论是使用"史"还是"史学"，梁启超的概念讨论中都不含有"客观存在的历史"的概念，而是"单纯记载历史"和"积极探究历史"两种含义，后两者的区别在于是"前者史家"之本分还是"近世史家"的追求。

但这并不意味着梁启超将"史"与"史学"的概念混为一谈。在《中国历史研究法》中他明确提出："自有左丘、司马迁、班固、荀悦、杜佑、司马光、袁枢诸人，然后中国始有史。自有刘知幾、郑樵、章学诚，然后中国始有史学矣。"③ 换言之，在他的概念中，"史"与"史学"有着"记载的史著"和"批评史著的'历史研究法'"（即史学理论）之分。

梁启超认为史学史的做法是："中国史学史最少应对于下列各部分特别注意：一、史官，二、史家，三、史学的成立及发展，四、最近史学的趋势。"④ 这个研究框架并不以史著文献的整理作为重点，但其提示的史学史理念和奠定的史学史范式却被后世学者视为"浓厚的史部目录学或史籍提要倾向"，⑤ 被评价为"重心尤集中在历史编纂学和文献学方面"。⑥ 可见，在梁

---

① 梁启超：《中国历史研究法》，第47页。
② 任公：《本馆论说：中国史叙论》，《清议报》第91期，1901年9月13日。
③ 梁启超：《中国历史研究法》，第38页。
④ 梁启超：《中国历史研究法补编》，商务印书馆，1934，第219页。
⑤ 姜萌：《范式转移与继往开来：中国史学史研究一百年》，《清华大学学报》（哲学社会科学版）2020年第2期。
⑥ 胡逢祥：《关于改进中国史学史研究范式之我见》，《史学月刊》2012年第8期。

启超理念支持下的史学史研究范式与其提出的史学史框架是存在一定距离的，而这与他没有明确讨论"史学史"概念与定义，而以史著作为主要研究对象的研究实践相关。

1902 年发表的《新史学》第一节为"中国之旧史学"，其本意是清算传统史学，在批判的基础上提出"新史学"的做法，然而这也可以算作一个史学史性质的回顾。他做出对史书体裁的分类整理，将"史学"总分为十种：正史、编年、纪事本末、政书、杂史、传记、地志、学史、史论、附庸。次目再划分为"通体""别体"（断代体）等二十二类。[①] 以此来对传统史学之为帝王不为国民、为英雄而不为群体、贵古贱今、琐碎无要的缺点进行批判。批判锋芒集中在史著上，包括史著的体裁、内容、形式等。尽管该部分论述并非以"史学史"为对象，而且他此时也尚无成熟的"史学史"学科构想，但仍然可以看到他对"史学史"主要研究对象是史著的下意识认定。这样的意识事实上对后来他提出史学史的指导理念和实践产生了深层影响。

《中国历史研究法》的"过去之中国史学界"作为梁启超史学史实践的重要组成部分，是从史书体裁切入的，阐述载史方式从口口相传、诗歌载史，到编年体、"书"（"志""记"）、备忘、官书、纪传体通史、纪传体断代史、新编年体、纪事本末体、政书等史书体裁的发展历程。后将《隋书·经籍志》《史通·杂述篇》的体裁分类，归纳为"供后人著史之原料者""制成局部的史籍者"两种，随即论述注释考证、史评体。最后评顾祖禹《读史方舆纪要》、顾栋高《春秋大事表》、黄宗羲《明儒学案》、赵翼《廿二史札记》的创作之功，以及表志、史文考证、方志重修等在清代的发达。[②] 这里仍然可以看出他是将史著视为主要研究对象的。

《补编》的"史学史的做法"是梁启超提出的直接且较为成熟的史学史学科构想，同时也在此提出了对后世具有奠基性意义的史学史框架的观点。但他首先将传统四部分类法中的"史部"书籍作为主要对象，在证明中国史学"很有独立做史的资格"中，最主要的理由是中国的书籍中实际上可归于

---

① 中国之新民：《新史学》，《新民丛报》第 1 号，1902 年。

② 梁启超：《中国历史研究法》，第 11—42 页。

史部的书占据"至少十之七八"。正是基于该理由，他提出"中国史书既然这么多，几千年的成绩，应该有专史去叙述他"。[①]

在授《补编》的同时期，梁启超也编成了讲授《中国近三百年学术史》的讲义，他在"清初史学之建设"一节中，明确提到"广义的史学，即文献学"。[②] 因此，尽管梁启超以"史官、史家、史学的成立及发展、最近史学的趋势"来勾勒中国史学史学科，但文献学的色彩仍然成为在梁启超理念影响下的学科基调。

二　梁启超的中国史学史研究实践

在《补编》中，梁启超提出专史的划分，其中"史学史"所属的学科谱系为：文物的专史—文化专史—学术思想史—史学史。同时，在该学术谱系中，梁启超将"史学史"与"社会科学史"并列，但说明"史学，若严格的分类，应是社会科学的一种。但在中国，史学的发达，比其他学问更利害，有如附庸蔚为大国，很有独立做史的资格"。[③] 由此可以看出他对"史学史"的学科定位。

尽管梁启超没有写作一部完整的《中国史学史》，但是他将"史学史"作为"学术思想史"的次级，其部分史学史撰述内容的实践，即存在于他所说的"学术思想史"的相关论著中。如在梁启超1902—1904年发表的长篇文章《论中国学术思想变迁之大势》，[④]1920—1921年连载、[⑤]1921年由上海商务印书馆出版单行本的《清代学术概论》，以及1923—1925年连载、[⑥]1926年由

---

① 梁启超：《中国历史研究法补编》，第218页。

② 梁启超：《中国近三百年学术史》，上海民志书店，1929，第135页。

③ 梁启超：《中国历史研究法补编》，第216页。

④ 中国之新民：《论中国学术思想变迁之大势》，《新民丛报》第3—5、7、9、12、16、18、21—22号，1902年；第5—7、10号，1904年。

⑤ 梁启超：《前清一代中国思想界之蜕变》，《改造》第3卷第3—5期，1920年。

⑥ 梁启超：《中国近三百年学术史》，《时事新报（学灯）》1923年11月8、14—16日，12月25—28日，1924年1月4、8、9日；《史地学报》第1—8号，1924—1925年；《清代学者整理旧学之总成绩》，《东方杂志》第21卷第12、13、15—18号，1924年。

上海民志书店出版的《中国近三百年学术史》中，都有不同程度的反映。

《论中国学术思想变迁之大势》中夹述史学内容：胚胎时代（春秋以前）之史官；① 全盛时代（春秋末及战国）的"孔学"有"记纂一派"，包括孔子作《春秋》、左丘明作《国语》；② 儒学统一时代（两汉）的司马迁为"汉代独一无二之大儒"，其《史记》"为我国开历史之先声""千古之绝作""为上古学术思想之集大成"；③ 近世之学术（明亡至清末）的乾嘉考据史学如吴派钱大昕、王鸣盛、赵翼，以及浙东学派黄宗羲、万斯同、邵晋涵、全祖望、章学诚。④《清代学术概论》有"经史考证"一节述清代治史学者，如王夫之、黄宗羲、万斯同、顾炎武、赵翼、王鸣盛、钱大昕、洪颐煊、惠栋、梁玉绳、梁章钜、周寿昌、杭世骏等人。⑤

《中国近三百年学术史》是梁启超 1923 年在南开大学暑期学校、清华大学秋季学期讲授的"中国近三百年学术史"课程讲稿。该书延续《清代学术概论》作为《中国学术史》其中一部的发愿，⑥ 两书时间范围相近，但材料和组织都不相同。第八讲"清初史学之建设"及第十五讲"清代学者整理旧学之总成绩——史学、方志学、地理学、传记及谱牒学"实际上是非常详细的清代史学史。第八讲"清初史学之建设"以史家带史著，包括吴炎和潘柽章《明史稿》、万斯同《明史稿》、章学诚《文史通义》、全祖望《宋元学案》、顾祖禹《读史方舆纪要》、顾栋高《春秋大事表》等，详叙史家特点及著史经历，兼点评史著。附"初期史学家及地理学家表"简介马骕、吴伟业两位史学家基本信息并点评其代表作。⑦ 第十五讲"清代学者整理旧学之总成绩——史学、方志学、地理学、传记及谱牒学"，以史学事件或史著内容为核心进行划分，盘点整个清代的史学成果。在狭义的"史学"外，其他几

① 中国之新民：《论中国学术思想变迁之大势》，《新民丛报》第 3 号，1902 年。
② 中国之新民：《论中国学术思想变迁之大势》，《新民丛报》第 5 号，1902 年。
③ 中国之新民：《论中国学术思想变迁之大势》，《新民丛报》第 12 号，1902 年。
④ 中国之新民：《论中国学术思想变迁之大势》，《新民丛报》第 7 号，1904 年。
⑤ 梁启超：《清代学术概论》，商务印书馆，1921，第 81—90 页。
⑥ "久抱著《中国学术史》之志……于是决意为之，分为五部：……其五：则清学也。"梁启超：《清代学术概论》，"第二自序"，第 1 页。
⑦ 梁启超：《中国近三百年学术史》，第 134—152 页。

门学问也都被梁启超归纳为史学的旁支或分支，如方志学是为"一方之史"，地理学是为"历史的地理学"，①族谱家谱是为"一族一家之史"，年谱是为"一人之史"。"史学"部分阐述清代的主流史学，即以王鸣盛《十七史商榷序》的观点为代表的考证史学的旨趣、缘起，归类其内容为：校勘讹舛、考订史实、补其遗阙、整理事实。再分为《明史》编修史及清代史料、上古史研究、旧史补作或改作、补各史表志、旧史之注释及辨证、学术史编著及文学美术戏曲史编著、史学家法研究及结论七部分，进行详细论述，评其得失。"方志学"部分在论述方志体发展史、盘点方志成果、点评清代方志得失之外，详细论述章学诚对方志学的贡献，包括扩大方志概念、创新方志体裁、著述优秀方志作品。"地理学"部分介绍地理学者徐宏祖《徐霞客游记》、梁盼《西陲今略》、陈伦炯《海国闻见录》、刘继庄《广阳杂记》、顾炎武《天下郡国利病书》和《肇域志》、顾祖禹《读史方舆纪要》等，后对部州郡县建制革易、山川古迹、河防水利、地理书考证、边徼域外、世界地理、制图等类型进行分别介绍。"谱牒学"部分按自撰年谱、墓志铭，友生及子弟门人为其父兄师友所撰年谱，后人补作或改作昔贤年谱，考证的远古哲人年表，族谱，诸姓谱来盘点。②以上各部分在论述前均对该学科在清以前的发展进行了简要回顾。

《补编》提出"史学史的做法"，对中国史学史进行简要回顾。史官部分以神话中黄帝的史官仓颉、周天子赐钟鼎派史官为代表，述及殷墟甲骨文出现的许多史官名字，《尚书》《左传》记载的史官等，用以论述史官的早期存在与地位，直至民国时期国史馆的所属变迁而导致的传统史职的中断。史家部分主要论述创作型的史家，包括孔子、《国语》和《左传》的作者、司马迁、班固、荀悦、刘知幾、欧阳修、司马光（以上一流），朱熹（二流），郑樵（次一流），袁枢、苏辙、吕祖谦、罗泌、吴缜等。中国史学的成立与发

---

① "清儒之地理学，严格的论之，可称为'历史的地理学'。盖以便于读史为最终目的，而研究地理不过其一种工具，地理学仅以历史学附庸之资格而存在耳。"梁启超:《中国近三百年学术史》，第134—152页。

② 梁启超:《中国近三百年学术史》，第434—516页。

展主要论述刘知幾、郑樵、章学诚三人的治史理论及其影响，后论述中国史注重人的关系及史与文的关系。最近史学的趋势有别择史料、史料钩沉、研究上古史等内容。①

《补编》作为首倡史学史学科的文本，又具备在史学史进程中探讨史学理论的自觉。"史学史的做法"提出的框架中第三部分为"史学的成立及发展"，实际上是论述史学与史学理论之关系。首先，他论述学术科学化的趋势和原则：一种学问要成为科学，常常先自由发展，有了相当的成果积淀之后，把过去的成果整理起来，总结经验并形成规则，从而更加促进这门学问的进步，建设成为系统性的科学。因此，他认为史学在中国是最发达的学问，所以科学性的原则成立得也更早。其次，他指出由于学问间总是互相有关系的，所以一门学问在开始时总是范围很广，而形成科学的趋势就是分野愈分愈细，向窄而深发展。梁启超认为史学的学科发展，在中国同样遵循这番原则。从这一认识出发，他提出中国的史学成立与发展中最重要的三位史家：刘知幾、郑樵与章学诚。其中刘知幾发展了史学方法论，提出对史料的批判性认识；郑樵提出通史史观并自著史书；章学诚是史学方法论的集大成者和历史哲学的拓荒者。②对这三位史家对史学发展贡献的阐释，使梁启超对史学理论与史学之间相互促进关系的论述更为具体化了。

三 梁启超的史学史分期思想

19世纪末20世纪初，西方史学基于欧洲历史的分期在引入中国史学后，与正在中国十分流行的进化史观相互结合，在对历史宏观发展进程的解释中得到了广泛应用。梁启超作为"新史学"的旗手，更是积极应用分期方法，如在治中国史时提出的历史阶段划分方法不下三种，对于中国学术思想史也延续了这样的研究特点。《论中国学术思想变迁之大势》在"总论"部分就提出"胚胎、全盛、儒学统一、老学、佛学、儒佛混合、衰落、复兴"等八

---

① 梁启超：《中国历史研究法补编》，第216—242页。
② 梁启超：《中国历史研究法补编》，第232—236页。

时代，这是将从春秋以前至梁氏当时，以时间为序列，融合学术成熟形态、时代显学、发展态势的多种标准来划分的。[①] 在正文中，阙略"儒佛混合时代（宋、元、明）"，合并"衰落、复兴"两时代为"近世之学术"，并细分为"永历康熙间、乾嘉间、最近世"。[②] 其中的"史学史"发展态势大抵与总的"学术思想史"契合，如他认为史学之发源同样于"胚胎时代"，[③] 而"全盛时代"的史学亦发达。[④]

然而，在《中国历史研究法》及《补编》这两部历史方法论著作以较为完整的章节呈现的中国史学史通叙中，梁启超却没有为"史学史"划定明确的分期。尽管在其中，梁启超也论述了"最初之史乌乎起？""最初之史，用何种体裁以记述耶？"[⑤] 将孔子、司马迁、班固、荀悦归为"第一期的史家"，[⑥] 也做了"史界太祖，端推司马迁"，"司马迁以前，无所谓史学也"，[⑦]"我国史学界亦以晋为全盛时代"，[⑧] 自东汉到唐初"这是史学极盛时期"，[⑨]"唐以后，史学衰歇"[⑩] 等论断，但没有前述论著那样明确的时代划分的做法，故后人有将此视为梁启超史学史观念之缺憾的议论。然而，从梁启超前期的治史特点和其"史学史"研究方法来看，虽然他未对"史学史"做分期，但并非没有分期意识。

在"史学史的做法"所属"文物的专史"总说中，梁启超就直言："文

---

① 中国之新民：《论中国学术思想变迁之大势》，《新民丛报》第3号，1902年。
② 中国之新民：《论中国学术思想变迁之大势》，《新民丛报》第5—7、10号，1904年。
③ "史学盖原于胚胎时代。""孔子因鲁史作《春秋》，左丘明采《国语》以为之传，盖北学重先例，故史学之兴，亦相因而至者也。太史公以绍述孔学自命，其作《史记》，即受孔子此派之教也。"中国之新民：《论中国学术思想变迁之大势》，《新民丛报》第5号，1902年。
④ "（全盛时代）此外则尚有史学，亦颇发达。史学盖原于胚胎时代，至此乃渐成一家言者。"中国之新民：《论中国学术思想变迁之大势》，《新民丛报》第5号，1902年。
⑤ 梁启超：《中国历史研究法》，第12页。
⑥ 梁启超：《中国历史研究法补编》，第226页。
⑦ 梁启超：《中国历史研究法》，第23、25页。
⑧ "两晋、六朝，百学芜秽，而治史者独盛，在晋尤著。……故吾常谓，晋代玄学之外惟有史学，而我国史学界亦以晋为全盛时代。"梁启超：《中国历史研究法》，第26页。
⑨ "'千岩竞秀，万壑争流'的，史家多极了。据刘知幾的计算，自东汉到唐初不下百余家，这是史学极盛时期。"梁启超：《中国历史研究法补编》，第226页。
⑩ "唐以后，史学衰歇。"梁启超：《中国历史研究法补编》，第227页。

物专史是专史中最重要的部分，包括政教典章、社会生活、学术文化种种情况，……据我个人的见解，这不是能拿断代体来做的；要想满足读者的要求，最好是把人生的活动事项纵剖，依其性质，分类叙述。"① 明确了他对这一类目下历史研究体裁的选择。《中国历史研究法》及《补编》的史学史论述都按照这一理念，以纵断为主要架构，"过去之中国史学界"以书史形式为线索，而"史学史的做法"则按其提出的"史官、史家、史学的成立与发展、最近史学的趋势"框架来论述。

横向对比《中国历史研究法》及《补编》中对史学发展时段的趋势的论断，可以发现有所龃龉。如前者言清代史著"最为寂寥"，② 后者言"各种都勃兴"。③ 这正是出于纵断的分类研究所评价的对象不同而做出的不同论断。前者评价的是史学体裁的创造性发展的停滞，后者评价的是清代所重视而臻于极致的别择资料、史料钩沉等风气。同在《补编》一书当中，四部分主题并行也自然会形成不同的论断。如唐朝大开史局，史官制度为盛，而正因此导致"著者无责任心""私人发宏愿做史家的很少"，因而梁启超评唐以后为"史学衰歇"，刘知幾因此而"太息痛恨""著成一部讲求史法的《史通》"，"史学之有人研究，从他始"，"开了后来许多法门"。在"史学的成立与发展"中，将刘知幾作为里程碑式的史家进行介绍。④ 聚焦不同的评价对象造成的难以对同一时期做出唯一论断，是无法进行分期的重要原因。上述情况可从表 1 中具体反映出来。

表 1 《中国历史研究法》及《补编》的中国史学史分期对比

《中国历史研究法》"过去之中国史学界"	《补编》"史学史的做法"
最初之史	第一期（孔子《春秋》,《国语》《左传》, 司马迁《史记》, 班固《汉书》, 荀悦《汉纪》）

① 梁启超:《中国历史研究法补编》，第 176 页。
② "前清为一切学术复兴之时代，独于史界之著作，最为寂寥。"梁启超:《中国历史研究法》，第 38—39 页。
③ "清朝的史学，各种都勃兴，但大体的趋向和从前不同，留在第四部分讲近代史学界趋势时讲。"梁启超:《中国历史研究法补编》，第 230 页。
④ 梁启超:《中国历史研究法补编》，第 227 页。

续表

《中国历史研究法》"过去之中国史学界"	《补编》"史学史的做法"
史界之端（司马迁）	治史者极盛时期（东汉至唐初）
全盛时代（晋）	
	史学衰歇期（唐以后）
	史学发达（宋）*
	没有史家（元、明）**
史著独为寂寥（清）	史学勃兴（清）

注：*"人们只说宋朝理学发达，不知史学也很发达。"梁启超：《中国历史研究法补编》，第230页。

**"一到元、明，简直没有史家……明朝有许多野史，却没有一个真的著作家。"梁启超：《中国历史研究法补编》，第230页。

纵断为史的做法其实与梁启超阶段性的治史转向密切相关。横剖式研究并进行分期的《论中国学术思想变迁之大势》发表于1902年，此为梁启超极奉进化史观的时期，同期所著文章《中国史叙论》《国家思想变迁异同论》《尧舜为中国中央君权滥觞考》都明确提出中国史时代的划分方案。在20世纪20年代前，他已转向纵断治史，从1918年的《原拟中国通史目录》《原拟中国文化史目录》进行的纵断设计，提出"纵断史代横断史"作为医治当时中学国史教本弊病之药方，到《中国历史研究法》论"史之为状如流水然，抽刀断之，不可得断"，[①]《补编》本就是专讲人、事、文物、地方、断代五种纵断专史的研究方法，更是强调"历史含继续性，本不可分"。[②] 由此可知，这两部著述对史学史的回顾都选择纵断的主题式研究，本是源于这一阶段梁启超治史取向的转变。

在治史方案变化之外，还内含着梁启超的史观变动，而史学史的研究又可作为他变动自己史观的旁证之一。在1923年为南京金陵大学第一中学演讲的《研究文化史的几个重要问题》中，他说自己已对"历史现象是否为进化的"产生犹疑，并以"说孟子、荀卿一定比孔子进化，董仲舒、郑康成一定

---

① 梁启超：《中国历史研究法》，第26页。
② 梁启超：《中国历史研究法补编》，第49页。

比孟、荀进化，朱熹、陆九渊一定比董、郑进化，顾炎武、戴震一定比朱、陆进化，无论如何，恐说不去"① 作为旁证，这显然出于他的学术思想史、史学史研究。

对于曾极力推行和践行于学术研究中的进化史观，梁启超并没有就此推翻，而是直言"我现在并不肯撤消我多年来历史进化的主张"，不过，他重新确认了进化的历史现象有二：人类平等及人类一体的观念，以及世界各部分人类心能所开拓出来的"文化共业"积储遗产。而其他"只好编在'一治一乱'的循环圈内了"。②

史观变动必然影响对历史大势的宏观论述，对于不在"进化"范围的学术思想史，他转而接受佛学学说。由于"佛说一切流转相，例分四期，曰：生、住、异、灭"，他感到"思潮之流转也正然"，"无论何国何时代之思潮，其发展变迁，多循斯轨。启蒙期者，对于旧思潮初起反动之期也；旧思潮经全盛之后，如果之极熟而致烂，如血之凝固而成瘀，则反动不得不起；反动者，凡以求建设新思潮也；然建设必先之以破坏"。因而他认为其可分为"一、启蒙期（生）；二、全盛期（住）；三、蜕分期（异）；四、衰落期（灭）"四期。③ 由此可知，梁启超明确将他的佛学史观应用于清代学术思想的论述中，《中国历史研究法》及《补编》的史学史论述，正与此相契合。

四 梁启超中外史学比较研究的尝试

作为近代中国思想文化史上的先行者，梁启超对中国史学的论述时常基于与西方史学的比较，"泰西史学"如同政治制度、工业技术等各方面领域，在该时期改造中国的仁人志士眼中作为一个常在的"他者"而存在。《新史学》开篇就提出"于今日泰西通行诸学科中，为中国所固有者，惟史学"，④

---

① 梁启超：《研究文化史的几个重要问题》，《时事新报》1923 年 3 月 3 日，第 1 版。
② 梁启超：《研究文化史的几个重要问题》，《时事新报》1923 年 3 月 3 日，第 1 版。
③ 梁启超：《清代学术概论》，第 3 页。
④ 中国之新民：《新史学》，《新民丛报》第 1 号，1902 年。

显然表现出他对史学的重视，本身来自中西比较的结果。将西方史学引入中国，把中国史学放入世界史学中，既是梁启超重视史学的思潮背景，也是促使其进行中外史学比较的动因。正如他在《论中国学术思想变迁之大势》中所表露的认知："吾爱我国，吾爱我国民，吾不能自已。吾姑就吾所见及之一二，杂写之以为吾将来研究此学之息壤，流布之以为吾同志研究此学者之筚路蓝缕。天如假我数十年乎，我同胞其有联袂而起者乎，仁看近世史中我中华学术思想之位置何如矣。"①他在为蒋方震《欧洲文艺复兴时代史》所作的序中说："计不如取吾史中类似之时代相印证焉，庶可以校彼我之短长而自淬厉也。"因而成《清代学术概论》。②虽然中外史学比较并没有被梁启超作为学科纲领而明确提出，但表现为他治学研究实践中的自觉意识。

在《新史学》的"中国之旧史学"当中已多次出现与西方史学的比较，如论史学所促进的民族主义之功用："今日欧洲民族主义所以发达，列国所以日进文明，史学之功居其半焉。然则但患其国之无兹学耳；苟其有之，则国民安有不团结，群治安有不进化者！"论著史"能铺叙而不能别裁"的缺陷："泰西旧史家，固不免之；而中国殆更甚焉。"以西方史学的眼光来看待中国史书："就中如《通鉴》一书，属稿十九年，别择最称精善。然今日以读西史之眼读之觉其有用者，亦不过十之二三耳。"论传统史学厚古薄今的错误："故泰西之史，愈近世则记载愈详。中国不然，非鼎革之后，则一朝之史，不能出现。又不惟正史而已，即各体莫不皆然。"③

同年发表的《论中国学术思想变迁之大势》中，梁启超强调"故合世界史通观之，上世史时代之学术思想，我中华第一也；泰西虽有希腊梭格拉底、亚里士多德诸贤，然安能及我先秦诸子？中世史时代之学术思想，我中华第一也；中世史时代，我国之学术思想虽稍衰，然欧洲更甚。欧洲所得者，惟基督教及罗马法耳，自余则暗无天日。欧洲以外，更不必论。惟近世史时代，则相形之下，吾汗颜矣。虽然，近世史之前途，未有艾也，又安见

---

① 梁启超：《论中国学术思想变迁之大势》，《新民丛报》第3号，1902年。
② 梁启超：《清代学术概论》，"自序"，第1页。
③ 中国之新民：《新史学》，《新民丛报》第1号，1902年。

此伟大国民，不能恢复乃祖乃宗所处最高尚最荣誉之位置，而更执牛耳于全世界之学术思想界者！"①

《中国历史研究法》言及中国史学的发展程度及其原因——史官建制，也将其放置于中外史学视角中论述："中国于各种学问中，惟史学为最发达。史学在世界各国中，惟中国为最发达（二百年前，可云如此）。其原因何在，吾未能断言。然史官建置之早与职责之崇，或亦其一因也。泰西史官之建置沿革，吾未深考。中国则起原确甚古，其在邃古，如黄帝之史仓颉、沮诵等，虽不必深信，然最迟至殷时必已有史官，则吾侪从现存金文甲文诸遗迹中可以证明。""三千年来史乘，常以此等史官之著述为中心……故我国史形式上之完备，他国殆莫与京也。"②在"史料之搜集与鉴别"一章，他将中西史学的发展情况相对比："须知近百年来欧美史学之进步则彼辈能用科学的方法以审查史料，实其发轫也，而吾国宋明以降学术之日流于诞渺，皆由其思想与批评非根据于实事，故言愈辩而误学者亦愈甚也。"③

有学者提出20世纪以来中西史学理论比较研究有三个依次展开的阶段："第一阶段以西律中，反古制、求革新，重目的方法之比较；第二阶段则借西释中，鉴它者、塑自我，重概念史观之比较；第三阶段求异志同，辨同异、明一多，重思维类型之比较。"④以上所述之梁启超的中西史学比较可以大体归于"以西律中"，明显出于改革传统史学、振奋国人文化自信的动机，研究也远未系统、深入，但其中所展现的历史性比较思维，绝不局限于第一阶段。《清代学术概论》之所以为《欧洲文艺复兴时代史》作序而起，是因为他认为清代思潮是"对于宋明理学之一大反动"，"以'复古'为其职志者"，"其动机及其内容，皆与欧洲之'文艺复兴'绝相类；而欧洲当'文艺复兴期'经过以后所发生之新影响，则我国今日正见端焉"。⑤可知他对不

---

① 中国之新民：《论中国学术思想变迁之大势》，《新民丛报》第 3 号，1902 年。
② 梁启超：《中国历史研究法》，第 14—15 页。
③ 梁启超：《中国历史研究法》，第 159 页。
④ 陈新：《二十世纪以来中西史学理论比较史研究》，《清华大学学报》（哲学社会科学版）2010年第 6 期。
⑤ 梁启超：《清代学术概论》，第 6 页。

同文化在不同时段进行比较的意识已超出"以西律中"的层次。

《中国历史研究法》的"过去之中国史学界"一章，堪称"世界史学史"取向的史学史回顾。梁启超开篇即提出"人类曷为而有史耶？曷为惟人类为能有史耶？人类又曷为而贵有史耶？"，以人类学的角度论述"史之所由起"与"史之所以为有用"。紧接着论述"最初之史乌乎起？"，述北欧民族圣诞节夜谈故事之俗，"最初之史用何种体裁以记述耶？"。先论印度"最古之社会史宗教史"《吠陀》皆用梵歌，后论"我国史之发展，殆亦不能外此公例"而引出《诗经》，指为中国最初之史。

《论中国学术思想变迁之大势》以专章——"先秦学派与希腊印度学派比较"——对中国先秦与希腊、印度同期思想做比较论述。他指出，春秋战国不仅为中国民智全盛时代，"盖征诸全球，莫不尔焉"，历数印度、希腊诸思想家与中国思想家同代异地的盛况，详论在与希腊学派比较中，先秦学派之所长、所短，[1]与半个世纪后雅斯贝尔斯在《论历史的起源与目标》中提出的"轴心时代"论不谋而合。梁启超将中国、印度、希腊以不同的方式进行归纳和分类，指出在性质上中国、希腊同为世间学派，而印度为出世间学派，三者互有相同和相异之处，其视角之宏观先锐如此。

五　梁启超对中国史学史学科的影响

梁启超没有写出一部真正意义上的"中国史学史"著作，甚至留下的有关中国史学史的研究成果也不多，但他的史学史观念及影响不仅起了创建史学史学科的奠基性作用，更有着指导学科发展和创立学科研究范式的深远意义。

首先是梁启超提出建立史学史学科的倡议而产生的号召力和对后学的持续影响。《补编》授课于清华大学，梁启超提出"中国史书既然这么多，几千年的成绩，应该有专史去叙述他。可是到现在还没有，也没有人打算做，

---

[1]　中国之新民:《论中国学术思想变迁之大势》，《新民丛报》第 7 号，1902 年。

真是很奇怪的一种现象"。① 姚名达等人受业于此，立志著《中国史学史》，
"当日立即下极大决心，非待史学史成书，不得离开清华。清华研究院照例
是一年毕业的，我不愿离开良师，不愿抛弃凤业，所以毕业以后，仍在清华
住了三年"。② 在西南联大，杨翼骧听了"历史研究法"课后，阅读了梁启
超的《中国历史研究法》及《补编》，遂对中国史学史学科产生浓厚的兴趣，
"自 1939 年 9 月到昆明西南联大历史系复学之后，除上课外，大部分时间都
在阅读有关中国史学史的书籍"。梁启超在《中国历史研究法》第二章"过
去之中国史学界"中"两晋六朝百学芜秽，而治史者独盛，在晋尤著……而
我国史学界亦以晋为全盛时代"的论断，引发他的思考，因此写下《晋代之
史学》一文交给任课教师姚从吾审阅，得到姚从吾的肯定，走上学习和研究
中国史学史的道路。③

其次是梁启超史学史理念促成了初期中国史学史研究著述基本框架的搭
建。一方面是"史官、史家、史学的成立及发展、最近史学的趋势"的四目
框架深为同行学者所接受。如金毓黻著《中国史学史》称："本编内容，略
如梁氏所示四目，第近世新史，大概划分时期，以明变迁之迹，而本编亦
不能外，如叙史官，则古重于今，如叙史家，则后多于前。"④ 虽然金著是断
代横剖式著述，但所选取的叙述核心则依梁启超的四目框架。王玉璋《中国
史学史概论》也称"余为此篇远宗梁先生之大义，而略为去取，以求研述之
方便"。⑤ 后学如董允辉《中国史学史》"亦梁氏启超生前所拟目也"。⑥ 姚
名达《中国史学史讲义》现存文稿仅余"绪论"（下设史学史的学术史价值，
现实意义，研究法，"史""历史""史学""史学史"的阐释，史与史实、史
实与史学的关系，历史哲学的意义，历史哲学、历史学、史实三者的联系）

---

① 梁启超:《中国历史研究法补编》，第 218—219 页。

② 罗艳春、姚果源选编《姚名达文存》，江苏人民出版社，2012，第 216 页。

③ 乔治忠编《杨翼骧文集》，南开大学出版社，2019，第 468 页。

④ 金毓黻:《中国史学史》，国立编译馆，1946，第 2 页。

⑤ 王玉璋:《中国史学史概论》，商务印书馆，1942，"自序"，第 3 页。

⑥ 董允辉:《中国史学史》，王传编《中国史学史未刊讲义四种》，上海古籍出版社，2018，第
284 页。

和"史官制度"（史官的起源、最早的史官制度、史的地位、史官制度与政治、殷周的史官制度、汉魏六朝的史官制度）两编，但按其自序所言，已经完成"史官制度的沿革、史学思想的进化、做史方法的改良、史学家的递遭、史书的新陈代谢"，显然是梁启超指导框架的延伸与细化、深入。未特意宣称宗梁启超史学史框架的著作，如卫聚贤《中国史学史》①、吕思勉《历史研究法》②也有明显的受到影响的痕迹。

另一方面是纵断的著述架构与体裁理念的指导。王玉璋《中国史学史概论》与姚名达《中国史学史讲义》都贯彻梁启超提出的纵断式的史学史研究结构，在每一门内容都通叙多个时代，并列而行。姚名达提出的史学史著述方法显然是继承梁启超而来："历史是和河流一般的，没有方法可以截断，所以本书大体决定用纵剖式，把史官制度、史学思想、做史方法，分篇记载，自古述叙至今。"③姚著所附《史学年表》（今遗失）也是受到梁启超提倡年表体裁的影响。④

最后是中外史学比较理念的启迪。尽管梁启超没有提出"中外史学比较"和"世界史学史"的指导纲领，但他在这方面的学术自觉与学术实践，对中国的史学史学科产生了深远影响。当代史家杜维运以遥承梁启超倡议为己任，写就《中国史学史》，以及中西史学比较的专著《中西古代史学比较》。他提出的理念实际上也是对梁启超这一取向的精准刻画："撰写一部中国史学史，首先应置中国史学于世界史学之林，以浩瀚广阔的眼光，用比较史学（comparative historiography）的观点，阐述中国史学的出现、成立与发展。世界其他地区同时期发展的史学，皆须涉及，比较其异同，衡量其得失，中国史学的优点与缺点，于是尽现。这项工作，极为艰巨，却不能缺

---

① 卫聚贤：《中国史学史》，王传编《中国史学史未刊讲义四种》。
② 吕思勉：《历史研究法》，永祥印书馆，1948。
③ 罗艳春、姚果源选编《姚名达文存》，第220页。
④ "旧史皆详于政事而略于文化，故此方面之表绝无"，"此类表若成，为治国史之助实不细。创作虽不甚易，然以清儒补表志之精神及方法赴之，资料尚非甚缺乏也"。梁启超：《中国近三百年学术史》，第464页。

少，缺少了则中外史学将永无合流的一日。"①

　　梁启超的中国史学史构想与学术实践，在他重塑传统史学范围与研究方法的理想、投身"文化史"的学术风潮之中逐渐形成。他对"史学史"的设想从宏观中来，没有阐释明确的学科概念以划定清晰的界域，也没有完整的研究成果以示范学林。然而，在强调史学在西方学科体系中"为中国所固有"的立意之上，由他促动的"史学史"研究的开展，持续助推史学史范围的厘清、深化史学史学科化发展进程；在对历史研究方法的宏观取向与把握之下，他的史学史洞见不仅成为一家之言，更具有超越时代的启迪意义。

---

　　① 杜维运：《中国史学史》第 1 册，商务印书馆，2010，第 27 页。

顾颉刚的编辑出版成就和特点

侯德仁 *

摘　要：顾颉刚先生（1893—1980）一生以史学为业。然而除了史学研究外，顾颉刚先生还与中国现代的出版事业一生结缘。他在创办和经营出版机构、出版图书以及主编学术期刊等方面都做出了非常大的成绩，为现代中国编辑出版事业做出了巨大贡献。纵观顾颉刚一生的出版活动，我们可以将其编辑出版工作的特点概括为四点：强烈的时代责任意识与历史使命感；矢志不渝、坚忍顽强的出版理想与信念；编辑出版工作与教学科研相互促进的理念；注重通俗读物的编辑出版工作。

关键词：顾颉刚　出版活动　朴社　古史辨

　　顾颉刚（1893—1980），原名诵坤，字铭坚，江苏苏州人，我国现代著名历史学家。顾颉刚先生一生除了致力于史学研究之外，还在中国现代出版领域做出了重要贡献。顾颉刚先生在我国现代出版事业上的贡献是多方面的，但最为突出的还是在创办经营图书出版机构与编辑出版学术期刊两方面。本文主要论述顾颉刚一生的出版活动及其成就，进而分析顾颉刚出版活动的主要特点。

一　入职商务印书馆，编纂初中历史教科书

　　顾颉刚一生参与创办和经营了多个出版机构，并且在其中担任主要领导职务。顾颉刚最早和出版机构发生联系，应该是在 1922 年。这一年，因

---

* 侯德仁，苏州大学社会学院。

为祖母病重,顾颉刚暂停了在北大的校务,回到苏州专心照顾祖母。在此期间,为了解决生计问题,顾颉刚接受了商务印书馆邀他编撰《现代中学本国史教科书》的工作,以贴补家用。虽然只是编写中学的史学教科书,但顾颉刚也非常谨慎,没有半点敷衍。顾颉刚回忆说:"编纂教科书也要使得它成为一家著述。我想了很多法子,要把这部教科书做成一部活的历史,使得读书的人确能认识全部历史的整个的活动,得到真实的历史观念和研究兴味。"①
7月16日,祖母去世,顾颉刚极为悲痛,加之办理丧事繁忙,编教科书事中断。编辑教科书的期限已迫,成稿无多,不得已去函辞职。然而,商务印书馆史地部主任朱经农力邀顾颉刚入馆任职,允诺由馆内同事帮助编纂教科书。于是,12月3日顾颉刚抵沪,正式担任商务印书馆编译所史地部和国文部的编辑。"这是商务的全盛时代,编辑部300多人,全馆职工3000多人",顾颉刚第一次"看到了现代化的出版企业。沈雁冰、胡愈之、郑振铎、叶圣陶、周予同、王伯祥、章锡琛,都是同事,天天见面"。②在任职商务印书馆的一年时间里,顾颉刚除了编辑后期小学国语教科书外,还与王伯祥合编了《现代初中教科书本国史》上、中、下三册,与叶圣陶合编了《新学制初级中学国语教科书》第二册至第六册,并先后由商务印书馆出版。

顾颉刚先生为商务印书馆工作(包括入职前)前后仅仅只有一年多的时间。然而,就是在这短短一年多的时间中,顾颉刚关于古史辨伪的主要思想开始产生。顾颉刚为了编写不同于流俗的国史教科书,书写确实可信的历史,系统地梳理了有关三皇五帝的各种上古史传说,研读了《诗经》、《尚书》和《论语》等典籍中的上古史资料,并在1922年初步得出一个重要的理论假设:"古史是层累地造成的,发生的次序和排列的系统恰是一个反背。"③翌年,顾颉刚在《读书杂志》刊发了《与钱玄同先生论古史书》和《答刘胡两先生书》,系统地阐发了他的"层累地造成古史观",在学术界引发轰动,当时许多著名学者为此展开激辩,这就是"古史辨"运动的最初缘起。因此

---

① 顾颉刚:《〈古史辨〉第一册自序》,《古史辨自序》,河北教育出版社,2000,第67页。

② 《顾颉刚自传》,北京大学出版社,2012,第124页。

③ 顾颉刚:《〈古史辨〉第一册自序》,《古史辨自序》,第68页。

说，顾颉刚先生在商务印书馆服务的一年多时间，实际上是他疑古辨伪思想产生的重要时期。

二 创办经营朴社，出版《古史辨》前五册

朴社，是顾颉刚在商务印书馆工作期间参与创办的第一个出版机构。当时商务印书馆的薪酬制度稍微有些苛刻，引起很多编辑的不满。于是，大家决计自己办一个出版社，摆脱商务印书馆的控制。顾颉刚在其自传中详细地叙述了这件事的缘起。他说，1923年1月初的一天，"（郑）振铎激昂地说：'商务是靠教科书赚钱的，我们替资本家编教科书，拿的薪水只有100元左右，而他们发的财至少有一二百万，我们太吃亏了！我们应当自己经营一个书店，到力量充足的时候也来出版教科书，岂不是我们的一切的经济问题都解决了！'大家听了，各个赞成，过几天就结合了一个团体，由（周）予同起名，那时他醉心清代的朴学，定为'朴社'"。[1] 当时大家商定，先由每人每月从工资中抽出10元存在银行生息，到一定数目后作为启动书店的资本，于是这个由商务印书馆学人集体创办的同人书店——"朴社"就这样成立了。最初的发起人有沈雁冰、郑振铎、叶圣陶、胡愈之、顾颉刚、王伯祥、周予同、谢六逸、陈达夫、常燕生十人，接着俞平伯、吴维清、潘家洵、郭绍虞、陈乃乾、朱自清、陈万里、耿济之、吴颂皋等先后入社，顾颉刚被推举为总干事，同时担任会计工作。顾颉刚全力以赴办理朴社事务，积极筹划社事，亲自草拟"朴社宣言"和"社约"，付出很大的心血。然而，并非全体成员都如顾颉刚一样。顾潮在《我的父亲顾颉刚》一书中就指出，"其他人均忙于自己的工作和生活，不免有'贪懒爱写意的毛病'，他们觉得如果不是父亲督促着，社事'很难有成'。当父亲在苏州养病期间，叶圣陶来信谈到社事的松懈，一些人已欠交社费"。[2] 顾颉刚对此忧心忡忡，不愿见到朴社被拆散的局面，决计继续推动朴社的发展，他在写给叶圣陶的信中说："我

---

① 《顾颉刚自传》，第124—125页。
② 顾潮:《我的父亲顾颉刚》，人民文学出版社，2010，第78页。

深知天下只有劳而无获的事，不有不劳而获的事。……我的性质如此，所以一件事，不高兴做则已，既高兴做必用我的全力。又因为任劳必兼任怨，所以我也不怕任怨。"① 然而，随着顾颉刚在 1923 年 12 月返回北京大学任职而无法全面主持朴社事务，加之 1924 年江浙地区的"齐卢之战"，一些社员收回了自己的社款，朴社难以为继，1924 年 9 月朴社同人决意解散。这是朴社在上海的创办时期的情况。

　　身在北京的顾颉刚听闻朴社解散的消息，内心非常不满。于是，他给朴社同人去信商议，要将朴社本部迁至北京，按照原来办法继续下去，由他本人亲自经理。1925 年 6 月，顾颉刚在北京正式重组朴社，并被重新推举为总干事。"其时参加的有范文澜、冯友兰、郭绍虞、吴维青、潘家洵、俞平伯、朱自清、蒋仲川等"，② 仍然按照原来办法每人每月存钱 10 元，"这样积了一年，我们觉得可以开个小书店了。就在北京大学二院对门租了三间铺房，开了景山书社，准备出书。……于是《古史辨》诸册就陆续问世了"。③ 朴社在 1926 年、1930 年、1931 年、1933 年、1935 年先后出版了《古史辨》的第一册到第五册。此书印行，销路好极了。仅仅《古史辨》第一册在出版之后的一年里，竟然先后印刷了 19 版之多。顾颉刚根本"没想到这样专门的东西竟销路奇佳，一年中翻印了几版，因此这个铺子就站住了"。④ 正是《古史辨》的出版，奠定了朴社的经济基础。

　　尤为重要的是，《古史辨》第一册乃是顾颉刚将其与胡适、钱玄同等人讨论古史的所有文章汇编而成，其中集中系统阐述了顾颉刚的"层累地造成古史"的疑古辨伪思想，该书一经问世，立即风靡学界，在学术界产生难以估量的历史影响。胡适称赞它为"中国史学界的一部革命的书，又是一部讨论史学方法的书。此书可以解放人的思想，可以指示做学问的途径，可以提倡那'深澈猛烈地真实'的精神"。"在中国古史学上，崔述是第一次革命，

---

① 顾潮：《我的父亲顾颉刚》，第 79 页。
② 《顾颉刚自传》，第 125 页。
③ 顾颉刚：《我是怎样撰写〈古史辨〉的》，顾颉刚编著《古史辨》第 1 册，上海古籍出版社，1982，第 21 页。
④ 《顾颉刚自传》，第 125 页。

顾颉刚是第二次革命，这是不需争辩的事实。"颉刚的'层累地造成的中国古史'一个中心学说已替中国史学界开了一个新纪元了。"① 傅斯年也称赞顾颉刚先生说，"史学的中央题目，就是你这'层累地造成的中国古史'"，"你这一题目，乃是一切经传子家的总锁匙……一个古史学的新大成"，"你在这个学问中的地位，便恰如牛顿之在力学，达尔文之在生物学"。② 而且许多外国学者也交口称赞顾颉刚的贡献，认为他是中国现代史学的奠基人。"在中国，以西方历史学和社会科学的概念和方法为基础，扭转历史研究的方向，则以顾颉刚这位中国历史学家的名字为标志。"③《古史辨》第一册在1926年甫一出版，美国学者恒慕义（Arthur Hummel）就立刻感受到此书强烈的时代气息而将其介绍给美国的学术界，他认为《古史辨》一书乃是"百五十年来中国关于古史的最有价值的著作"。④ 顾颉刚对朴社的创办和经营可谓呕心沥血。首先，他多方筹措有影响力的稿源。顾颉刚身体力行，把自己的稿件交给朴社出版。在朴社出版的63种出版物中，其中有12种是顾颉刚的，他是为朴社提供书稿最多的作者。他在朴社率先出版了自己编辑的《古史辨》前五册，随后在他的组织下出版了《辨伪丛刊》两辑12种。这两套有着广泛影响力著述的出版，为朴社树立了优秀品牌形象，成为立社之本。顾颉刚不仅将自己的著作交给朴社出版，而且还向很多著名学者约稿，王国维、郑振铎、容肇祖、俞平伯、张西堂、范文澜、熊佛西等很多著名学者都曾是朴社的作者。另外，顾颉刚还多方筹措资金，支撑朴社的发展。出版需要资金的保障，为了打好朴社的经济基础，顾颉刚运用个人关系，邀请不少著名学者加入朴社，既补充了朴社的经济实力，也为朴社培养作者群。至1927年，朴社共有股东24人，465股，股金4650元。出资40元以上的4人，以吴缉

---

① 胡适：《介绍几部新出的史学书》，顾颉刚编著《古史辨》第2册，上海古籍出版社，1982，第334、338页。
② 傅斯年：《谈两件〈努力周报〉上的物事》，顾颉刚编著《古史辨》第2册，第297—298页。
③ 〔英〕杰弗里·巴勒克拉夫：《当代史学主要趋势》，杨豫译，北京大学出版社，2006，第121页。
④ 〔美〕恒慕义：《中国史学家研究中国古史的成绩》，王诗韫译，顾颉刚编著《古史辨》第2册，第447页。

熙出资最多，570 元。顾颉刚 480 元，居第三位。然而此时顾颉刚已经负债达 3000 元，经济陷入困境。面临如此困境，仍竭力支持朴社的事业，令人感动。同时，顾颉刚所编辑的书，如《古史辨》，虽然销量非常好，但他所拿的稿酬甚微，基本都补贴给了朴社。出于时局等种种原因，朴社一直无法盈利，但是在顾颉刚的坚持下，一直坚持到七七事变之后加入开明书店，先后维持了 15 年之久。顾颉刚是朴社名副其实的中坚力量和灵魂人物。

三 创办三户书社，大力出版抗日宣传读物

1931 年九一八事变的爆发，震动了整个中国。为了挽救民族危亡，燕京大学中国师生分别成立抗日会，掀起抗日救国运动。时任燕京大学教授的顾颉刚参加了燕京大学中国教职员抗日会，担任宣传干事之职。大家在商量如何采取有效的方式进行抗日宣传的时候，顾颉刚说："我们的文字是民众所不能了解的，他们有他们的词藻、语句、趣味。我们的宣传如面对知识分子，他们天天看报，自会知道一切，用不着我们费力。如果面对民众，便该顺着他们的口味，不能闭门造车。"① 教职员和学生两抗日会均同意了顾颉刚的建议，于是决定采取刊印乡村流行的大鼓词的形式进行抗日宣传活动，随后便在报上刊登悬赏征集抗日大鼓词和剧本的广告，两个月征集到 40 余篇作品，有鼓词、剧本、牌子曲、弹词等多种形式。经过洪业、顾颉刚等人的评审，记述义勇军真实故事的《杜泉死守杜家峪》被评为第一名，描写沈阳陷后惨状的《翠红姑娘殉难记》为第二名，《淞沪战》《哭朝鲜》《义勇军女将姚瑞芳》等都获了奖。为将征集来的作品印行出来，他们决定成立一个书社，定名为"三户书社"，意谓"楚虽三户，亡秦必楚"，以表达抵抗外来侵略到底的决心。顾颉刚担任书社的经理。1932 年 6 月 5 日，唱本第一册《杜泉死守杜家峪》出版。不久又推出《宋哲元大战喜峰口》《胡阿毛开车入黄浦》《义勇军女将姚瑞芳》《二十九军男儿汉》等 10 多种。起初，因为推

---

① 顾潮：《我的父亲顾颉刚》，第 147 页。

销没有把握，所以每种只印 5000 册，然而销路非常好，其中仅《宋哲元大战喜峰口》一种就在半年之内销售了近 8 万册。由此可见，这种运用老百姓喜闻乐见的形式编撰的通俗读物极受欢迎，其所起到的抗日宣传作用肯定是非常大的。

1933 年 10 月，"三户书社"易名为"通俗读物编刊社"，顾颉刚担任社长，经费由教育部供给，不再隶属燕京大学抗日会。易名之后的通俗读物编刊社除了继续刊行宣传抗日的通俗读物外，开始更加"注意于国民道德之培养及现代常识之灌输"的民众教育读物的出版工作，目的是"以道德引其向上之心，以常识供其治事之资"。① 从此开始，顾颉刚将民众教育作为他编辑出版活动重心之一，直至抗战胜利之后始终未变。当时，为了扩充通俗读物编刊社的编辑实力，顾颉刚积极邀请同人入社，容庚、王守真、吴世昌、郑侃嬺、杨缤和赵纪彬等精兵强将先后加盟入社。在顾颉刚的主持下，通俗读物编刊社的民众教育工作得到了社会的有力支持，1934 年春，天津《大公报》在一个多月之内连续三次介绍通俗读物编刊社的工作，并建议其扩大规模。顾颉刚去信表示感谢，并说"我们做这件事业应当'不问收获，但问耕耘'地做去。将来总会有人享受其成的"。后来几年间，通俗读物编刊社在朱家骅、宋哲元等人的支持资助下，社员一度增至"四十人，每星期编出小册子八本，报纸副刊六七种，图画数张。发行网也组织起来，遍及华北各省"。② 同时，由于出版的图书内容通俗易懂，民众喜闻乐见，并且物美价廉，民众有能力购买，通俗读物编刊社先后发行图书多达 600 种，行销 5000 万册，可见当时的影响之大。应该说，通俗读物编刊社较好地完成了顾颉刚在《通俗读物编刊社章程》中所拟定的四个工作目标：唤起民众意识，鼓励抵抗的精神，激发向上的意志，灌输现代的常识。

---

① 顾颉刚、郑振铎、吴世昌：《燕京大学中国教职员及学生抗日会上教育部呈文》，顾潮编著《顾颉刚年谱》（增订本），中华书局，2011，第 238 页。
② 顾潮：《我的父亲顾颉刚》，第 152 页。

四　经营大中国图书局，重点出版中国地图 与《中国历史故事小丛书》

全面抗战期间，顾颉刚避乱重庆，1943 年初任中央大学史学系教授兼出版部主任，筹划出版文史哲、科学和社会科学三种季刊以及分院的丛书。然而，由于学校没有出版经费，顾颉刚主持的出版部仅仅印刷了一些有插图的讲义，又勉强出版了三册季刊之后就停止了。不久，顾颉刚因故辞去中央大学教职，返回重庆柏溪的家中赋闲读书，同时主持《文史杂志》社编辑事务。是年 3 月底至 4 月初，顾颉刚与中国史学会同人前往北碚、合川、钓鱼城等处游览，在北碚游览期间认识了亚光舆地学社的金擎宇。亚光舆地学社是金擎宇和他的哥哥金振宇、金纬宇所创办的，主要制印地图，为那时逃难的民众和开拔的军队做旅行中的参考。其中，他们出版的一种《中国分省图》，竟在数年之内销售了 35 万册，从而奠定了经济基础，于是在重庆北碚设立中国制图社。结识顾颉刚后，金擎宇了解到顾颉刚有意在出版方面发展，遂邀请顾颉刚加入其中，并成立中国史地图表编纂社，推顾颉刚为社长。这样，顾颉刚就成为中国史地图表编纂社的社长。过了不久，金擎宇的两个哥哥来到北碚商议扩大组织，招收外股，成立大中国图书局。然而，当时顾颉刚因妻子刚去世不久，为办理妻子丧事不但花光了积蓄，而且负债累累，根本无钱交纳股金。于是，金氏兄弟替顾颉刚加入了 20 万元的股金，这样顾颉刚也成为大中国图书局的股东。抗战胜利后，大中国图书局迁至上海重新开张，1946 年 7 月顾颉刚被推举为总经理兼编辑部主任。在顾颉刚的主持下，大中国图书局在上海开张之初的经营状况非常好，印制的地图甚至供不应求。顾颉刚回忆说："大中国图书局开张在上海之后，营业极佳，因为我们在重庆已绘了好些地图……在胜利之后人心振奋的时候我们印一版就销一版，甚或我们尚未再版而订货的已来，大有供不应求之概。"[①] 然而，内战开

---

① 《顾颉刚自传》，第 135 页。

始后，囿于时局影响，经营每况愈下。顾颉刚说："国、共谈判破裂，战事一起，……我们的地图是没有销路了，只靠了贩卖钢笔吃饭。我为书局编的一套《中国历史故事小丛书》一百数十种，出了十余册就出不下了。"①1946年秋，顾颉刚还在苏州寓所办文通书局编辑所，自任所长。同时，他还与友人马荫良等筹备成立民众读物社，以接续因抗战而中断的民众教育出版活动。顾颉刚在致杨向奎的信中谈及此事说：通俗读物"此一事业在我一切事业中独为伟大。抗战数年，虽此事不能开展，终未尝一日去怀。此次东归，得遇有钱同志，决定在沪续办。上海为出版事业之中心，此举可望其有超出北平之开展"。②1947年，大中国、新亚、广益、北新、中联五家出版社成立五联教科书联营处，顾颉刚被推为主席，与七联出版社（商务、中华等七家）在教科书方面展开竞争，并复刊《文史杂志》，筹办《民众周报》（第二期起改名《民众周刊》）。

解放之后，顾颉刚继续担任大中国图书局总经理之职，他还作为华东地区的特邀代表参加了第一次全国出版会议。大中国图书局的出版发行事业，随着新中国的成立而有了新的起色，主营出版各种科学教育挂图和史地小丛书。然而，由于顾颉刚不善于在日益尖锐的劳资斗争中折冲樽俎，加之地图出版又容易在政治上出现问题，于是辞去了董事之职。后来，1953年大中国图书局的地图出版部门与地图出版社合并，大中国图书局的字典、历史丛书的图书出版部门则与广益、北新、人世间合并为四联出版社，大中国图书局制造地球仪的部门亦划出，设立"大地文教用品社"。这样，顾颉刚的总经理一职因机构变更而自行取消了。1954年9月，顾颉刚调入中国科学院历史所成为专职研究员，结束了三十年的出版生涯。顾颉刚在大中国图书局工作期间，为中国地图及科学挂图的出版事业做出了重要贡献，他组织编辑出版的《中国历史故事小丛书》也为历史知识普及做出了很大贡献。

① 《顾颉刚自传》，第135页。
② 《致杨向奎（六）》（1946年10月8日），《顾颉刚书信集》卷三，中华书局，2011，第113页。

五　编辑学术期刊，期刊出版成就斐然

顾颉刚一生参与或主持创办了多种学术期刊，都获得了很大成功。他在学术期刊的编辑出版方面，也做出了极为斐然的成绩。顾颉刚很早即对编辑出版书刊表现出兴趣和才干。早在1912年顾颉刚20岁就读苏州公立第一中学堂时，就和中学同学一起"创办五年级级报《学艺日刊》，至期末停版，共出百余页"。①这个刊物虽然是油印的，但内容非常丰富，办得有声有色，顾颉刚还经常以其新起之字——"天游"为名发表文章。中学时期的办刊经历，成为后来顾颉刚从事编辑出版工作的最初尝试。1916年顾颉刚24岁时考入北京大学中国哲学门。在学期间，他积极参与了傅斯年、罗家伦等人创办的《新潮》杂志的编辑工作，在这本杂志上撰写白话文文章和诗歌，接受新文化运动的洗礼。后来，参加工作之后，顾颉刚不管辗转到哪个城市，在哪所高校学习和工作，毫无例外地都会创办或接办一个学术刊物。20世纪20年代初，他在北京大学主持编辑《国学季刊》、《北京大学国学门周刊》、《歌谣》周刊；1926年到厦门大学，主持编辑《厦门大学国学研究院周刊》；1927年到中山大学后，主编《国立中山大学语言历史学研究所周刊》、《民俗》周刊和《国立中山大学图书馆周刊》，还主编两种丛书；1929年回北平，执教于燕京大学，主编《燕京学报》《大众知识》等，并创办《禹贡》半月刊，又主持通俗读物编刊社；到甘肃，又创办《老百姓旬刊》；1939年赴昆明，则在昆明《益世报》上主编《边疆》周刊和《史学》周刊；1940年任职于迁至大后方的齐鲁大学国学研究所，创办并主编《责善》半月刊和《齐大国学季刊》，同时与校外诸名家合编《史学季刊》；1942年离开齐鲁大学，接手主编《文史杂志》，还创办了《中国边疆》杂志。可见，顾颉刚在中国现代期刊编辑出版工作上的贡献是十分突出的，尤其应该特别指出的是，他所创办的很多刊物都有着广泛深远的历史影响。例如，20世纪20年代初他

---

① 顾潮编著《顾颉刚年谱》（增订本），第28页。

主持编辑的《国学季刊》和《北京大学国学门周刊》，为胡适先生所领导的影响全国的整理国故运动摇旗呐喊，发表了众多有分量的整理和研究成果，为中国传统学术的整理做出了很大贡献。与此同时，他主持编辑的《歌谣》周刊，为学术界搜集、整理和研究包括民间歌谣在内的民间风俗文化资料的成果发表提供了优秀平台，从而促进了中国现代民俗学研究风气的形成。顾颉刚还身体力行地搜集江南吴地歌谣，编成《吴歌甲集》一书，他因此被称为中国现代民俗学研究的开创者。这里，尤其应该着重指出的是顾颉刚的《禹贡》半月刊编辑出版工作的卓越学术贡献。《禹贡》半月刊自1934年3月创刊至1937年7月停刊间的短短3年多时间共编辑了7卷82期，发表了众多高质量的历史地理学研究成果，从研究视角、研究内容和研究方面等多层次极大地推动了传统的中国舆地沿革研究向现代中国历史地理学的转型。而且，该刊的编辑还促成了现代中国史学上赫赫有名的"禹贡学派"的形成。因此可以说，顾颉刚在中国近代期刊编辑史上的贡献是卓著的。

六 顾颉刚编辑出版工作的特点

纵观顾颉刚先生一生的出版活动及其主要成就，我们认为顾颉刚的出版工作成就具有以下四个方面的鲜明特点。

第一，坚持与时代同呼吸共命运，具有强烈的时代责任意识与历史使命感。顾颉刚先生的出版活动主要集中于20世纪20—40年代。这一时期，军阀混战造成民不聊生，日寇入侵使得中华民族饱受蹂躏，还有国民党发动内战，20世纪上半叶的中国始终处于风雨飘摇之中。顾颉刚在这一时期的编辑出版工作中，始终与20世纪上半叶的中国风雨同舟，体现出强烈的历史使命感和时代责任意识。这个特点，有着多方面的历史佐证。顾颉刚在大学期间主动接受新文化运动的洗礼，积极参加了《新潮》杂志的编辑出版工作，而《新潮》杂志的文章集中体现了五四时代思想解放、批判传统的新文化精神，篇篇洋溢着五四的时代气息。后来，顾颉刚创办朴社，在朴社出版《古史辨》前五册，造成声势浩大的古史辨运动，进一步体现了五四时期人们敢于挑战权威、不断突破传统、建设新文化的时代使命意识。时至 20 世纪三四十年代，正是日本帝国主义在华侵略横行的时期。面对日寇铁蹄，顾颉刚通过出版活动动员民众，积极从事抗日活动。1931 年九一八事变后，顾颉刚在燕京大学教职工抗日会创办了三户书社，以"楚虽三户，亡秦必楚"的决绝精神号召群众奋起抗击日寇入侵。另外，我们从顾颉刚所创办的众多刊物的名字中就基本可以窥知这些刊物的取向，如《救国特刊》《益世报·边疆》《中国边疆》等，这无疑反映了了解边疆、保卫边疆和御侮救国的取向。如顾颉刚在《益世报·边疆》的《发刊词》中阐述其办刊宗旨说：通过办这个刊物，"要使一般人对于自己的边疆得到些认识，要使学者们刻刻不忘我们的民族史和疆域史，要使企业家肯向边疆的生产投资，要使有志青年敢到边疆去作冒险的考查，要把边疆的情势尽量供献给政府而请政府确立边疆政策，更要促进边疆同胞和内地同胞的精诚合作的运动，并共同抵御野心国家的侵略"。① 由此可见，顾颉刚的出版活动有着鲜明的时代特点和历史责任感。

第二，具有矢志不渝、坚忍顽强的出版理想与信念。要想办好一个刊物，创办经营好一个出版机构，没有持之以恒、百折不挠的精神，是难以获得成功的。在动荡不安、战乱不已、物资匮乏的旧中国要想成功做好出版事业，尤其难上加难了。顾颉刚认真的性格，以及对出版的真诚热爱，让他在出版工作中体现出了坚忍不拔的工作意志、矢志不渝的出版信念。顾颉刚在动荡的岁月中从事出版事业，一些工作或由于经费不足或由于避战乱而停顿甚至终结。在这样的时候，顾颉刚总是想方设法让这些工作赓续下去，或者在条件稍微好转时重整旗鼓再开张，这体现出顾颉刚对出版工作的真诚热爱和负责精神。顾颉刚和商务印书馆同人在 1923 年创办了朴社，然而第二年在上海发生直系军阀齐燮元与皖系军阀卢永祥为争夺上海地盘的战争，朴社同人不得不搬家躲避战火，遂商议解散朴社。顾颉刚对此提议大为不满，他"生性是既做一件事便不肯轻易松手的，尽管处于欠薪的困境之中，仍欲将

---

① 顾颉刚：《发刊词》，《益世报·边疆》第 1 期，1938 年 12 月 19 日。

此社开办起来"，于是决定将朴社移至北京，由其亲自经理。1925 年朴社在北京重新开张，并且创办景山书社作为门市部。北京时期是朴社的辉煌时期，不仅出版了影响巨大的《古史辨》前五册，而且还出版了《辨伪丛刊》等多种有影响的著作，很多著名的文人学者成为朴社的作者。在顾颉刚的经营下，朴社一直延续到七七事变之后，前后开办了 15 年之久。在战乱不已、动荡频仍的岁月，取得这样的成绩实在太难得了。就在顾颉刚为朴社编辑《古史辨》第一册的时候，恰逢奉皖军阀在北京郊外激战，当时"北京长日处于恐怖的空气中：上午看飞机炸弹，晚上则饱听炮声"，"每天飞机来到时，大家只觉得死神在自己的头上盘旋不去"，北京大学已经近两个月发不出薪金了，环境日益凶恶和困窘。就是在这"又危险又困穷的境界里"，[①] 顾颉刚先生却还在一天天从容不迫地编撰着稿件，这是何等泰然的坚守啊！不惟朴社一例，还比如顾颉刚对大中国图书局出版工作的坚守，使得大中国图书局度过了内战时期，一直开办到新中国成立之后。还有，顾颉刚在创办和编辑《禹贡》半月刊、《救国特刊》等刊物过程中，都曾遇到很多不同的困难。然而无论如何困难，顾颉刚矢志不移，决不放弃，很多刊物都办出了斐然的成就。顾颉刚发起编辑《禹贡》半月刊的时候，就是完全依靠私人的力量来维系刊物编辑运行的，没有挂靠任何一个学术机构，因为他对此有不得已的苦衷。他说："以前我在北大，编《歌谣》周刊和《国学门周刊》；到了厦大，编《国学院周刊》；到了广州中大，编《语言历史研究所周刊》、《民俗》周刊、《图书馆周刊》。但到我一走之后，就烟消云散了。为什么一个机关的力量竟不及一个人的力量大？我办这《禹贡》，就是要避免机关中的厄运，让我用一个人的能力维持下去。"[②] 这样，在顾颉刚先生的勉力主持下，《禹贡》半月刊自 1934 年 3 月出版第一期，到 1937 年 7 月被卢沟桥炮声打断，在不到 3 年半的时间内共出版 7 卷 82 期，声名远播，学术成就显著，成为我国现代历史地理学的开端。而且，《禹贡》半月刊还培养了一批历史地理学研究人才，为我国近代著名的学术团体 ——"禹贡学派"的形成提供了肥沃

---

① 顾潮：《我的父亲顾颉刚》，第 91—92 页。
② 《致谭其骧》（三）（1935 年 3 月 28 日），《顾颉刚书信集》卷二，第 556 页。

的土壤。

第三，编辑出版与教学科研相互促进的理念。虽然说顾颉刚先生热爱出版工作而且做出了不凡的成绩，然而他一生的志业是史学研究。顾颉刚先生从事出版工作的首要目的就是为其史学研究和历史教学服务，作为他提升历史研究水平的一个手段。比如他刚进入商务印书馆工作时，很想在馆中从事"经学辞典"或者"书名词典"的编辑。如果编辑"经学辞典"，就可以迫使他将经学的根底打牢打实，从而方便古史的整理和研究；如果编辑"书名词典"，就可以促使他看许多书，这样就可以促使他积累很多资料，作为将来研究的根基。可是，1922年顾颉刚进入商务印书馆工作不久，就发现馆中编辑"虽是承担编辑的事，却与学问无关"，对此他深为忧虑，甚至还对工作产生了厌倦思想。他说："馆中主持的人，一方面逼人努力出货，一方面禁止人家的读书研究。在他们想，做了研究就迟了出货；而在我们想，没有研究便无从出货。这两个抵牾的观念，使我感受到在馆服务甚是乏味的事。"①因为那时商务印书馆出版的教科书常常由馆内编辑编写，但顾颉刚对那种只追求出版速度和效益而内容上没有多少新意的编辑态度很不赞同。顾颉刚在这方面的理想观念是，编辑出版要促进学术研究的进步，而学术研究则为图书出版提供智力支持。因此，顾颉刚在离开商务印书馆之后，进一步涉足出版领域，特别是学术期刊的创办和编辑，都和学术研究息息相关。近代著名的学术机构北京大学研究院国学门、厦门大学国学研究院、中山大学语言历史学研究所的学术刊物《北京大学国学门周刊》《厦门大学国学研究院周刊》《国立中山大学语言历史学研究所周刊》，顾颉刚都参与了创办和主要编辑工作。其中，国立中山大学语言历史学研究所就是后来赫赫有名的中央研究院历史语言研究所的前身，《国立中山大学语言历史学研究所周刊》则是《中央研究院历史语言研究所集刊》的前身。由此可见顾颉刚的编辑工作对现代学术的巨大影响。顾颉刚一生所创办和经营的学术期刊有10余种，如20世纪20年代主持编辑的《国学季刊》、30年代主编的《燕京学报》等，很多

---

① 顾潮：《我的父亲顾颉刚》，第73页。

刊物不仅在当时，甚至在现在还有着广泛的学术影响。顾颉刚在主编这些刊物的过程中，积极地向学术界广泛征集有分量的学术稿件，他自己也是主要的撰稿人，积极推动着学术研究的进步。其实，就连他为很多刊物所撰写的一些编辑文字如发刊词、编者按、编后、校后等都有着很高的学术含金量，如《民俗》发刊词被认为是"我国民俗运动的第一份宣言和动员令"，顾颉刚被认为是"中国讲授民俗、民谣的第一人"，[①] 被誉为现代民俗学之父。当然，顾颉刚在学术出版方面，最为重要的成就肯定是《古史辨》（总共七册）和《禹贡》半月刊的编辑工作，这两者直接促成了中国现代学术史上"古史辨派"和"禹贡学派"团体的形成。尤其是《禹贡》半月刊，更是期刊出版与教学研究相互促进的典范。《禹贡》杂志的创刊缘起于顾颉刚和谭其骧在燕大、北大和辅仁三校的地理沿革史的教学工作，为了给三校学生学习上古历史地理的习作提供交流和发表的园地，他们决定创办《禹贡》半月刊，这个刊物就这样诞生了。顾颉刚认为"三校的同学如能联合起来，大家把看得见的材料，想得到的问题，彼此传告，学业的进步一定很快速"，因而，他倡议"以三校同学的课艺为基础"[②] 创办《禹贡》半月刊，促进学术人才的成长。顾颉刚在 1935 年 10 月 23 日致傅斯年的信中谈及禹贡学会和《禹贡》半月刊时说，"我创设这个机关就是要使这班青年对于工作有兴趣，有自信心，而且大家有一共同的目标"，[③] 可以尽量发挥他们的热力，扶植这些青年学子的学术成长。当然，这也是《禹贡》创刊伊始就申明的宗旨。顾颉刚为《禹贡》杂志投入了大量的时间、精力和财力。顾颉刚为每一个上课的同学拟定写作题目，学生交卷之后，他都予以认真的修改然后刊登，这使很多学生大受激励。当时正在读大二的侯仁之先生后来回忆说：我"出乎意料的是这样一篇习作，很快就在《禹贡》半月刊上登载出来。尤其使我惊异的是这篇文章的绪论和结语，都经过了颉刚老师的修改、补充和润饰，竟使我难于辨认是我自己的写作了。这件事大大激励了我，我决心去钻研古籍，就是从这时

① 杨向奎：《五四时代的胡适、傅斯年、顾颉刚三位先生》，《文史哲》1989 年第 3 期。
② 顾颉刚：《〈禹贡〉第一期编后》，顾潮编著《顾颉刚年谱》（增订本），第 242 页。
③ 《致傅斯年（十六）》（1935 年 10 月 23 日），《顾颉刚书信集》卷一，第 211 页。

开始的"。①《禹贡》半月刊造就了整整一代历史地理学人才。著名史学家杨向奎在晚年深情地回忆说:"顾先生成立禹贡学会,出版《禹贡》半月刊,造就了许多人。现代历史地理学中的大家名家全是那时出来的,像谭其骧、侯仁之、史念海、杭州陈桥驿……现在又有第三代……在培养人才上更有了不起的贡献。"②顾颉刚创办的一个刊物——《禹贡》半月刊,直接开了我国现代历史地理学研究的先河,为现代历史地理学的形成奠定了坚实的基础。

第四,注重通俗读物的编辑出版工作。顾颉刚先生虽然是一位著名的学者,然而他非常重视通俗读物的民众教育功能,因而他也一直非常注重通俗读物的编辑出版。纵观顾颉刚先生三十余年的出版经历可以看出,通俗读物的编辑出版始终是顾颉刚先生的一个重要工作,而且是顾颉刚先生的一大兴趣。1931年九一八事变后,他与燕京大学师生一起创办了"三户书社",1933年改称"通俗读物编刊社",以编辑出版大鼓词和剧本等形式向群众宣传抗日到底的主张,由此开启了他一生的通俗读物的编辑出版工作。通俗读物编刊社先后发行图书多达600种,行销5000万册,产生非常大的影响,后被抗战打断。抗战胜利之后,顾颉刚开始在上海筹备成立民众读物社,以接续因抗战而中断的民众教育出版活动。1947年,顾颉刚在大学里开设"民众读物"课,训练学生书写通俗文字的能力。同时,他还主持通俗刊物《大众知识》、《民众周报》(后改名《民众周刊》)的编辑工作。与此同时,顾颉刚还编辑了上百本的《中国历史故事小丛书》,向民众普及历史知识,进行民众教育工作。1939年他在《云南日报》发表《通俗读物的重要性》一文,说通俗读物不是"一时的兴奋剂",而是"早晚果腹的食粮"。要使民众成为健全的公民,则"公民所应有的知识全都要用文学的技巧灌输到不甚受教育的民众心中,使得他们可以身体力行"。③1946年他在致杨向奎的信中说,

---

① 侯仁之:《回忆与希望》,中国地理学会历史地理专业委员会《历史地理》编委会编《历史地理》创刊号,上海人民出版社,1981。

② 杨向奎:《回忆顾颉刚先生的几件往事及对我的影响》,中国社会科学院历史研究所、中山大学历史系合编《纪念顾颉刚先生诞辰110周年论文集》,中华书局,2004,第281页。

③ 顾颉刚:《通俗读物的重要性》,《云南日报·星期论文》1939年1月8日。

通俗读物事业是他一切事业最伟大的工作，未尝一日去怀。[①] 顾颉刚对通俗读物的热爱，由此可见一斑。

综上所述，顾颉刚先生的出版活动具有鲜明的时代特色和责任意识，他的许多出版活动都具有开创性贡献。顾颉刚先生不仅在图书出版方面成就卓著，还在学术期刊出版方面成就斐然，而且在图书出版机构的创办经营方面成就突出，为现代中国的出版事业做出了杰出的贡献。因此，顾颉刚先生在我国现代出版史上占有重要地位，值得深入研究。

---

① 《致杨向奎（六）》（1946年10月8日），《顾颉刚书信集》卷三，第113页。

李洵先生的治学路径与明清史研究的"东师学派"

赵现海*

摘　要：李洵先生综合了乾嘉考据与历史唯物主义两种史学传统，形成了由实证而求思想的治学路径，将明清中国置于中国历史乃至世界历史整体背景之中，揭示了明清中国的阶段特征、历史道路与未来可能，由中国本位出发，构建了明清史研究知识体系、理论体系、思想体系，坚实而有光芒。受先生影响，及门弟子、再传弟子与后学，一直坚守这一研究立场，从而形成了拥有独特学术理念的"东师学派"。

关键词：李洵　乾嘉考据　历史唯物主义　"东师学派"

李洵，字仲符，辽宁北镇人，1922 年 7 月出生，1995 年 9 月逝于长春，是我国著名历史学家、明清史专家。先生继承乾嘉考据余脉，服膺历史唯物主义，沉潜史料，视野开阔，勤于著述，最早运用马克思主义，建立了我国明清史研究的学术框架与解释体系，形成了以"下学而上达"[①]、由实证而求思想为旨归的治学路径，并言传身教，开创了明清史研究领域的"东师学派"。关于先生的治学旨趣，赵毅、罗冬阳认为："多年的理论学习和教学实践令先生获益匪浅，使他以后的明清断代史研究充满了'通史感'、'全史感'、'整体感'和鲜明的理论特色。"[②]赵轶峰认为："李洵先生前承乾嘉以降经史之学余绪，亲炙于民国时期新史学名家宿儒，深入钻研马克思主义历史观，广泛汲取多种其他社会科学知识理论，重考证、求会通，在明清中国社

---

　　*　赵现海，中国社会科学院古代史研究所。

　　①　杨伯峻译注《论语译注·宪问篇第十四》，中华书局，1980，第 156 页。

　　②　赵毅、罗冬阳：《李洵先生的生平与学术业绩》，中国明史学会编《明史研究》第 5 辑，黄山书社，1997。

会性质、社会结构变化、皇权政治与官僚政治、清人关前社会性质、明清鼎革、明清史料学等方面，皆提出独到学术主张，为新中国明清史学术体系创建与发展做出突出贡献。"① 本文在此基础上，尝试对先生的治学路径进行初步分析，对"东师学派"的学术取向展开初步讨论。

一 乾嘉考据的实证工夫

我国古代史学，堪称古代世界最发达者，既重视宏观的思想阐发，如司马迁撰写《史记》，便追求"究天人之际，通古今之变，成一家之言"；② 也重视微观辨析，如刘向撰写《别录》"论其指归，辨其讹谬"。③ 两种传统长期流传，并行不悖。直到清代，宏观传统在清初三大家顾炎武、黄宗羲、王夫之身上仍有明确传承，顾炎武所撰《日知录》《天下郡国利病书》，黄宗羲所撰《明夷待访录》，王夫之所撰《黄书》《噩梦》，都激于亡国之痛，总结明亡教训，反思政治之弊端、探究经世之路径；微观传统在乾嘉考据潮流中登峰造极，达至极精微之境。

先生出身书香门第，自幼便浸染于乾嘉考据流风余韵之中。父亲李子厚先生，毕业于北京大学国学门，师承文字训诂学家黄侃，专攻古文字学、古声韵学，兴趣广泛，藏书丰富。据先生回忆，他很早既对乾嘉考据有学理上的认知，又接触到当时的代表性学者，十分钦服，心向往之。

> 对乾嘉学派则很早就有了解，这是因为我的父亲是老北大的研究生，是黄侃先生的学生，所以从我记事起，在家中读四书五经时，就接触到乾嘉学派的古韵学、古文字学，见识过一些乾嘉学派的末流人物，比如沈兼士、王孝鱼、马衡、马建伯等先辈。虽然不知乾嘉学派为何物，但当时所知世间唯一的学问就是这些人和这些书。稍大，即开始读

① 赵轶峰：《先生之风，山高水长——〈李洵全集〉序》，《古代文明》2022年第1期。
② 《汉书》卷六二《司马迁传》，中华书局，1962，第2735页。
③ 《隋书》卷三《经籍志一》，中华书局，1973，第905页。

《文字蒙求》或《说文解字》之类的东西。后来读到几种清代考据学家的典型作品，尤其是一些经注。当时觉得实在佩服，尤其是王氏父子的东西，觉得考证的方法是最科学的了。①

但 20 世纪初，正是中西思想风云激荡、中西学术交流融通之时，西方实证主义引入中国之后，大大冲击了乾嘉考据之学。翦伯赞便指出：

> 但是研究学问的方法是与时俱进的，跟着时代的前进，就会出现更新的方法；而过去之新的方法，就会变为陈旧。乾嘉学派也不能例外。自从逻辑学的方法传到中国，乾嘉学派的方法即已相形见绌。②

受此时代潮流影响，先生开始对乾嘉考据有所辨析与反思，"后来又看了胡适的东西或者王国维的东西，觉得比考据学派的东西还要高明得多"，③ 从而走上了一条既重视考据，又不止于考据的研究道路。

值得注意的是，先生之重考据，与他在北平临时大学所受教育与熏染密切相关。在这里，先生得到了冯承钧、瞿兑之、谢国桢、刘盼遂、容庚、陈垣等名师的言传身教。据先生回忆：

> 冯先生精通法文、英文，更通晓吐火罗语等死语文，主讲中西交通史，对西域、南海地域考证至精，时有创获，间或超过同时的海外汉学家。谢国桢先生是著名的南明史籍研究专家，我听过他的"史部目录学"一课，知识博深，似无涯际，与研究南明史籍的柳亚子先生，并称"南柳北谢"。冯先生之"专"，谢先生之"博"，对我的治学有很深影

---

① 《关于乾嘉学派的学术通信》，《李洵全集》第 6 卷《李洵文存》，罗冬阳整理，人民出版社，2022，第 279 页。

② 《正在泛滥中之史学的反动倾向》，《翦伯赞全集》第 4 卷《中国史论集》第 3 辑，河北教育出版社，2008，第 10 页。

③ 《关于乾嘉学派的学术通信》，《李洵全集》第 6 卷《李洵文存》，第 279 页。

响。瞿先生讲"秦汉史"的特点是对史实把握的精确程度无以复加，于两汉地理、官制最有心得，使人体会到史家的识见高低出于对史实的了解深浅。容先生是钟鼎金文大家，他的绝学是器形铭文的考释，治学严谨但不拘谨，为金文研究创例颇多。刘先生是我的毕业论文《辽宋金三史纂修考》的导师，他是古典文论、文献学大家，考据最精，对我的论文之要求，就是要做到"无一字无来历"，这是我终生奉为圭臬的一句话。陈先生授课时间只有1个月，讲的是"二十四史"评论专题，几乎对各史都有研究心得，使后学得识门径。我在高校得主目录学、史料学讲席，就是因得谢陈二位先生的教益之故。[1]

可见，为先生授课的多位名师，治学取向虽有所不同，也都已受现代学术影响，但他们最大的共同之处，便是仍继承乾嘉考据之学，推崇实证之学术。这一学术训练，奠定了先生一生的研究基础。先生本科论文题目是《辽宋金三史纂修考》，曾主持点校《八旗通志》《钦定八旗通志》，合作整理《清代东北阿城汉文档案选编》。先生实证著作最受推崇者是《明史食货志校注》，1962年，先生将王原《明史·食货志》原书、清刻《学庵类稿》本残卷、《古今图书集成·食货典》相关记载与《明史稿·食货志》《明史·食货志》进行相互对照，撰成详细的校勘记，可惜在"文化大革命"中被毁，但先生凭借惊人的毅力，在"文化大革命"后重新校勘，终成《明史食货志校注》一书，[2] 有力推进了明代经济史研究的深入开展。而在晚年为学生授课时，先生仍然反复重申实证在史学研究中的基础作用：

> 无论研究什么学问，我认为打好一个坚实的基础是至关重要的。历史学科的相关基础知识范围很广，缺乏这种基础，就会显得浅陋而无识。比如研究中国古代史、古文字学、古音韵学、古代汉语、古典文献

---

① 《我治学的几点经验》，《李洵全集》第6卷《李洵文存》，第246—247页。
② 《致王毓铨》，《李洵全集》第6卷《李洵文存》，第283—284页。

学、考古学等等的基础知识，都要有一点。其中古音韵、古汉语、古文献的知识尤其重要。就是研究中国近代史或专门史，也是如此。①

二　研究取向的贯通与宏观

中国传统史学中之宏观传统，也同样在先生身上有所体现。先生报考大学时，最初打算修习化学，但由于家庭较为拮据，按照父亲的意愿，最终选择了历史，而先生也很快便显示出在这一领域的天赋与才华。这与他幼时便沉浸于故书堆之中，对于传统文史十分熟稔密切相关。

> 父亲大部分收入都买了书。在我记事时，觉得家里到处都是书，枕头底下、窗台上都是书，线装的、平装的、精装的，还有不少碑帖拓片。住的三间屋，有一间专门是放书的。别人家给小孩启蒙，都是用《三字经》、《千字文》作课本，我父亲给我启蒙却用的是《文字蒙求》。我没有入过小学和初中，在 17 岁之前，几乎每天和这些书打交道。当时觉得钻书堆是最愉快的事情。②

先生阅读的众多书籍之中，传统史籍与当代史论占据了相当比例，先生由此打下了坚实的史学功底。

> 父亲的藏书中以有关文字学、语言学、古声韵学的书和清代考据学的著作为最多，大约占三分之一，其次是历史书，二十四史、通鉴、三通、续三通之类俱全，还有一些文史学家的集子或作品。再有就是清人注经释子的著作。当时流行的梁启超、王国维、孟森、刘半农、夏曾佑的书种种俱全。书里还有《文选李善注》、《全唐诗》之类，不少成套的

---

① 《关于"后封建主义社会"》，《李洵全集》第 6 卷《李洵文存》，第 243 页。
② 《李洵自传》，《李洵全集》第 6 卷《李洵文存》，第 300 页。

丛书也堆在一起。①

而先生通过点读二十四史的方式，实已在潜移默化之间，开始从宏观贯通的视野，接触与研习中国历史。

> 父亲有个习惯，看书时用朱笔点句。我也学着点，好版本的不让动手，只准点局本的二十四史。记得从两唐书点起，《宋史》只点了部分列传，《元史》算点完了。后来父亲的朋友送来一部大字排印本的《清史稿》，也勉强点下来。而《明史》则是上大学之后才读完的。②

这构成了后来先生通史观念的一个来源，即研究一个朝代，不应从断代史的角度，孤立、割裂地进行研究，而应将王朝作为一个历史时期，"而是借用明朝这个传统概念和它的存亡所划定的时间段来研究这么一个特定历史时期中国的历史。这也就是说，明史学要研究比明王朝的历史更丰富的内容"，③揭示这一时期在中国历史中所占据的整体地位。"主要是研究特定阶段的社会整体，研究那个整体的演变。"④ 以明清时代为例，先生便指出至少应观照上至唐宋，下至现代的整体历史变迁，审视明清时代的历史源流与深层内涵。

> 在明清史研究中，我非常注意这个时期出现的每一个历史事件或现象，与明清时期以前和以后历史的内在联系。明清时期的政治制度、赋役制度、教育制度、科举制度、货币制度、法律等等，都至少与唐宋时期有着密切的渊源关系，只有掌握这种渊源关系，才会正确理解明清时期这些制度演变的内在规律。这就是我常说的治"断代史"要有"通史

---

① 《李洵自传》，《李洵全集》第6卷《李洵文存》，第300页。
② 《李洵自传》，《李洵全集》第6卷《李洵文存》，第300页。
③ 《李洵全集》第5卷《中国的明清时代——李洵明清史讲义》，赵轶峰整理，第16页。
④ 《李洵全集》第5卷《中国的明清时代——李洵明清史讲义》，第17页。

感",否则会把史学搞得很浅陋。同时我也觉得,治"明清史"尤其要注意这两个王朝与其前后时间最接近的历史的关系。金朝、元朝与明朝、清朝的关系就很密切。明朝"立国规模"中就有不少是承袭元朝的制度——虽然标榜的是"法体汉唐"。清朝的议政王会议制度、八旗制度与辽金的八部大人、猛安谋克制度就有割不断的关系。从明清历史向下看,和一部中国近现代史也是不可分隔的,更何况鸦片战争后,还有70多年的清史。明清时期的上层建筑、意识形态的残余影响,对中国近现代社会还有不可低估的影响。明清时期的中国农村经济基本结构,直到进行土地改革运动之后,才算瓦解。研究明清史,重要的是明确这个历史时期在整个中国历史中是个承前启后的时代,不顾上,不顾下,只就明清论明清,是不行的。①

相应,先生对教学实践中断代史逐渐取代通史的做法,进行了严厉的批评。②

中国传统史学具有关注宏大问题的内在取向。朱熹说:"读史当观大伦理、大机会、大治乱得失。"③ 又说:"读书之法,有大本大原处,有大纲大目处。"④ 黄庭坚也说:"读书如禹之治水,知天下之络脉。"⑤ 先生所关注与研究的问题,虽然十分多样,但都是关系明清中国发展全局的重大问题,其中既有反映先生历史唯物主义取向的商品经济、城市结构、流民、"倭寇"等问题的研究,也有反映先生关注中国独特而重大现象的"大礼议"等问题的研究。

"大礼议"虽然是明史研究的重要课题,但先生很早就从血统、正统二

---

① 《我治学的几点经验》,《李洵全集》第6卷《李洵文存》,第245页。
② 《就中国通史教学致同仁书》,《李洵全集》第6卷《李洵文存》,第292—293页。
③ 黎靖德编《朱子语类》卷一一《学五·读书法下》,朱杰人等主编《朱子全书》(修订本)第14册,上海古籍出版社、安徽教育出版社,2010,第355页。
④ 黎靖德编《朱子语类》卷一一《学五·读书法下》,朱杰人等主编《朱子全书》(修订本)第14册,第338页。
⑤ 黄庭坚:《豫章黄先生文集》卷一九《答王子飞书》,四部丛刊影印嘉兴沈氏藏宋乾道刊本,商务印书馆,1937。

元对立的角度，对这一事件进行了高度概括，堪称空谷足音。先生的这一研究，抓住了中国历史中一个独特而核心的问题，那便是血缘。血缘以及建立在此之上的宗法，不仅构成了中国古代的伦理机制，而且塑造了中国古代的政治机制。夏商西周政权在血缘关系之上，建立起了宗法制度，推行分封制度，有力地推动了国家塑造。虽然后世分封制度逐渐削弱，乃至名存实亡，但血缘或者宗法却长期在中国古代社会生活与政治运作中，扮演了十分重要的角色。在这之中，继承人制度，或者通俗地说接班人制度一直都是王朝国家运行的核心问题，历代政权长期坚持的嫡长子继承制是维护王朝国家长期稳定的根本机制。相应，血缘是我们在研究中国古代历史时，应一直并充分关注的核心问题。

三　通史视野与时代划分

对先生治学影响最大者，仍然是马克思主义。20世纪中期，当中国面临巨大历史转折之时，李洵先生表现出了十分清醒的判断。1946年，先生从北平临时大学毕业，在良乡中学短暂执教之后，在1948年26岁时，便来到刚刚解放的东北地区，任教于东北大学，开始全面系统地学习马克思主义，并将之运用于明清史教学与研究之中。1956年，先生34岁，便写出了我国第一部马克思主义指导下的《明清史》，建立了马克思主义明清史研究的学术框架与解释体系。

可见，在我国马克思主义史学发展史中，先生虽然年龄、资历都属于第二代学者，但很早便运用马克思主义，将之贯穿于明清史研究，推动这一古代史研究之中起步相对较晚的学科迎头赶上，此后又不断丰富发展了马克思主义史学。因此，对于先生的定位，应放在明清史研究领域第一代马克思主义史学家的行列，从这一定位出发，才能真正揭示先生的学术地位与历史贡献。

先生终此一生，矢志不渝，一直坚持运用、发展马克思主义史学，即使遭遇命运的不公，也无怨无悔。1958年，先生被错划为"右派"，一直到

1978 年，已经 56 岁的先生，才最终获得平反。这 20 年正值人生的壮年，体力充沛，思想活跃，伴随社会阅历的增加，认识也在逐渐加深，正是一位人文学者，最富于创造力与爆发力的时期。本来应该盛开学术之花的 20 年，却只是积攒了岁月的荒草。但浪费了 20 年黄金岁月的先生，从未对此有任何不满与抱怨，令人感佩。

先生如此豁达释然，既源于他浸染中华文化，具有传统士人谦恭温良、从容淡泊的品格，符合传统社会中的"醇儒"形象，即使经历了长期的不公，却仍能保持人性本初的赤子之心；更源于先生作为一名新时期的知识分子，已将自身命运与国家融为一体，对于个人的生活遭际，抱着随遇而安的心态，将所有的不公与委屈淡然视之，能在历经磨难与沧桑之后，仍然不改初心，辛勤耕耘。

先生在马克思主义指导下，对于明清史乃至中国古史研究的贡献，鲜明体现在他的通史观念中。在众多文明之中，中华文明产生于相对安全而充足的地缘空间，发展出古代世界最为发达的农业经济，长期建立并不断发展出规模庞大的农业政权，农民构成了政权的主体与基础。在这一政权性质影响之下，中国古代很早就产生了政权由民众而非神灵决定的"民本"思想，发展出十分发达的人文主义思想。受此影响，记录人类活动、政权发展、思想文化的历史学，拥有着十分悠久而辉煌的传统。在中国古代，历史学不仅提供了认知世界的思想视角，而且被认为是开展政治建设的经验源泉。受到这种史学立场影响，一方面，中国古代历史学编撰与研究，便具有十分宏阔的视野，往往从总结人类世界发展、历代政权兴衰的角度出发，提炼出浑厚的政治意识，从而形成了鲜明的通史观念。先秦时期的《尚书》《逸周书》《春秋》莫不如此。司马迁撰写《史记》，不仅是记载历史，也是研究历史，司马迁所致力的目标与宗旨，是建立一个历史学派，从历史的角度阐发自身的人生哲学与政治理想，从而弥补诸子百家之中，唯独缺乏史家的不足。此后，中国古代不同时期，不断涌现出纪传体、编年体、典章制度体、纪事本末体等不同体裁的通史作品，从而构成了中国古代史学编撰与研究之中的通史传统。

但另一方面，伴随历代政权从总结前代经验教训，构建本朝合法性的角度出发，不断开展前朝史学的编撰与研究，断代史学成为官方史学的主流，不仅将连续的历史断裂为不同的朝代，而且只关注精英人物的政治活动。梁启超先生由此发出了一部二十四史，就是一部帝王将相史的批判。

历史唯物主义无论在时间上，还是空间上，都秉持整体视野的通史观念。生活于工业革命时代的马克思，目睹了资本主义生产方式对于人类社会的巨大推动与世界影响，从而倡导从世界视野出发，揭示人类历史发展规律，由此建立了历史唯物主义。历史唯物主义不仅致力于揭示人类社会各种现象背后的整体关联，尤其是经济关联；而且致力于揭示人类社会不同区域之间的横向联络，尤其是经济联系，相应是一种经济视角下的通史体系。

马克思主义传入中国之后，历史唯物主义所秉持的经济视角下的通史观，无疑对于政治视角下的断代史观，构成了全面而巨大的挑战。20世纪30年代影响整个史学界的"社会史大论战"，便是从当时中国社会性质的讨论，追溯到中国古代社会性质的讨论，并影响到了新中国古史分期的讨论，从而推动20世纪中国历史研究的主流，朝通史脉络转变与迈进。

接受了历史唯物主义的李洵先生，呈现出鲜明的通史取向。先生自承："从事多年的中国通史的教学，使我对中国史的全貌有个基本的实感。我常常把这种实感，称作'通史感'、'全史感'、'整体感'。"[1] 先生治史，虽然也沿循传统的王朝划分，但超越了单纯的王朝局限，努力审视王朝之间的内在承续与历史沿革。

> 中国历史上的王朝，有各自的兴衰史。这种兴衰的历史过程，与中国历史上的社会形态的发展史，是两码事——尽管其间有某些巧合，但两者并不是相同的。王朝的历史有兴有亡，而社会历史进程尽管曲折、有缓有急，但总是向人类高级社会阶段发展的。王朝的历史自为起讫，社会历史发展则比王朝史远大、长久得多。[2]

---

[1] 《李洵自传》，《李洵全集》第6卷《李洵文存》，第304页。
[2] 《李洵全集》第5卷《中国的明清时代——李洵明清史讲义》，第1—2页。

在历史唯物主义看来，历史进程既有连续，也有变革，因此在历史研究中，建立合理的分期体系，划分不同的历史阶段，便是揭示历史脉络的关键。"历史发展有连续性，也有阶段性。阶段性的看法每个人都有自己的认识。分期问题是首先要解决的。这是一个骨架。以后研究是附属于它的。"① 划分一个历史阶段，不仅应考察纵向的历史沿革，也应该考察横向的社会联系，这样才能真正揭示时代的整体转换。"在建立分期体系时，要考虑纵横关系，不能只顾一方面，而忽略其他方面。这样，体系才能完整。"② 相对于纵向沿革，横向联系更易受到忽略，相应更应受到重视。

> 研究明清史的每一历史事件发生、发展与变化固属重要，但研究每个历史阶段内各种历史问题之间的内在联系，更为重要。纵的研究或分类研究，往往会忽略某些发生在同一时期各种事物之间的内在联系。而横的研究往往会补充这种不足，而且会因为纵横交错的研究，把比较复杂的问题搞清楚。③

先生将中国古代历史划分为春秋战国时代、秦汉时代、南北朝时代、隋唐时代、两宋时代、明清时代。④ 表面看来，这种划分似乎与普遍认知的时代划分并无二致。但事实上，先生是从社会形态角度，开展时代划分，相应不同时代蕴含着既相互联系、又呈现阶段性的社会形态内涵。在他看来，春秋战国时代是前封建制的开端，秦汉时代是中国文化的定型期，南北朝时代是中国民族大迁徙和民族大融合时期，隋唐时代是中国型封建制的繁荣期，两宋时代是中国型近世封建成熟期，明清时代是中国型近世封建晚期、资本生产形态萌生时期、近代社会雏形与不完整封建制时期。⑤ 可见，先生是在努力构建中国古代社会发展的整体脉络。

---

① 《治学的学风、方法和途径》，《李洵全集》第 6 卷《李洵文存》，第 249 页。
② 《治学的学风、方法和途径》，《李洵全集》第 6 卷《李洵文存》，第 249 页。
③ 《李洵自传》，《李洵全集》第 6 卷《李洵文存》，第 304 页。
④ 《李洵全集》第 5 卷《中国的明清时代——李洵明清史讲义》，第 1 页。
⑤ 《李洵全集》第 5 卷《中国的明清时代——李洵明清史讲义》，第 1 页。

举例而言，先生在讨论"明清时代"时，便鉴于两个王朝的制度延续与社会连续，将二者视为一个完整的生命体，从世界史视野出发，审视同一时代的明清中国，所呈现的整体历史取向。

> 明清时代应该是中国历史上一个"独立"的概念。它是中国古代社会与近代社会的结合部。在这个时代发生了中国古代文明与近代文明接轨的尝试，中国与世界接轨的尝试，东西文明文化统合的尝试，以及新旧社会相递变的尝试。这个时代的历史不应该仅仅被理解为明清两个朝代的历史，也不是习惯上常说的那种"断代史"，而是一个特殊的作为一个整体时代的历史。历史上的朝代兴亡是一回事，具有特定内涵的时代是另外一回事。①

他对于明清时代的定位是："明清两王朝的历史大致上构成了中国封建社会的一个单独的历史阶段，这是中国封建社会最后一个关键时期，是中国社会向近代社会的渐变时期。"② 尤其能够体现先生打破王朝界限，从时代而非王朝的角度审视历史者，是先生将16—18世纪，也即明中后期至清前期，单独抽离出来，作为一个独立的历史阶段，审视这一时期的中国与欧洲资本主义道路所呈现出的历史同异。③

四　立足中国本位，构建研究体系

马克思和恩格斯针对资本主义的众多弊端，在批判地继承和吸收人类关于自然科学、思维科学、社会科学优秀成果的基础上，在19世纪40年代创立，并在实践中不断地丰富、发展和完善马克思主义。相应，马克思主义自觉地致力于超越欧洲历史局限，更加能够与世界其他地区文明形成契合，展

---

① 《李洵全集》第5卷《中国的明清时代——李洵明清史讲义》，第1页。
② 《李洵全集》第5卷《中国的明清时代——李洵明清史讲义》，第17页。
③ 《李洵全集》第5卷《中国的明清时代——李洵明清史讲义》，第3—15、112—186页。

开深层互动与交融。马克思主义史学中国化的进程，便是中国的历史学者在马克思主义指导下，虽然经历了一些挫折，走入了一些误区，但最终将历史唯物主义与中国社会相结合，实现了中国本位与世界视野相结合的发展历程。

接受马克思主义与坚持中国本位，二者之间并不矛盾。作为世界性的学术体系，马克思主义本来就是在批判资本主义文明的基础上，所发展出的超越某一文明与区域的学术体系，学说主旨相应是开放性的，而非封闭性的，内在地蕴含着不断吸收其他文明，推进学说的推衍与创新的能力，成为愈来愈具有普遍价值的理论体系。可见，马克思主义不仅不排斥其他文明的主体性，反而正是借助不同文明对各自主体性的表达与互动，不断激发出学说的活力与理论的演绎，也正是在这一过程之中，马克思主义才成长为一种不断发展、逐渐成熟的理论体系。

李洵先生的明清史研究，便鲜明体现了这一特征。先生一直主张在马克思主义指导下，选择具有现实启示意义的重要课题，[1] 展开理论问题的研讨。

> 要做具体的理论研究，但是要避免套用结论。在中国古代史研究中，除了要研究马克思主义关于历史研究所要遵循的基本理论之外，学科本身还有不少具体的、独特的理论问题。这实际是马克思主义基本理论在中国历史研究中如何具体运用的问题。这些具体的理论问题，可以肯定地说，在马恩的经典著作中都不会找到现成的答案。[2]

在先生看来，一个问题的研究，如果欠缺理论的指导，便"缺乏一种逻辑力量，缺乏分析问题的深度"。[3]

先生通过将中国传统史学与历史唯物主义相结合，能够揭示出中国历史与世界历史的联系与区别、相似与差异，从而彰显中国历史的内在脉络，不

---

① 《李洵全集》第5卷《中国的明清时代——李洵明清史讲义》，第96页。
② 《李洵全集》第5卷《中国的明清时代——李洵明清史讲义》，第31页。
③ 《李洵全集》第5卷《中国的明清时代——李洵明清史讲义》，第47页。

仅推动了明清史学的深入开展，而且也发展、丰富了马克思主义史学。比如先生便认为人类社会的五种社会形态，在不同文明之间存在着内在差异。"所谓历史上存在过的五种社会形态，根本上说哪一个都不能被认为是典型的、世界通用的形态。从来就有各式各样特点的原始公社制、奴隶制、封建制、资本主义制。"① 具体至中国，先生便主张明清中国处于"后封建制"或"后封建主义社会"。在先生看来，明清中国众多历史新现象不仅在性质上呈现过渡性，而且在空间上呈现不普遍性，这便促使这一时期的中国，既不同于中国传统的封建社会，也不同于欧洲新兴的资本主义社会，而是展现出中国在自身历史传统的基础之上，走向一种新型社会形态。对于"封建主义社会"的坚持，反映了先生对于明清中国历史承续的基本定位，而"后"的定位则反映了先生对于明清中国变化趋向与未来可能的认可与期待。② 相应，对于中国近代的起点，先生也立足于中国本身，提出了始于 16 世纪的全新观念：

> 中国近代社会的开始，应该是在 16 世纪。这个判断中的"近代社会"的含义不是我们通常所说的那种经典意义上的，要在中国史的特点中体会其含义。它主要是指中国的封建社会到这个时候开始了质的变化。这个质的变化之程度是另外一个问题，但是开始变化了。这个变化并不像西方的许多近代社会开始的典型国家那样，而是有中国历史本身的特点。③

先生的这一判断，不仅符合明清中国的历史面貌，而且反映了中华文明的独特性质。就像普遍认知的那样，中华文明相对于其他文明的最大特征，就是保持了文明的长期连续。中华文明的长期连续，相应意味着历史继承性十分突出。这在近代以来突出变革的政治话语与学术话语中，受到了相当的

---

① 《李洵全集》第 5 卷《中国的明清时代——李洵明清史讲义》，第 2 页。
② 《李洵全集》第 5 卷《中国的明清时代——李洵明清史讲义》，第 1—2 页；《关于"后封建主义社会"》，《李洵全集》第 6 卷《李洵文存》，第 241—242 页。
③ 《李洵全集》第 5 卷《中国的明清时代——李洵明清史讲义》，第 112 页。

遮蔽。学界关注更多的其实是变革与断裂，而这无疑是对中国历史道路的一种错位审视。事实上，相对于其他文明，中华文明的历史继承性显得更为突出，即使变革，也呈现出缓慢甚至不断徘徊反复的特征。对于中西社会，可以分别从静态、动态两个方面去看。西方社会虽然也存在继承性，但同样呈现了巨大的断裂性。与之不同，中国虽然也有断续，但继承性更为明显与突出。相应，认识中西历史，分别从继承性、断裂性两个取向出发，更为契合各自不同的文明趋向。因革而非变革道路的考察，应成为中国历史研究的立场。明清中国一方面继承了悠久而沉重的历史文化遗产，体量庞大的王朝国家也导致改革难度较大，相应明清中国无法像同一时期的欧洲，实现轻易的转身，而只能缓慢地发展与变化；但另一方面，中国由于拥有庞大的经济体量与广阔的国内市场，稍微的变化与发展已经足以产生巨量的经济影响，推动早期经济全球一体化的蓬勃开展与社会文化领域的崭新变化。由此角度而言，"后封建主义社会"虽然看似波澜不惊，却蕴含着惊涛骇浪，推动明清中国与近代世界都呈现了巨大的发展与进步。

先生主张在理论探讨的基础上，构建出自身独特的研究体系或研究系统。"系统不等于研究范围，另外也不完全等于研究课题或者研究重点。研究系统等于自己的一个研究体系。"[1] 而是一种理论的整体观照。在先生看来，研究体系一方面是具体研究的综合结果，另一方面也反过来进一步指导具体研究的开展：

> 一种研究体系的形成，是在对一系列历史问题做综合研究之后的事情。这个体系要包括对历史问题的整体观念和研究的思想方法。你研究中国古代史，对中国古代史应该有一个整体观念。要有一个比较固定的思想方法，或者是比较固定的观点方法，这当然可以不断改进了，但要有自己的一套思想、立场、观点、方法。不管你这个学术体系在整个史学界是占什么地位，你自己要有一个学术体系，有一套相互融洽的理

---

① 《李洵全集》第 6 卷《中国的明清时代——李洵明清史讲义》，第 41 页。

解。也就是说，对自己研究的那段历史，那个断代，得自己有一套观点。你研究每个问题，都跟这一套观点有关。①

构建研究体系之后，便可以在研究过程中，在整体观照之下，对问题进行分解，区分主次，分工组合，重点致力于关键问题、大问题的研究，从而推动总体问题的最终解决。②

对于理科具有浓厚兴趣的先生，主张在构建研究体系时，运用系统思维方式。相对而言，作为人文学科的历史学在这一方面相对薄弱，而社会科学、自然科学却可以起到很大的弥补作用：

> 学历史、研究历史中要想深化自己，开拓新的研究领域，就要有在历史之外其他学科的知识和某些专业训练为辅助。我在读高中的时候，对数理化感兴趣，曾一度考入某大学的化学系，后来交不起实验费，转学历史，但是那一阶段学数学、化学对自己的思维能力训练大有好处。数学中的概率论、几何论题，化学中的分子结构式、反应式，数学中的定量，化学中的分解、组合、合成、转化等等概念，都对社会科学工作者思维能力的训练有很大帮助。当然不是要把这些东西硬搬到史学研究中去应用，我说的是这些通过人脑的思维活动作用到史学研究中去，会产生一种更科学、更合理、更辩证的研究能力。对克服史学研究中的空泛、揣测、武断等毛病最为有效。③

五　明清史研究"东师学派"的开创

不同文明都在自身历史道路的基础上，生发出具有特色的认知模式与学

---

① 《李洵全集》第 6 卷《中国的明清时代——李洵明清史讲义》，第 41—42 页。
② 《李洵全集》第 6 卷《中国的明清时代——李洵明清史讲义》，第 44、46、48 页。
③ 《我治学的几点经验》，《李洵全集》第 6 卷《李洵文存》，第 246—247 页。

术体系。作为世界历史上唯一一个连绵不绝，且长期保持领先与强势地位的文明，中华文明在自身独特历史道路的基础上，同样发展出具有自身特色的学术体系。但这一具有完整框架与丰富内涵的学术体系，在近代遭到西方学术体系的挑战，开启了自我怀疑、瓦解与衰落的历史轨迹，沦为遭人讥讽的对象，甚至成为负面的代名词。西方学术体系是西方社会伴随资本主义的兴起，依托欧洲历史经验而逐渐构建起来的，并依托西方的强势力量，逐渐推广于全世界，成为普遍知识体系。一方面，西方学术体系反映了世界近代化的历史道路，是与传统学术体系不同的现代学术体系，具有历史的进步性；另一方面，西方学术体系深刻受到西方历史经验的影响，具有一定的局限性。伴随其他文明的逐渐复兴与崛起，未来世界学术体系无疑将包含更多文明的学术模式，而其中，便应包含新中华学术体系。

新中国的马克思主义史学研究，将中国历史研究主体从精英人物、政治事件，转向下层群体与社会经济，并致力于从整体上揭示中国历史发展的动力与特性，不仅符合现代史学建构理论体系与整体框架的科学化潮流，而且具有相当强烈的建立中国本土史学体系的学术诉求。虽然在具体研究中存在以论代史、思维僵化、视野狭窄、方法单一等问题，但仍是中国传统史学向现代史学转向中一个不可忽视的阶段。

改革开放以后的中国史学的研究，一方面，在研究领域、研究视角与研究成果上，都获得了实质性的推进，成果十分丰硕；另一方面，也在一定程度上存在过于追随西方史学的脚步、以西方经验硬套中国历史、研究主题的琐碎导致的"碎片化"等问题。伴随于此，中国史学传统逐渐弱势，关于中国历史大问题、主线索的讨论越来越少，中国史学研究的本土化、主体化道路也愈来愈晦暗不明。

李洵先生不仅构建了明清史研究的学术框架与解释体系，而且长期致力于通过教学活动，推动自身学术理念的传播与发展。作为一名从旧时代走出来、具有浓厚传统士人色彩的学者，先生对于师承流派看得很重。他不止一次地回忆起在北平临时大学时，众多名师给予他的教育与启迪：

中国传统治学中讲师承，今天的青年学子则不一定讲求，只有我这辈人还觉得师承的作用。在大学读书时，几位当时的学者冯承钧、谢国桢、瞿兑之、容庚、刘盼遂、陈垣诸先生都给我授过课，他们各有各的学术观点、研究方法和学风。他们传授给我的不仅仅是各科历史学的知识，更重要的是他们严谨的治学精神和科学研究的方法，这是最宝贵的。①

先生由衷地感叹"我国的史学优良传统之一是重视师承"。"人类社会只要有教育存在，就会有师承，尤其是学术上的师承，这是民族文化得以延续的重要'脐带'。治学要有师承，要有对前人研究成果的继承，要有对前辈成就的发展。"②直到临终，先生所关心的仍然是人才培养与学科建设。先生的教学生涯，共培养出了10名博士、近20名硕士。对于门下弟子，先生一直谆谆告诫应坚守学术本位，反对追随时尚：

> 要做系列研究，不趋时尚。这个在第三讲里提到过，就是要形成自己的研究系列，然后一步步地、脚踏实地地进行。这样子对学术发展来讲有好处，对个人成长也有好处。这里要明确的一件事情，就是不要迷恋时尚，不要盯着目前的情况转。比如现在大家都批判专制主义，或者是都做城市商品经济，你就不一定要做。我不是说没有必要做，是说做什么要看适不适合你自己，是不是和你的研究系列有关系，否则时尚不断变化，你的系列会被带得七零八落，也会分散精力。另外，好多时尚文章，不久就过期了，不一定能够站住。我不是说时尚文章没有好的，真有不错的，但是能站住的还是少。③

先生更加反对在学术研究中投机取巧。"在学风上不提倡作'时文'，赶时

---

① 《我治学的几点经验》，《李洵全集》第6卷《李洵文存》，第246页。
② 《我治学的几点经验》，《李洵全集》第6卷《李洵文存》，第246页。
③ 《李洵全集》第5卷《中国的明清时代——李洵明清史讲义》，第49页。

髦。这会造成投机取巧的学风。出风头，赶浪尖。"①

　　在先生学术品格的影响之下，门下弟子都坚守史学研究的阵地，不迎合潮流，不追随风尚，踏实研究，辛勤探索。再传弟子甚至后学，虽然大都未能亲炙先生教诲，但在师门风气影响之下，也都形成了同样的操守原则与治学理念。目前先生的弟子、再传弟子、后学，应有千人左右，不仅在规模上成为明清史研究不可忽视的一支力量，而且遵循先生所创立的由实证而求思想的研究路径，逐渐成为一个具有共同学术理念的学术派别。这一学派的组成人员，已经遍布全国，甚至及于海外，但他们的根脉却都渊源于李洵先生。由此角度出发，可用先生生前一直任职的东北师范大学的简称"东师"，作为该学派的命名，也即"东师学派"。

　　"东师学派"共同信奉的学术理念是：注重原始史料的搜集与整理，开展坚实而细致的史学考证，从现实社会激发出鲜活的问题意识，将明清中国置于中国历史乃至世界历史的整体脉络之中，推动关系明清中国全局的重大问题的深入研究，推进明清史研究知识体系、理论体系、思想体系的构建与发展。李洵先生晚年所编定的论文选集《下学集》，取"下学而上达"之义，实为先生所开创的这一学派由实证而求思想学术旨趣的生动反映。作为明清史研究领域的重要组成部分，"东师学派"的成员，大都低调做人，勤奋治学，有力地推动了全国乃至国际明清史研究的发展。

结　语

　　李洵先生是我国著名历史学家、明清史专家。先生一方面在家学渊源与师门传承影响之下，继承了乾嘉考据的史学传统，淬炼出坚实的考证工夫；另一方面在时代大潮影响下，全面系统学习掌握历史唯物主义。两种史学路径的结合，推动先生形成了在系统整理与细致考证史料的基础上，从社会现实激发出问题意识，将明清中国置于中国历史乃至世界历史整体背景之中，

---

①《治学的学风、方法和途径》，《李洵全集》第6卷《李洵文存》，第248页。

揭示明清中国的阶段特征、历史道路与未来可能，从而由中国本位出发，构建明清史研究知识体系、理论体系、思想体系，推动中国命运的整体思考。正是由于李洵先生的研究具有鲜明的时代性、独特的理论性、深刻的思想性，坚实而有光芒，促使许多成果虽然已经完成了数十年，但放在今天，仍然是一流成果，十分新颖，具有相当的启示意义。由此可以看出，一位优秀的历史学家，具有一种深邃的思想，研究成果能够超越时代，拥有一种宽广的维度与深远的力量。李洵先生的治学理念，可以概括为由实证而求思想，也即孔子所说"下学而上达"。受先生影响，及门弟子、再传弟子与后学，都一直坚守这一研究立场，不仅在规模上构成了明清史研究领域一支不可忽视的力量，而且在学术理念上也独具风格，可称之为明清史研究领域的"东师学派"。

渊深学养　磊落人生*
——李洵先生明清史研究访谈录

常文相**访谈整理

访谈者按：李洵（1922—1995），字仲符，祖籍辽宁北镇，著名明清史学家，新中国明清史学科开拓者和奠基人之一。1946 年毕业于北平临时大学文学院史学系，1948 年赴东北大学（今东北师范大学前身）历史系任教，1985 年建立东北师范大学明清史研究所，1986 年加入中国共产党，同年经国务院学位办批准获博士生导师资格，1991 年获国务院政府特殊津贴，1992 年获吉林省政府"吉林英才奖章"。治学重考证，求会通，在明清中国社会形态及结构变化、皇权政治与官僚政治、清入关前社会性质、明清鼎革、明清史料等诸多领域提出独到见解，自成一家，后学遍布全国。主要著述有《明清史》《明史食货志校注》《正德皇帝大传》《下学集》等。其中，《明清史》为新中国第一部关于明清两朝断代史的马克思主义史学著作，是创建明清史独立学科体系的首次尝试，引导和影响了一代明清史学者的学术研究。

2022 年恰逢李洵先生 100 周年诞辰，为追忆先生的学术人生，更好总结、汲取、传承先生的宝贵精神财富，2023 年 3 月 19—20 日，"李洵先生百年诞辰纪念暨明清史学术前沿讨论会"在吉林长春东北师范大学召开，会上同时举行《李洵全集》和《李洵先生百年诞辰纪念文集》首发式。会后，3 月 20 日下午，围绕李洵先生作为马克思主义史家的求学经历、治学特色、学术贡献、人才培养、人格风范等方面，常文相对李洵先生的弟子赵毅、罗冬阳以及再传弟子赵现海进行了访谈。

赵毅，1948 年生，吉林松原人，李洵先生弟子，东北师范大学历史学学士、硕士。历任东北师范大学明清史研究所所长、历史系主任、副校长，华南师范大学副校长，辽宁师范大学历史文化旅游学院教授、博士生导师，国务院学位委员会办公室第四届学位委员会历史学科评议组成员，教育部社会科学专家委员会历史学部委员，中国明史学会

* 本文系国家社会科学基金中国历史研究院重大历史问题研究专项"中国马克思主义史学家口述访谈录"（LSYZD21013）阶段性成果。

** 常文相，中国社会科学院大学历史学院，中国社会科学院历史理论研究所。

副会长。著有《明清史抉微》《明清史抉微续编》，合著有《多尔衮评传》《20世纪明史研究综述》《明英宗传》《晚明基层士人社会生活谫论》《空间转换与士人价值观念的塑造——明清时期山东士人群体考察》等，主编《中国古代史》。

罗冬阳，1963年生，湖南平江人，李洵先生弟子。湘潭大学历史学学士，东北师范大学历史学硕士、博士，曾赴日本东京大学从事博士后研究，现任东北师范大学历史文化学院教授、博士生导师，明清史研究所所长。代表作有《明太祖礼法之治研究》，主持完成国家清史纂修工程"清史·传记 雍正朝 乾隆朝"项目。

赵现海，1978年生，河南杞县人，李洵先生再传弟子，师从李洵先生弟子赵轶峰先生。东北师范大学历史学学士、博士，北京师范大学历史学院博士后。现任中国社会科学院古代史研究所研究员、古代通史研究室主任，曾挂任甘肃武威市凉州文化研究院副院长，兼任中国地名文化遗产保护促进会专家委员会委员，韩国首尔大学奎章阁韩国学研究院客座研究员。著有《明代九边长城军镇史——中国边疆假说视野下的长城制度史研究》《明长城时代的开启——长城社会史视野下榆林长城修筑研究》《十字路口的长城——明中期榆林生态、战争与长城》《十字路口的明朝》《明代的王朝国家之路》《王朝科学的叩问之路》《中国古代的王朝边疆》，合著有《中国通史大师课》等。

一 家学渊源与大学教育

常文相：各位老师下午好，感谢能够抽出时间参加这个访谈。我们访谈的题目叫作"中国马克思主义史学家口述访谈录"，就是想请各位老师作为李洵先生的弟子以及再传弟子，讲述一下先生学习接受马克思主义理论，并将其运用到明清史研究的人生经历，由此总结其治学特色和学术贡献。我们也想通过这一系列访谈，梳理总结百年来中国马克思主义史学的发展历程。而在召开李洵先生百年诞辰纪念会以及《李洵全集》首发式之际进行本次访谈，我也觉得更有纪念意义。首先，请对先生一生的治学成就做一个总体概括和评价。

赵毅：今年实际是李洵先生诞辰101周年了，这次"李洵先生百年诞辰纪念暨明清史学术前沿讨论会"，原计划是在2022年举行的。但是由于疫情，几次展期，最后才定在2023年3月19日召开。也不算太晚，只是推迟了几个月。

李洵先生是当代中国著名的马克思列宁主义历史学家，也是历史学教育家。他这一生可以说是把全部心智都贡献给了新中国的历史学教育事业和明清史学术研究工作。他从到东北师范大学参加工作直至去世，这40多年接近50年的时间里，心中时刻记挂的差不多就是两件事情。第一件是如何培养好马克思列宁主义的历史学人才，当然主要是明清史研究人才；第二件他关心的就是如何提升明清史学术研究水平，包括理论和方法上的探讨，以提升中国明清史研究在国际学界的话语权。先生去世时虚岁74岁，年岁并不算长，但他的一生是磊落的一生，甚至应该说是光辉的一生。作为一名人民教师，作为一位史学工作者，先生无愧于自己的一生。先生虽然离去了，但是他的高尚师德以及在明清史和史学理论研究领域的高深造诣，都对我们后来的史学学人产生了深刻影响。

赵现海：作为晚辈，我没有机会跟先生学习，对先生的了解主要是通过拜读他的著作，看他的文章，尝试慢慢去理解。这次整理出版《李洵全集》，同时还出了一本先生弟子及再传弟子纪念先生的这样一个文集。我也是借此机会，把先生的著作重新学习了一遍，尤其是他生前没有来得及出版的《中国的明清时代》这部讲义。在我看来，先生作为新中国明清史研究的开创者和奠基人之一，他对明清史学科最大的贡献，或者说独特性，就在于非常系统地运用马克思主义对明清社会历史开展了一种整体性研究。

明清史在我国古代史研究领域中算是起步比较晚的一门学科，而先生早在1956年，他34岁的时候，就已经用马克思主义理论写作了《明清史》这本书。这本书影响很大，先生也由此跻身于明清史研究的一流学者之列，奠定了在明清史学界的学术地位。这样来看，我觉得完全可以把他放到更前一代的学者里面，跟谢国桢先生、王毓铨先生、傅衣凌先生等，放在一起去评价。虽然先生比他们年轻，像谢国桢先生还当过先生的老师，但先生作为新中国明清史学界第一代学者，其创榛辟莽之功，是不可替代的。

先生治学最大的成就，就是能够通过系统学习，不断丰富和发展马克思主义。马克思主义之所以有生命力，就在于它不是教条僵化的，而是与时俱进的。尤其是当它传播到其他国家、文明之后，大家可以立足自身，结合实际，不断去加以丰富和发展。其实马克思本人对中国直接的考察并不是很多，因此我们的历史研究确立马克思主义的指导地位，更多意义上是接受其基本立场、观点和方法，以应用到具体学术实践中。那么，先生一生的治学经历和成就，就十分鲜明而典型地体现出对马克思主义史学的进一步丰富发展。

常文相：好的，我们就从李洵先生的早年求学经历开始谈起吧。

赵毅：先生于1922年7月1日出生在辽西医巫闾山下的北镇县，现在为北镇市了。先生的家庭应该说是书香门第，知识世家。先生的父亲名叫李子厚，早年毕业于京师大学堂，后来又到北京大学国学门继续深造，师从近代著名音韵学家黄侃先生，研读音韵学。这位老先生毕生以教书和研究为职志，家里藏书当然是相当丰富，经史子集啊，包括"二十四史""十通"这些基本的历史文献。先生就是在这样一个知识分子家庭中长大的，他没有接受过小学和初中的学校教育，而是在他父亲的引导下，每天徜徉在书海，进行比较有规划的读书学习。先生当年跟我们讲，他那个时代适龄孩童上了私塾或是正规小学，发蒙阶段读的多是《三字经》《百家姓》《千字文》这类相对浅显的读本，他父亲则教他从一开始就读《文字蒙求》。先生可能在17岁之前，在家中就点读了《新唐书》《旧唐书》，不光是读还要点句，《宋史》《元史》《清史稿》也点读了一部分。在家庭环境陶冶下，先生打下了非常扎实的文史知识功底，现在叫国学基本常识，他在青年时代就掌握了好多。我们后学在这个方面，那是没法和他相比的，差得远呐。

先生少年时代依靠家庭的学术熏染，自学成长，不断提升自己，一直到了17岁，才在北京进入一所教会中学读高中。其实先生青少年时代在北镇居住的时间是比较短的，他主要是在北京生活，因为李子厚老先生那时在北京工作。这个教会中学施行的是一种西式教育，特别注重英语教学，所以先生高中阶段英语学得还是不错的。这个学校另外有个特点是重视化学学科的教育，用今天的话说，这所高中和当时的辅仁大学是对口单位，每年要向辅仁大学输送很多化学专业的学生。按照先生所讲，他本来的志向，是想搞化学和化工的。他早年最主要的兴趣不在历史学，甚至不在文科。于是，先生高中毕业参加大学的入学考试，就报了辅仁大学的化学系。不过先生最后还是去了北平临时大学文学院历史系，因为他的父亲主张学文科。当时先生被两个大学都录取了，在做决定时，主要出于家庭经济条件的考虑，到底还是选择了历史专业。先生是 1942 年上大学的，那个时候北平早已沦陷了，实际是日统区。李子厚先生失业在家，失去收入来源，生活很是拮据，以至于要靠变卖家具和藏书维持生计。由此一来，先生不得不放弃学费昂贵的辅仁大学化学系，当然也可以说，这一选择误打误撞地为我们新中国造就了一位著名的历史学家。

常文相：李洵先生在大学期间的学习生活是怎样的？

赵毅：尽管学习历史并非本意，好在迈入大学之后，先生的确遇到了许多学贯中西的史学名家，得以聆听他们的教诲。先后给先生开设课程的，像冯承钧先生，称得上是现代研究中外关系史尤其是中西交通史，响当当的独一无二的人才。再如讲授秦汉史的瞿兑之先生，讲授器物学的容庚先生，还有谢国桢先生和刘盼遂先生。先生曾讲，他之所以后来从历史学这门学科中选取明清史作为研究方向，极大程度得益于谢国桢先生的引领。为什么这样说？当年先生大二时选上选修课，有意思的是，恰巧这一届学生当中只有先生一人报选了谢先生的"史部目录学"。按照当今大学的管理，选课人数不够这门课是不能开的，一个老师一个学生，占用一个教室，浪费资源啊。但那个时候谢先生坚持认为，既然有学生选了我的课，那么就一定要开。可以不占用学校的教室，到自己家里上课去。于是，这门课程就先生一个学生，每次到谢先生家里上课。据先生说，课上谢先生对于目录学讲得倒是不多，跟他谈得更多的是南明的种种历史秘事。因为谢先生研究明清史，又特别对南明史感兴趣，平素注意收集明清之际的一些稀见文献史料，他的书斋名叫"瓜蒂庵"。先生除了听课，还可以随意阅览瓜蒂庵藏书，这也就潜移默化地对他确定今后的学术研究方向起到了助推作用。

先生临近毕业时，撰写的毕业论文题目叫《辽宋金三史纂修考》。指导教师原来是谢国桢先生，但这个时候谢先生辞掉了北平临时大学的工作，到天津去了，先生的指导教师就换成了刘盼遂先生。先生在图书馆查阅了大量文献资料，另外也得见刘盼遂先生私藏的一些辽、宋、金三朝历史文献，论文写成之后有5万多字，分量还是挺重的。刘盼遂先生对论文看得很仔细，文稿上密密麻麻批改了好多字，都是蝇头小楷。先生讲，刘盼遂先生指导他写论文时，反复提到的一点，就是无一字无根据，凡事都得有来历出处，这也就是强调做学问要求实求真，不能说半句空话。先生对此记忆尤为深刻，甚至将之作为自己以后从事学术研究的座右铭。就这样，先生在1946年以优异成绩从北平临时大学毕业了。

顺带再说一下，对北平临时大学究竟该怎么看？我们现在研究近现代中国教育史的，对这个问题可能有不同的见解。七七事变之后，全国上下同仇敌忾，一致抗日，当然也要抵制日本的经济侵略和文化侵略。北大、清华还有南开，三校就联合南下，到湖南组织新的大学，后来又辗转到了昆明，成立了西南联合大学。西南联大里边实际有三个大学，三校自己的校名仍然保持，甚至原来学校下面的一些机构也继续保持。很多先生既是西南联大的教授，同时也是各自学校的老师。这样，原北京大学的一部分教师和学生，包括校长，都离开北平南下了。而沙滩的红楼，那个老北大的校园、那些老北大的建筑仍在，也有一部分老北大的教师留下来了，还要在那里继续从事高等教育事业。那么这个学校名字该怎么叫，日本投降后就说改个名吧，就改成北平临时大学了。有人认为北平临时大学就是北京大学，有人说不是，说那一阵抗日战争硝烟遍地，中华民族正面临生死存亡的巨大危机，有志向的爱国知识分子都南下或西进了，到西安去的也有好多。但不管怎么说，原来的这些大学，总也得有留下的。

抗日战争胜利后，1946年的7、8月间三校复校，北大、清华、南开各自迁回原址，北京大学又回到了沙滩。当时傅斯年做了很短一段时间的代理校长，不久胡适就接任了。傅斯年就讲，这回复校之后的北京大学，对北平临时大学的教师概不接收，所以北平临时大学的教师很少有留下来的。当然不在北京大学，也可以去别的大学，依然从事教育工作。先生是复校之后正好毕业了，那没毕业的学生还有许多，自然也是吸纳过去了，是这么一个情况。

常文相：李洵先生在大学毕业后，又是如何规划自己的人生方向的？

赵毅：先生大学毕业后，在当时北平附近的良乡县立中学，做过一段时间中学教师。大家也都清楚，那个时代是中国两个命运的最后大决战，对不对？普通老百姓可能感受不明显，但对于知识分子或是读书人来说，他们的认识无疑是深刻的。是随国民党与世浮沉，还是跟着蒸蒸日上的日益发展壮大的共产党领导的人民队伍向前走，是个大问题。在这个问题上，先生于1948年做出了最后抉择，他辞去良乡的中学教师职务，只身来到当时已经是解放区的东北。就在我们吉林省的吉林市，那时吉林市刚刚迎来解放，在中国共产党于东北地区建立的第一所正式高等院校——东北大学，就是东北师范大学的前身，先生参加了工作。用现在的话叫参加革命工作也行，他加入革命队伍中来了。先生自1948年回东北参加工作，一直到1995年9月2日病故，这47年的时间，先生把他毕生的精力都献给了新中国的高等教育事业，献给了东北师范大学，献给了他心心念念的明清史研究和专业人才培养工作。

常文相：就您所知，李洵先生是在什么时候开始接受马克思主义唯物史观的？

赵毅：听先生当年跟我们讲，他在中学的时候，那一阶段是不太过问政治的，反正是读书学习就好了。但大学时期就不一样了，北平是沦陷区，当时北平临时大学的师生，他们的政治敏感度还是比较高的，而且那里边两种力量也都在活动。先生在大学交往的好同学、好朋友，后来也是走上了不同的两条路，有的实际是在给国民党工作，有的是共产党的地下组织成员。按照先生的说法，他两方面都有认识的朋友。

先生没有讲过他大学期间是否接触了马克思列宁主义的基本理论，我想他那阵可能会通过各种媒介接收到这方面的一些信息。他系统全面地学习马列主义著作，还是在东北大学参加工作之后开始的。先生讲，他刚到大学工作的时候，也就是20多岁的年轻人吧，尽管是初出茅庐的青年教师，但毕竟是旧社会大学里培养出来的，所以必须学习马列理论。共产党的大学要坚决贯彻共产党的主张，对政治学习的要求还是十分严格的。先生对于马克思主义思想，既像是对待一种政治信仰，又像是对待一种学术研究，是这样去看待的。先生除了主动参加理论学习，还比较成体系地研读了马列主义经典著作，特别是马克思的著作，他读过的经典著作有《共产党宣言》《资本论》《反杜林论》《德意志意识形态》等等。他尤其强调读《资本论》，对里面的重要篇章，反复阅读体会。那就不是被动的政治学习了，而变成了一种内在的精神自觉。所以这一阶段对于先生来说，是促使他在马克思主义理论修养方面完成了一个飞跃，过去了解得可能不够深刻，现在补上了这门课。

二 基于马克思主义唯物史观撰写新中国首部《明清史》

常文相：我们知道，李洵先生的第一部著作《明清史》，是新中国在马克思主义唯物史观指导下完成的首部明清断代史著作，也是创建明清史独立学科体系及相应理论框架的初次尝试，影响了几代学人。请谈一谈，他是在什么样的情形下开始这部书的写作的？

赵毅：1950年，东北大学更名东北师范大学。先生起初在学校讲授中国原始社会史、宋元史以及文献学等，通史类的课程讲了很多。先生曾回忆道，解放后有两件事对自己治学产生了很大影响。一件是理论学习，学习马克思主义世界观和方法论，另一件是教学实践，从事了多年中国通史教学。前者为先生的史学研究提供了理论指引，使他得以结合中国历史实际，去探索一种更加科学的研究途径和方法；后者培养、塑造了先生对中国古代史全貌的整体感，他自称为"通史感"或"全史感"，使其能够由此重新思考明清史在整个中国历史长河中的地位和作用。这两点，构成了先生展开明清史研究工作的新的基础。

从1951年以后，先生就把工作之外的业余时间，全部用来专心致志研读明清史的基本文献。按先生所讲，《明实录》他系统读了一遍还要多，《清实录》没全读完，读到道光初年，嘉道之后没仔细读。此外，他还通读了《明史》《清史稿》《明会典》《清会典》等等。那时候，东北师大图书馆的藏书在东北地区可谓相当丰厚，因为学校不仅后来收购征集了大量图书，还继承了当年张学良创办的东北大学文学院的全部图书资料。先生就这样潜心研究明清史，在 1956 年，完成了《明清史》这本书的写作，当时他只有 34 岁。这部书写完之后，很快得到了同行的认可，就在人民出版社公开出版了。

常文相：请简要介绍一下这部著作的内容、特色、尤其是马克思主义唯物史观在书中是如何贯彻体现的？

赵毅：《明清史》是先生的第一部学术专著，今天来看，部头不算大，不到 20 万字。但是，这本书里已对明清两代历史的基本问题，包括明代的流民、明清时期资本主义萌芽、16 世纪中国的海盗、明末的东林党，还有明清鼎革及清入关前女真族的社会形态都有关注涉及。该书重点考察的，就是从中国历史内部角度看，明清社会的演变规律和发展趋向是什么，力图阐释其本身的内在逻辑。先生把这个大问题抓住了，而且言简意赅，有好多议论是非常深刻的。特别要强调一点，《明清史》不是那个时代一本普普通通的大学本科教科书，而是第一部运用马克思主义的生产力和生产关系、经济基础和上层建筑相互作用这些基本理论与方法，去探讨明清这一时段历史发展的学术专著。先生在唯物史观指导下，对明清时期的历史社会做出了比较恰当的解读，初步建立起明清史研究新的理论和方法体系。这是该书最主要的成就和贡献，我是这样看的，它并不是简单的一本大学教材。

《明清史》出版之后，在学界的影响是相当大的。因为新中国要建立自己的大学教育体系，包括历史学教学体系，需要编写教材，重新构建一套马克思主义史学话语系统与论述架构，该书在这方面的开创之功是很了不起的。当然，也有比先生的《明清史》更早问世的一些明清史著作。如李光璧先生的《明朝史略》，是讲明朝历史，不涉及清；萧一山先生的《清代通史》，这套书萧先生花了几十年才做完，但第 1 卷出得很早，他在读大学本科时就写出来了，后来到了台湾再陆续完成。除此之外，还有孟森先生的《明史讲义》《清史讲义》。《清史讲义》是孟森先生在北京大学当老师的时候，由学校教务处印刷，算正式出版，而《明史讲义》则是在孟森先生过世之后好多年才正式出版。

这些著作对先生写作《明清史》有没有影响，也许会有。但用今天的观点比较来看，萧先生的皇皇巨著《清代通史》，其历史观是存在问题的，那是一种典型的民族主义史观。民族主义史观在特定历史时期可能也具有进步作用，不能一概否定，但这一史观对清朝历史的看法，有不少贬低、偏颇的地方。《清代通史》估计得有300万字，而《明清史》只有20万字，应该说先生还是自有高明之处的。《明史讲义》是由孟森先生20世纪30年代在北大任教时的授课讲义整理成书的，大概有25万字。像孟森先生这样研究明史，我们后学现在是做不来的。他把《明实录》全扔到一边，也许是信不过，一条都没引，而主要用了《明史》的传记以及《明史纪事本末》的材料，当然完成得也很精彩。不过，《明史讲义》完全是旧史书的体例，按帝王世系那么来的，对于经济、文化、社会几乎都不涉及，就着重讲制度，讲帝王将相这些重要历史人物，对他们的臧否评价，是这样一个特色。

常文相：您刚才谈到李洵先生研究明清史提倡"通史感"和"全史感"，这种历史感是否在其《明清史》著作中得到了很好体现？

赵毅：先生在给我们传授历史学的基本知识和理论时，反复强调说，看待明清历史问题，要有一种"通史感"或者"全史感"。这个现海也总结过吧，一个是纵向的，一个是横向的。纵向的实际上是讲学术研究，不管研究哪个断代，不要把目光就局限在一个朝代上，这个朝代之外，就不闻不问了。你可能在某一断代史的学术领域做得井井有条，但其他历史时期是什么情况，不甚明了。比如明代的一个政治制度、一种文化习俗，与其相关的，以前元、宋、唐、汉什么样，之后清朝到民国什么样，都不了解，那就是缺少"通史感"和"全史感"。这个我是深有体会的，有时候一张嘴一动手就出错，而且是低级错误，这是纵向的。横向的是说要有全球史意识和观照。我们研究中国史，那中国不也是世界的中国么，这就成了横向的世界历史问题了。比如研究同一时代的同类问题，不管是社会变迁、经济走向还是人文价值观念的演化，可以看看日本、印度乃至欧洲的状况怎样，再反观中国，就形成横向比较了。对于研究明清史来说，特别是随着大航海时代的到来，中西之间物质、文化、信息交流日益频繁，注意这种横向联系就更为重要了。

赵现海：我觉得，先生无论是早年写作《明清史》，还是晚年给学生授课时提出的关于明清社会变化的一些思考，他一直在尝试运用马克思主义，去理解明清时代这样一个重大问题。从这个角度去看，就更会发现先生的研究对于中国明清史学科建设，所做出的巨大理论贡献。如果说，梁启超先生把传统"二十四史"概括成一部帝王将相史的看法成立的话，那么先生则基于马克思主义唯物史观，力图冲破中国古代这种王朝史观，而开始步入"通史观"和"全史观"的新境界。先生打通明清之间的断代界限，将其视为一个连续的整体，从中划分出五个阶段，乃至提出"明清学"的概念，用意就在于把明清时代置于世界近代史总体发展脉络里面，来审视当时的中国到底发生了什么。换言之，明清中国到底正在走上一个什么样的道路，这一趋向与近代西方资本主义道路有何不同，是先生始终关注和探讨的问题。

为此，先生把明晚期和清前中期连在一起，抽取了16—18世纪这个时间段加以重点剖析。明清之间不是简单的堆加，而是有机的结合。由此一来，先生的研究就超越了传统较为单一的政治史视角，扩展到更为宏观的社会经济领域，去捕捉这个阶段中国社会发生的变化，去探寻明清中国在近代世界一体化进程中的历史位置。显而易见，这种考察方式秉承了马克思主义的立场，吸收了马克思主义的精华，有力推动了明清史相关研究的深入展开。先生立足"通史观"和"全史观"而提出"明清学"的构想，正是他创造性发展马克思主义理论并将其运用到史学研究中特别精彩的一点。

常文相：李洵先生在完成《明清史》后不久，即遭遇了人生波折。在困难环境中，他依然能够坚持初心，治学不辍，以极大的毅力撰作了《明史食货志校注》，请谈谈这方面的情况。

赵毅：先生在完成《明清史》之后，应该说人生经历了一次大劫难，从1958年给错划成"右派"，直到1978年才甄别平反。然而先生在有生之年，对这个事情从来不讲。在先生的及门弟子当中，我可能是跟随他一起学习工作时间最长的一个，我也从未听他抱怨过任何人、任何事。可能就是作为一位历史学者，先生已然把历史看破了，个人的命运荣辱，是根本拗不过这个大时代大潮流的，所以他始终不谈。当时先生被赶下讲坛，不让上课教书了，失去了做教师的资格，然后接受劳动改造。先生在劳动中还跌断了右腿，钉了钢钉，留下了后遗症，年纪不大就拄拐棍了。这种打击无疑是相当大的，从1958年到1978年，先生从36岁到56岁，20年呐，正是他学术研究的黄金时期。劳动改造之外，先生又要做思想汇报，进行自我批判，他当年还是民盟盟员，此时民盟也把他开除了。总之，这些都熬过来了。

这20年里头，有一个时期，先生在东北师大做资料员，不能接触学生，就管理图书了。他利用这段时间阅读了大量历史文献，继续他的明清史学术探索，着手进行《明史·食货志》的研究。先生曾得见清修《明史·食货志》原稿草创者王原的《明食货志》全本，他把王原的《明食货志》、王鸿绪的《明史稿·食货志》，还有张廷玉的《明史·食货志》这三种《食货志》加以对校，写成读书笔记，据说有10多万字，但在"文化大革命"中弄丢了。丢了之后，他重起炉灶，根据剩下的一些笔记，又参酌《明会典》《明实录》以及明人文集等，最终撰成《明史食货志校注》。这本书也是20万字左右，部头不大，但确实耗费了挺长时间，在先生平反之后，1982年由中华书局出版。谢国桢先生给题写了书名，当时学界名流，像杨向奎、傅衣凌、李文治、王毓铨、洪焕椿诸位先生，都来信来函，对先生的工作给予高度肯定，对这一学术著作给予高度评价。这次《李洵全集》的发行，罗冬阳教授重新整理了这部分书稿，他应该体会更深。

三　在研究实践中深化马克思主义历史理论

常文相： 下面想请各位老师讲一讲，李洵先生在运用马克思主义唯物史观进行历史研究的过程中，遇到过哪些问题，是否存在困惑，又是如何解决的？

罗冬阳： 我接着讲吧，谈谈先生运用马克思主义唯物史观开展研究，其间遇到的一些问题和困惑，以及他的解决方式。应该说，先生毅然投身解放区，为新中国马克思主义历史学尤其是明清史这方面断代史学科体系的确立，做出了巨大贡献，他这一生都在探讨其所信仰的马克思主义理论如何同中国的历史实际相结合的问题。那么随着研究的深入，我们就发现，先生在晚年跟他早年相比有好多看法是发生了变化的。这里头有一些矛盾，可能大家研究历史的时候都会遇到，就是马克思主义的基本原理和社会五形态递进规律的表述之间，其实是存在距离的。也就是说，马克思主义基本原理，是反复得到实践证实确认的，是普遍适用的带规律性的一个总结。一般把它概括为两对矛盾，一个是生产力和生产关系、经济基础和上层建筑的矛盾，另一个是社会存在决定社会意识，意识具有反作用，这是历史唯物主义的基本原理。五形态说则是要把这个基本原理落实到具体的历史描述中，描述社会演进历程，这就有一定局限，因为它基本上是依据西方的历史过程而抽象出来的。那么拿到中国来就会产生一些疑惑，其中对明清史研究影响最大的就是资本主义萌芽问题。

关于资本主义萌芽的探讨，从 20 世纪 20 年代就开始了。那时正值"大革命"时期，这个问题涉及中国革命的何去何从。然后一直到 80 年代，除了中间有些沉寂之外，热度持续不减，可以说这是研究明清史首先会遇到的一个基本问题。先生起初是对明清历史做了分期，根据资本主义萌芽的产生、发展及遇到的障碍，把明清视为一整个时代，划分成五个时期，这是他最早做的一个体系性表述。但到了晚年，先生发现这里有个难以解释的问题，就是当代中国所面临和继承的传统社会基础和西方相比存在很大差异，这个基础就在于明清时代。如果把这个时代按照西方那种封建社会的标准来套的话，会发现两者有好多地方是不一致的。其实范文澜先生很早就发现这个问题了，在古史分期讨论的时候就已经提出来了。所以先生必定也会遇到同样问题，那么他是怎么解决的？先生曾跟我们讲，应该吸收其他学科的长处，要把它融入马克思主义史学里来。也就是说，在坚持马克思主义基本原理的同时，对于具体的历史研究要做更加深刻的检讨，要拿历史的经验事实来加以检验。

同时，先生强调历史研究的系统性，当年他已经注意到系统论了，但不是很明显。我们年轻一辈 20 世纪 80 年代受系统论影响比较大，想把系统论的视角方法与历史唯物主义贯通起来，很多学者都做过此类尝试。这方面我自己有点体会，也就此和先生交流过，我的看法应该符合他的本意，但没有形成论文或著作。我们的意见是，五形态的看法是封闭系统的，为什么它很难解释中国的好多特点呢，就因为它是个封闭系统。而人类历史的发展是一个开放系统，是在不断的交流互鉴中发展变化的。先生特别强调"通史感"和"全史感"，"全史"就是指世界史或者全球史这种观念。梳理明清时期的历史发展，如果脱离了和世界的关系，很多事情是解释不通的。所以到后来咱们探讨中国从传统走向现代的时候，就没有必要拘泥什么东西是中国原发的。这么一考量，资本主义萌芽问题自然而然就解决了。

常文相： 可见，李洵先生将马克思主义基本原理应用于明清史研究的具体实践，提出问题、解决问题的过程，也是深化对马克思主义历史理论理解的过程。除了资本主义萌芽，他还对哪些问题展开了理论思考？

罗冬阳： 除了资本主义萌芽，先生将唯物史观运用于中国古代史研究中遇到的另一个重大问题，就是农民战争问题，他把这个问题给扩展了。以前讲农民战争，主要侧重农民的造反起义。先生则深入社会学，特别注重从社会经济史角度，分析生产方式和生产关系，来解决这个问题，所以他要研究流民。先生对流民的研究是非常系统的，他考察过荆襄流民运动，也探讨过更早一点宣德、正统时期的流民。他当年反复提到一篇文献，让我们仔细研读，就是周忱巡抚江南时给北京户部写的一封信，里面反映了当时江南这个经济最发达地区的流民是怎么产生的，非常典型。然后先生指出还有一种沿海型的流民，就是海盗。可以看出，先生对明代的流民运动，进行了十分系统的探索，但问题最终还是没能解决。比如流民运动和资本主义萌芽到底有什么关联，先生曾提出一种假设，认为明代的流民运动是中国资本主义原始积累的一种方式。不过后来先生也意识到，这个说法实际是比较初步的，还很不完善，因为要去找流民运动和资本主义萌芽之间直接关联的证据，是很难找到的。再后来先生的学生接着去做，像河南大学的牛建强先生，他做流民运动、人口迁移以及社会风尚的变化，往下继续深挖。不过到目前为止，我觉得这个问题仍然没有完全解决。总体说来，先生他其实是关注了很多问题，开拓了很多领域，也表达了很多特别有深度的看法，但是这些问题到现在依然具有开放性，不一定就完美解决了。

还有一个，就是明清社会结构的问题，流民当然属于社会结构的一部分。看《下学集》就知道，这是先生晚年的一个自选集，可以说是把他自己认为有价值的文章都选进去了，一共31篇。其中有一组文章就是专门探讨社会阶层、阶级结构的，里面除流民外，还论及江南士大夫。一般认为，江南从宋代以来就是中国经济最发达的地区，照理这个地区是要引领中国社会发展趋势的，那么江南的精英阶层士大夫，就成为先生研究的一个重点。比如先生早年研究东林党，东林党的主体很大程度是东南地区士大夫，他们的一些诉求和主张，也反映了那个历史时代的特点。先生到了晚年还一直在研究这个问题，可以说这也是贯穿他学术生涯的一个重大问题，但最终仍是没有拿出完整结论。其实我在做博士学位论文时，开始也想选这方面题目，继续深化先生的研究。但那个时候条件不好，20世纪80年代末90年代初，经费紧张，无法去江南地区搞社会调查和文献调查，后来就改了方向，做明初的历史研究。因为先生还有个主张，就是明清两朝是一个历史时代，为什么是一个时代，其实在某种意义上讲明朝的建立是中国历史的一次再出发。那应该如何看待这次再出发，所以我就把选题落到这方面去了，江南士大夫的问题就没有再延续。

从先生自己对江南士大夫的一些研究中，比如"卢柟之狱"，还有顾炎武、黄宗羲，可以看到，当时江南士大夫有好多新的想法，生出了很多新颖的思想萌芽，但是中国社会本身没有整合出来，没有产生一种新的社会形态。先生对此有一个初步回答，认为清朝是要对近代中国的落后负一定责任的。他有一篇文章叫《四十天与一百年》，就讲明末农民起义的失败和清朝的入关，讲明清鼎革这段历史对后世中国社会的重要影响，影响了中国历史发展的走向。这实际上也是先生将近晚年时提出的一个假说，我们也在跟进研究。但我们是不太支持这个假说的，因为还需要很多系统性验证。比如说如何评价清朝，它有哪些方面是秉承了明朝的历史趋势，有哪些方面确实是阻碍了历史的发展，需要重新评估。到目前为止，这依然是一个没有解决的重大问题，但有一点比较明确，就是清朝统一多民族国家的发展，并没有对中国历史进程产生大的障碍，这是我们跟先生看法不太一样的地方。换句话说，中国的历史发展自有其内在规律，在不同时期，所面临的问题跟同时代的西方是不一样的，它有它自身要解决的历史问题。

常文相：我们今天，特别提倡坚持把马克思主义基本原理同中国具体实际相结合、同中华优秀传统文化相结合，李洵先生在这方面可谓做出了相当卓越的表率。

赵现海：是的，先生一直倡导，对于马克思主义不能原样照搬，教条理解，而主要是通过学习其基本理论方法，以启迪我们的研究。先生在明清史研究领域展现的突出特点以及取得的重要成就，一方面得益于充分发挥了马克思主义的理论启示作用，另外一方面，他又具有非常深厚的传统文化素养，把二者很好地结合了起来。就像朱熹所说，"读史当观大伦理、大机会、大治乱得失"。先生在把马克思主义基本原理同中国历史结合之后，彼此碰撞交汇，产生出一系列饱含马克思主义理论色彩的重大历史课题，比如流民、倭寇、海盗、东林党，以及城市结构、商品经济这些问题，同时还有一些问题，像大礼议。大礼议本来是一个非常传统的政治史问题，但先生采取的研究视角，旨在深入解读血统和正统之间到底存在什么关系，这样也就揭示出中国古代社会的另一个重要特点，就是血缘问题。

中华文明相比西方文明的最大不同，就是中国古代特别重视血缘。由血缘关系演化出的宗法伦理系统，构成了中国古代政治运行的一个基本机制。我们看到，夏商周三代正是基于这种宗亲血缘关系，而推广扩展为一个分封体系，尤其西周的时候，国家形态进一步夯实，有力推动了古代中国整个国家体系的塑造。后世虽说分封制度逐步削弱了，但国家体系的运作包括最高权位的继承转移等，都和血缘有着十分密切的关系，这是研究中国历史时应该特别注意的一个问题。先生对大礼议的研究就集中体现了这样的取向，在他身上，马克思主义的理论自觉和中国历史本位的实践立场两种传统相互融合，相得益彰。马克思主义的普遍性同中国历史的独特性有机结合，使得先生的研究既具备牢固的历史基础与深厚的历史底蕴，又充满强烈的现实启示和人文关怀，足可谓"充实而有光辉"。这是余英时先生对严耕望先生的评价，先生于此，亦当之无愧。

先生对马克思主义史学的运用还体现在他所提倡的"全史感"上，这一点赵老师和罗老师在刚才以及纪念文章中都反复谈及了。"全史感"是强调研究中国的问题不能只站在中国的立场，要放眼于整个世界的历史演变来观察中国。正因如此，先生的很多文章尽管已经发表数十年了，但拿到今天看，仍然是第一流的，甚至还处于学术前沿。比如先生有篇考察明代火器的文章，读后可知他的眼光的确是非常超前的。近几年我们能看到一些关于近代西方军事革命的探讨，通过与同时期的明清中国做比较，分析其对中国社会变迁构成的种种影响。引发军事革命最重要的标志就是火器的出现和普遍使用，先生早在30多年前就关注到了这一问题，而且做了相当全面深入的考量。由此可见，一位优秀的历史学家，他的研究始终具有贯穿古今、跨越时代的深邃思想性。追寻着这样的心理感受，重新体味先生的学术成果，不仅不觉过时，反而给我们带来了更多接通现实的启发和动力。

常文相： 从"两个结合"的角度汲取李洵先生留下的宝贵精神财富，我们是不是可以对他的学术成就和人格风范，做出更具有时代意义的评说？

赵现海： 先生潜心钻研探索，将马克思主义唯物史观应用于中国传统历史研究，两相结合，打造出一套自主的明清史学科、学术、话语体系，并将其作为自己毕生努力的事业和方向。刚才听赵老师讲，先生最开始其实并没有打算读历史专业，而是想学化学，这一点还是让我挺惊讶的。因为很多理科出身后来改学文科，或者说对理科比较感兴趣的历史学者，他们身上都有一种特点，就是习惯用理科思维去做历史研究。相对而言，其长处是显得更系统规范，但总感觉他们的著作里缺乏文人的潇洒以及对历史的一种温情。简单说就是写得不太感人，有点枯燥。而先生的作品却绝非如此，关于明清时期的人物也好，事件也罢，从文字中我们能感受到他非常喜欢这个时代，喜欢这个时代的这些人，他笔下永远都是充满感情的，既理性又多彩。所以说读先生的文章一点都不乏味，我们既能从中领略到他思想上蓬勃而极具穿透性的力量，同时又会被他的情绪所感染打动。先生曾给明代一个看起来非常荒诞的皇帝明武宗，写了一部传记，写得非常精彩。书中他并非单纯讲述明武宗的种种乖张行径，而是要经由这个人去透视明中期这个时代，去追问其想法举动为何会如此奇特，那个时代到底发生了什么，中国历史是否正在步入一种转向。先生实际是在思考这些，他没有很武断地去否定批判一个人，而是试图去接近理解一个人，在此基础上揭示人与时代的内在关联。

从这个角度看，我觉得先生俨然已将中华优秀传统文化内化于心，其实是展示出了古代士大夫那样的一种精神气质和品格魅力。我原来在和我的老师赵轶峰先生交流的时候，他就说到先生是谦谦君子，话不算多，更多是在做事情。像先生这样的人，如果用古代一个词来形容的话，就是"醇儒"。从先生的为人，对学生的教育，到他的文字，我们都能体悟到他身上所具有的这样一种鲜明特征。这一特征对于我们今天来说是非常稀缺的，因为社会经历过巨大变化后，传统的内容正在减少，由此愈显先生品质的难能可贵。就像刚才赵老师说的，先生从36岁到56岁，失去了20年时间，虽然遭遇了命运的不公，但他从来没有去抱怨什么。这样的胸襟度量就不单是传统士大夫的高尚气节品德所能涵盖的了，更体现出先生作为马克思主义史学家时刻把自己的命运同国家的前途联结起来的自觉意识。

四 重识"后封建主义"——进一步推进马克思主义中国化的尝试

常文相：在这次纪念李洵先生百年诞辰的会议上，还举行了《李洵全集》的首发式，全集里有不少学术成果均为首次刊布，其中就包括李洵先生提出的"后封建主义"这一概念。请问"后封建主义"应怎样理解，和我们通常说的"封建主义""资本主义"有何不同？

赵毅：这次在李洵先生百年诞辰纪念活动中《李洵全集》的发布，把先生一生最主要的学术成果都结集出版了，是先生一生学术成就的全面总结。个别内容因为是与他人合写的，著作权不是很明晰，没有收进来，但在他的著述目录中也有交代。《李洵全集》共6卷，第1卷收入1956年首次出版的《明清史》，第2卷收入1982年首次出版的《明史食货志校注》和先生大学毕业论文《辽宋金三史纂修考》，后者此前曾收入 2004 年出版的《李洵先生纪念文集》中，第 3 卷收入先生晚年自订主要论文汇编《下学集》，第 4 卷收入《正德皇帝大传》，第 5 卷为《中国的明清时代——李洵明清史讲义》，第 6 卷为《李洵文存》。其中，第 5 卷系根据先生为博士生授课的录音和相关笔记整理而成，分为《中国的明清时代——中国后封建主义社会与前资本主义社会统合理论的新探讨》《明史学》《清史学》《16 至 18 世纪中国社会研究》《明清实录的史料分析》五部分，皆为首次刊布；第 6 卷则包括未收入《下学集》的已刊论文、未刊文稿、书序、书札、自传、草稿等，并附《李洵年谱》《李洵著述目录》。

　　先生晚年对历史理论问题的深入探讨，集中体现在此次新出版的《中国的明清时代——李洵明清史讲义》里。先生提出了"后封建"时代的理论，实际是受后现代主义理论的启发，去考察"后封建主义"与"前资本主义"的碰撞、交融、会合。明清中国是个变化的时期，变迁是主流，但可能还没有达到质变，是一种量变的积累过程。按先生的看法，这个时候跟典型的"封建主义"相比就有好多差别了。比如中国很早就实行土地私有制了，土地可以自由买卖，旧的贵族体系已经被打破了，也早已有完善的赋役制度了，另外还有科举制度，等等。想要成为地主、官僚，人人都有机会，那跟西方是不一样的。说明这个社会确实在变，但还是前资本主义的，虽有变成资本主义的萌芽，然而这个萌芽的生长环境是不太妙的，长不成资本主义的参天大树。总之，先生晚年能够提出"后封建主义"的概念，用来指称中国的明清时代，进而探讨当时社会形态的变化，是需要极大的理论勇气的。这个理论毕竟是一种大胆的学术尝试，其是否符合马克思主义基本原理，我想先生是经过深思熟虑的。先生对于中国古代社会发展进程的这一认识，将来经过论证和再论证，我想可能会得到学界越来越多认可。

　　常文相："后封建主义"的提出，是不是也可以视为李洵先生在将马克思主义基本原理运用于明清史研究过程中，对遇到的问题有了更深一层的判断和领会，给出了自己的解答？

　　罗冬阳：理论是要靠实践加以检验的，对于马克思主义历史理论来说尤应如此。如关于如何看待资本主义萌芽的问题，历史学界其实曾经也有一个认识转向。在明清断代史领域，先生较早系统归纳了资本主义萌芽发生、发展和遇到的障碍等问题。而另一位吴承明先生，则从经济史角度把明清时期的资本主义萌芽做了全面总结，他和许涤新先生合著了《中国资本主义发展史》。吴先生承担了第一卷，1985年由人民出版社出版。我觉得两位先生遇到的问题是一样的，吴先生后来用"现代化"这个范式去解读明清一直到当今的中国社会经济的变化；先生则提出了"后封建主义"，因为他还没有把眼光投到当今，主要是想把传统说清楚，解读中国现代化的起点是一个什么样子。

我们早年研究生时听先生的课，有一门叫"16至18世纪中国社会研究"，他讲授这门课的目的实际就是开启对"后封建主义"的一种探索，探索在中国的历史已经深度转入到全球史的背景下，怎么来把握其发展特点。按咱们现在的话说叫中国道路，怎样来解释中国道路，先生当年就已经关注这个问题了。再比如先生所强调的流民问题，在他眼中，流民运动确实和明清中国走向所谓"后封建"社会有很强关联，说明当时社会正在进行一场深刻的变动，流民运动本身就是社会发生深刻变动的反映。所以，"后封建主义"说到底是先生晚年立足马克思主义唯物史观，对中国社会历史发展独特形态做出的一种尝试性解释，还处在理论摸索的开端。这是我们多年来跟随先生读书，所能切实感受到的。

常文相：听了两位老师的讲述，我感觉完全可以把"后封建主义"的提出看成李洵先生在理论上进一步推动马克思主义中国化的有益尝试。那么，"后封建主义"这一有着丰富内涵的学术认识对于促进我们今天的历史研究有何启示？

赵现海：先生揭示了"后封建主义"社会这样一种新概念，很大程度深化并突破了以往马克思主义史学对中国古代社会形态演进过程的理解。就我所见，这一说法并没有其他学者明确阐释使用过，这也是我一直主张应该把先生放在百年来中国马克思主义史学发展的整个谱系里面，去彰显他的地位的理由。

　　先生在马克思主义社会形态学说基础之上，十分具有创新性和洞察力地提出了"后封建"社会的理论命题，用以分析、探索中国传统到现代之间的社会形态，给我们的研究带来巨大启示。如果说，明清以前中国的社会经济展现出比较典型的"封建"性质的话，那么到了明清时期，中国就已经进入早期全球一体化这样一个网络之中，开始和西方一样出现转变，这个时候西方的道路在变，中国的道路也在变。这种认识近来在学界得到越来越多的重视和倡导，仍然可以进一步挖掘。以往我们可能过多关注明清社会表现出的静态特征，然后去与西方比较，感觉西方是在前进变化。但事实上，同时期的中国也在酝酿着一个特别大的变化。只不过中国的体量非常大，其政治、经济、社会改革存在的难度也相对特别大，因此呈现出的是一种比较缓慢的变化。传统中国只要稍微发生一点变化，就可能会引起整个国家体系一连串的连锁反应，从而对中国的历史进程产生巨大推动作用。所以我们会看到，明清时期中国经济高度发达，思想文化出现一些新动向，以及社会的整合和疆域的开拓，其实这些都是非常大的变化。这一系列变化在先生笔下，就被概括成"后封建"社会。

　　"后封建"社会是不同于资本主义的一种社会形态，也不同于其他社会形态，是古代中国由自身演进而形成的彰显中华文明突出特性的社会形态。这一社会形态首先保持了连续性和继承性，"后封建"中的"封建"两个字，正体现出这种延续性。那么这就和西方社会的发展道路产生了很大不同，西方的近代跟中世纪之间虽说有所延续，但更大程度呈现的是整个社会的断裂。而明清中国相比此前时代，一方面显示出延续性，另一方面社会内部也开始涌动一种新变化，这个变化就落实在"后"字上。这一字之差，就把明清社会和之前的社会区别开来了。这再次说明，先生作为马克思主义史学家，在坚持历史唯物主义的同时，表达出鲜明的中国本位取向及对中国历史发展主体性的诉求。其实遵循马克思主义的指导与秉持历史学中国本位，二者并不矛盾，因为所有的学术都应扎根于本国的国民和国情，通过思想性的创造演绎，从而成长为一种具有普遍价值的理论体系和文化体系。只有把每个国家、民族、地区历史的独特性与主体性揭示出来，马克思主义史学才能真正发展成熟。

常文相： 可不可以这样理解，正是因为明清社会出现了这些不同于西方资本主义的独特变化，才引发了李洵先生关于"后封建主义"的思考？

赵毅： 先生晚年思考总结的"后封建主义"学说，对中国的明清时代重新给予一种宏观认识框架。我刚才说了，老先生是很有理论勇气的。当然，这一假说成立与否虽仍可继续讨论，但其提出实际上是有充分历史依据的，不是随手拈来、信口开河、盲目乱讲的。先生在近50年的明清史研究生涯中，一直很重视理论的学习与探索。他信仰马克思列宁主义，这个是没问题的，但又不将之视为一成不变的教条，而是用一种发展的眼光来看待马克思列宁主义关于社会形态演进的基本理论。先生经过几十年研究，指出中国的明清时代，的确是一个变化纷纭的时代，对于理解现代中国具有重大意义。你说它是不是正式进入了近代资本主义，那没有，但肯定已不是传统的"封建"或"前封建"这样的社会了。

从经济形态上看，几乎所有的明清史学者都承认，明清时代特别是16至18世纪，中国社会的经济形态发生了巨大变化。这种变化表现在方方面面，像目前比较热门的话题，白银的货币化，还有商品货币关系空前繁荣，等等。于是，在中国的经济发达地区和个别行业之中，就可能冒出资本主义萌芽，即产生资本主义生产关系的要素。这个变化应该说是很明显的，也是有史实依据的，虽然现在资本主义萌芽大家很少提了，但我认为这并不是一个伪命题。我们今天研究中国古代社会为什么长期迟滞，中国的近代社会从什么时候开端，中国的现代化究竟是如何起步的，其实都会碰到这个问题。

再有就是，明清之际，知识阶层质疑中国传统的专制政体，像顾炎武、黄宗羲、王夫之，还包括傅山、唐甄、颜元、李塨这些人。他们从不同角度，对中国一直以来的专制主义政体展开尖锐批判。批判固然够深刻了，尤其是黄宗羲，不过他们对于如何建设，推倒之后要建立起什么，这方面的思考还是不足的，很有欠缺。但社会的确是变化了，以至乾嘉时期，像戴震的一些著作，也涉及这些问题。

此外，这个时期人们的价值观念也随之发生了变化。传统中国是农业社会，千家万户的小农经济，如同汪洋大海。这些小农老老实实、安安分分守着自己的本业，三亩地一头牛，几乎都是这样的。但与此同时，明清时代营商的氛围空前高涨，当然不能说是全民皆商，但一些研究结果表明，商人在总人口中所占比例着实大大提高了。甚至有人讲，在明代士商融合，士农工商的"四民"都变为"三民"了，读书人也不好好读书了，全下海从商了。当时有好多人、好多家庭以经商为职业，把从事商业经营作为终身奋斗的目标。不是一个人两个人，而是整个家族代代相承，这就意味着整个社会价值观念发生变化了。像张明富教授，他是先生的亲传弟子，差不多这几十年就是在研究明清两代的商业和商人，商人价值观念的变化、商业资本的积累、商人的经营之道，研究了好多。比如，他把明清商人分为价值型和工具型两类，每类之中又细分为程度不同的两个类型，而且还计算了比例。这种划分方式合适与否似乎还可以再斟酌斟酌，不过明清社会的商业化趋势肯定是出现了。

与其相关的还有当时对奢侈的看法，今天说就是高消费吧。在明代一些人眼中，奢侈对于社会经济，尤其是对于商品经济领域中分工的细化和发展，是有极大促进作用的。当然尚奢总体说好不好，我认为可能不太好，公开谈论支持的人还是不多的。但是考虑到明清社会的商品经济环境，尚奢也有其存在的一定合理性和必然性。

诸如此类社会观念的变化，也必然会引起人们思想意识形态发生变化。这方面研究眼下逐渐增多，但仍然不够。就像王阳明的那一套学问，阳明学同先前的汉学和宋学传统相比，对好多问题都有不同看法。王阳明这个人很是出类拔萃，与众不同，既是大官僚，又是大学者，还是大思想家。他的思想在明中叶特别是正德、嘉靖时期，影响是巨大的，到了万历、天启年间，影响依然未减。阳明后学可谓人才济济，虽然他们的思想认识不完全和王阳明一样，但从根本上说是把阳明学继承下来了。所以面对这样变化的社会，先生提出"后封建主义"这个理论假说，还是那句话，这不是凭空臆造的，而是有坚实的历史根据的。

五　明清史教学与人才培养

常文相： 李洵先生不仅是一位思想深邃、成就卓著的历史学家，也是一位桃李盈门的优秀史学教育家。经过长期实践，他对于明清史教学与人才培养也颇有心得章法，形成了自己的门风特色，这方面请具体讲一讲。

赵毅： 1978年先生平反之后重回讲坛，恢复了历史教学工作并取得带研究生的资格。1982年初，先生的第一批硕士生入学，招了三位，我一个，还有赵轶峰和冷东。先生于1986年由国务院学位办批准，评为博士生导师。他是东北师范大学中国古代史专业，那时是二级学科博士点，唯一一位国批的博士生导师。我有这么一个体会，先生带硕士生，包括后来带博士生，他都强调，说是不能像工厂作坊似的师傅带徒弟，那样不行。他认为导师都是在某一学术团体中开展工作，带学生也应发挥该团体内其他一些有学术特长的专家教授们的集体智慧，可以共同带。先生真是这样做的，我自己特别有感受。我们这届三个学生，古文献底子都比较薄，他不亲自教，而是请来中文系的一位老先生，教我们古代汉语，实际就是历史文献研读。老先生教得很认真，从字词训诂到句子语法结构，对我们提高文献阅读和理解能力十分有好处。另外，先生注重探讨明清时代的社会经济问题，所以就把学习《资本论》作为我们的一门课程。他也不是亲自讲，又把政治系的一位研究《资本论》很有建树的老师请来授课，这对于大家提高理论水平和拓宽学术视野，帮助很大。

先生一直是这样培养学生的，他后来招了好多硕士生、博士生，并不是自己一个人包打天下，而是让学生充分吸收历史系其他各个领域老师的专长。比如要大家去听薛虹老师、赵德贵老师的一些课程，以丰富我们的知识体系，提高研究能力。先生还特别提倡利用满文文献，说研究明清史光靠读汉文文献远是不够的，满文文献是一个值得深入挖掘的重要资料宝库。他表示自己年龄大了，学不了了，但年轻人应该具备这方面的能力。于是，先生从吉林市把一位中学老师聘到东北师大明清所来，就是刘厚生老师，专门开设满语课，给我们第一届硕士开了一年半。当然我没有学好，以后也没太利用满文去进行明清史研究。现在刘老师都早已经退休了，学院又从日本请回来了庄声教授，他是锡伯族，满语是他的母语，从小在家里就讲。所以，东北师大的明清史学术团队中，有不少硕士生、博士生都掌握了一定的满语基本知识以及驾驭满文这门学术研究工具的能力，也是一种特色吧。

先生还非常重视基本史料的发掘和正确解读，对于明清史研究的一些基本文献，更是要求精读。精读就不是读一遍两遍，而是反复读很多遍，要真正读懂，细细体味，要把别人没读出来的，在字里行间中自己琢磨出新的意思，得到这个程度。需要精读的明清史文献，比如《明史》《清史稿》《明实录》《清实录》《明会典》《清会典》等，这些都是研习明清史必备的最基本史料，要是通读一遍，得花上好些年时间。明清史资料实在是太丰富了，存世的汗牛充栋，那大部分只能是泛读。

同时，先生也相当注意理论探讨，他的《明清史》就是在马克思主义唯物史观和方法论指导下完成的。这本著作的学术建树，主要还是在理论上，为新中国成立之初马克思主义历史学的学科建设，做出了重大贡献。先生到了晚年，更加注重历史理论相关研究。你再读他的《下学集》《李洵文存》里面的文章，从题目就能看出来，饾饤之学还是比较少的，基本都是重大历史问题。先生是抓大问题，重视理论思考。不过，他也没讲过考据学就不是学问这样的话，只是他自己不太做这个东西。

常文相：这样说来，李洵先生在历史学学科建设和人才培养上十分看重团队合作，他的教育理念具有非常突出的现代特色。

罗冬阳：关于先生在明清史教育教学以及学科建设方面的贡献，刚才赵老师已经谈得比较完整了，我再做点补充。先生早年撰写明清史教材，把马克思主义基本原理运用到对明清历史的解释中来，建立起明清史独立的学科叙述体系，这一成就学界有目共睹。此外，先生还曾讲，学科建设一定是一整套体系，不能由一个先生，像师傅带徒弟那样的方式进行，它应该是现代的学术体系。现代的社会科学是分门别类的，社会科学的研究对象历史学几乎都有涉及，这就需要学有专攻，然后通力合作。先生给我们开课的时候，特别强调这一点，因此分别请研究《资本论》或是古汉语这些专业方向的老师来给我们上课。

而且先生很早就开始布局开拓新领域，当年他是有分工安排的。先生于1985年创建了东北师范大学明清史研究所，按规划有人专门做满语研究，利用满文档案，像刘厚生老师，研究清史不懂满语是不行的；还有城市史研究，由赵德贵老师负责。我记得我们上两届的师兄，即先生"文革"后招的第一届研究生，他们就到第一历史档案馆去抄档案，抄"阿勒楚喀副都统衙门档案"，搜集其中有关城市史方面的内容。这也能够看出，先生主张团队合作，团队里不同学者都学有专长，只有互相协作，才能发挥整体效能，这是非常先进的学科建设观念。要是实施好了，这样的团队不管在哪里都是独树一帜的。我觉得我们明清史研究所发展到现在，这方面做得不是特别好，有一些弱化，但基本特色是传承下来了。今天我们可能是以往有优势的地方更得到了加强，比如先生关注社会经济史，那这边赵轶峰老师和我都比较侧重探究此类问题。社会经济史的理论和方法是相对成熟的，但它的要求其实不低。要善于利用史料寻找史实，求证并确立历史的真实，然后考量这种事实又怎么能和对历史的解释模式融合起来，这里面还是很有挑战性的，可以大有作为。

常文相：李洵先生同时也是一位颇具国际视野的历史学家，他与海外学界的交流是怎样的，是不是也因此对学生提出了更高要求？

赵毅：先生一生先后培养了大概10名博士，数十名硕士。这些人今天很多都成了国内学术界的领军人才，包括先生的再传弟子，也逐渐成长起来了，成为所在单位及相关领域的佼佼者。从先生提出纵向、横向的研究眼光就能看出，他并不保守，虽然一辈子没走出国门，因为腿脚不好，改革开放之后也没出去过。但是先生要求自己所有的学生，要有全球历史观这种学术视野。他很关注国外的学术动态，注重国内史学界特别是东北师大明清史研究所与国外同行们的学术交流。先生认为，日本学界对中国明清史研究做得很细致深入，有自己的特色，甚至某些领域我们国内与之相比都是有差距的，所以他尤其重视东京和京都这两个日本历史学流派的当代扛鼎人物。先生生前和日本一些著名历史学者比如细谷良夫、山根幸夫、松村润、寺田隆信等，接触比较多，同年轻一点的也有来往。这是日本方面，同时先生也十分注意美国的明清史研究，和范德、施坚雅都有书信联系。他让我们多加留心美国明尼苏达大学的明史研究动态，范德就在那里工作，办了一个刊物叫《明代研究》。先生也讲，西方学者比较容易出理论，当然他们的理论有时候大而空，根基可能差一点，不一定能站得住，但是仍值得我们借鉴。

罗冬阳：一般来讲学中国史的容易忽视外语，但先生十分看重外语能力的提高。当年我们刚硕士入学，那是 1984 年，先生就讲，你们将来做学术研究至少得掌握两门外语，一门是英语，那是责无旁贷的，必须得学好，还有一门就是日语。刚才赵毅老师也讲了，在中国之外研究中国学比较有发言权的是两个国家的学者，一个是日本，另一个则是美国。所以先生在世的时候，跟两国学者都保持了很好的交流。当然，和中国港澳台地区学者的交流就更多了，改革开放之后就很方便了，还举办过海峡两岸的明史讨论会。对美国学者，先生特别关注施坚雅。施坚雅的学说，一般被看成一个中观体系，是从城市经济的结构来解释明清时期中国历史的发展，很大程度还是假说性质的。20 世纪 70 年代，施坚雅的著作就已经被译成日文，他还曾把这个日译本寄给先生。于是先生就给自己的研究生布置任务，要我们把这本书的英文原本找到，翻译出来。那么后来就由王旭老师和赵毅老师领衔，因为王旭老师学的美国史，英语非常好，又是留美归来的，去组织翻译施坚雅先生的《中华帝国晚期的城市》，于 1991 年在吉林教育出版社出版。但不是全译，是把该书的重要部分，再加上他的另两篇非常重要的论文译出来。在这两篇论文里，施坚雅是把其方法论和理论来源和盘托出了的。这个中译本就叫作《中国封建社会晚期城市研究——施坚雅模式》，和之后中华书局出的全译本各有独立的学术价值，对于系统理解施坚雅的理论很有帮助。

常文相：李洵先生对青年学者学习马克思主义唯物史观有何期待和建议？

罗冬阳：关于先生对青年如何学习马克思主义的期待和建议，老一辈学者咱们都知道，他们其实是非常有家国情怀的，都特别关心当代中国的命运，中国现代化建设应该往哪个方向走，如何成为世界强国。强国咱们现在不成问题了，因为中国本来就大，只要政治安定，自然就会逐渐变强。先生最关心的是可持续性问题，中国的稳定发展怎么能够持续。那么在人才培养方面，先生就非常关心年轻人的进步成长。在这次纪念会上，南开大学的何孝荣老师展示了先生当年给他的题字，具体记不太清了，主要意思是说年轻人要关心国家的前途，要共同形成一种凝聚力，把历史学好。所以他经常讲，年轻的历史学者，一方面要研究好历史学，另一方面也要把历史精神宣传好，不仅仅是做研究，更应该学以致用。

那么历史学如何经世致用，可以说它最重要的社会功能就是影响人的思想，影响人的认识。你了解了过去，才可能明白未来中国的方位在哪，尤其当中国的历史命运发生重要转折的时刻，重新回顾历史就更显必要。类似的体验我们差不多都有过，好多事情也是我们和先生一起经历过来的。比如说搞改革开放，确立中国特色社会主义道路。邓小平同志曾讲"不争论"。不争论的原因是咱们有好多理论问题没有解决，只能逐步摸索，那个时候不是有个说法叫摸着石头过河嘛。我觉得先生对这些是有反响、有回应的，我们为什么侧重社会经济史研究，和这个非常有关系。

我完成博士学位论文之后，本来想转到社会经济史研究，但突然间去日本留学，计划就中断了。回来后赶上国家启动清史纂修工程，我参与进去了，这又耽误了不少时间。等把清史工程的项目做完，才得以回到原来的路线，所以说在明清史研究方面我还是一直遵循先生的学术路径。那么做社会经济史研究，需要关注一些新的理论知识，当时对我们来讲，比如要去读道格拉斯·诺斯的书，先生晚年也关注过，他的书架上就有。受先生影响，我们有意识主动了解了一些制度经济学的解释模式，把它运用到中国历史研究中来。先生对此是非常鼓励的，那个时候他还给我写过推荐信，去申请一些资助。他说年轻人要多尝试，不要怕有争论，不要怕犯错误，拿出来，大家共同讨论。

因此在记忆中，先生带给我的最大感受，是他那种循循善诱的指导方式。先生愿意聆听，不是居高临下的，上来就说你这个不对，而是先听你有什么想法，然后再和你仔细去讲。像我曾经思考过一个问题，就是为什么中国在清代盛世之后，不能够再实现经济的可持续发展？这个问题我最早是从制度经济学角度提出来的，但又要和马克思主义基本原理相契合，就变成了当时的生产关系和上层建筑为什么没有提供一种条件，让生产力可以持续发展。我们都知道，清代到了乾嘉后期，生产力发展事实上是遇到瓶颈了。当年我们留下了这么一个问题，到现在为止还在研究。总而言之，先生开创了一种把历史唯物主义有效运用到明清历史研究中去的学术道路，提出的好多重大问题都是具有理论开放性的。

常文相：那接着罗老师的话头，请问在和李洵先生读书共事期间，发生过哪些令人感怀至深的往事？

赵毅：我们跟先生读书，后来也一起共事了。师生在同一个单位，发生了很多令人感动而记忆深刻的往事，我昨天在纪念会开幕式也讲了。大家都说，先生温文尔雅，用过去的话描述，那就是一个醇儒，是极其纯粹同时又有信仰的读书人。20世纪50年代，由于先生学问做得非常拔尖，那阵民主党派愿意吸收这些知识分子，所以他就被长春市民盟吸纳了，成为民盟盟员。但1958年先生遭遇了不幸，长春市民盟就把他开除了。等到1978年先生恢复人民教师的身份，"右派"问题得到彻底甄别和平反，那么长春市民盟又主动找过来，要给先生恢复盟籍。来信现在还保留着，先生是回信婉拒了，不回去了。但先生说，我不是个没信仰的老头，我有信仰，我20多岁能够从北平来到东北解放区，就已经做出政治选择了，要跟共产党走。他信仰共产党的纲领，信仰共产主义理想，因此积极要求加入中国共产党。

那个时候落实政策，有一些老同志被党组织接纳吸收了。先生一直到1986年才正式加入中国共产党，是年长的新党员，党龄短，但年龄大，虚岁已经有65岁了。我那时还不到40岁呢，赵轶峰老师也就30岁出头，都是先生的学生，我们坐在那讨论他的入党问题。先生入党之后，严格要求自己，给系里的年轻党员和中青年教师做出了榜样。那时在高校及社科研究单位，政治学习和组织活动还是非常多的，基本每周一次，行政事务要宣布，文件精神要传达，开生活会，甚至是读报纸。先生60多岁了，关键是他右腿还有毛病，走路是跛脚的，但没有不参加的时候，不管刮风下雨下雪，都拄着棍来。从师大一教过条马路走到这个历史楼，距离也不算短，先生一次不落，尽职尽责地履行党员义务。

先生得了重病住院，那是 1995 年五一节之后了。当时先生的学生、朋友、同事过来到医院探望，他都尽量拒绝。先生家里，大儿子是长春一个基层单位建筑公司的经理，平时工作比较忙，二儿子在北京工作生活，只有老伴王玉珍老师在医院伺候他，是在吉大一院的干部病房。先生谢绝所有要求照顾他的学生，因为有好多老先生啊，儿女亲人不在跟前，在病重临终的时候，单位出人照看或者学生弟子尽点孝道，都是应该的。先生那会儿学生不少，包括毕业、在读的博士和硕士，罗老师那时博士还没答辩，在身边的全算上不下 10 人。大家提出说排排班吧，服侍老人家最后一程，先生就坚决不同意。我们去看望先生的时候，他说你们还年轻，时间宝贵，要把时间用在工作学习上，用在明清史研究上。先生病危期间，他在病床上就写信给你交代，明史、清史研究中哪些问题是需要继续深入探讨的，东北师范大学的历史学，特别是中国古代史这个专业该如何发展，还有今后应着重培养的青年学术人才，等等，都在他的思考之内，可以视为临终嘱托。当然信是写给我的，写得很长很长，但这个信我没保留下来。先生关心的是东北师范大学历史系及历史学科的未来建设，思考的是深化历史研究的一些十分有意义的命题，他想做但来不及做了，都给写了下来。

那时先生的病已经很重了，他是直肠癌晚期，一开始是瞒着的，后来瞒不住了。先生自己也很清楚，所以他说人呐，生命有长有短，固有一死，像司马迁所言，有的重如泰山，有的轻如鸿毛，我不一定非要重如泰山，但我绝不是轻如鸿毛的，我已经把自己毕生的才智和心力，都献给了我所钟爱的历史学研究和人才培养事业。他的意思是，即便现在归去，也没什么可遗憾了。先生的确是笑对人生坦然走到最后的，没看到他愁眉苦脸，悲悲戚戚，一点都没有，去世的时候都骨瘦如柴了，但面色还是很安详。

先生这一生，虽然现在看还是相对短暂了点，70 岁刚冒出去。但他这辈子活得当真是光明磊落，同事间谁短谁长，谁是谁非，从来不谈。我和先生相处时间比较长，跟他学习之后留在他手下工作，在同一个支部、研究所活动，或是陪同出差，弟子中就数我和他接触最多。我真是从没听先生说过谁咸了淡了，轻了重了，不议论的。"文革"时我遭到点不公待遇，有时还牢骚满腹，先生那可是当了整20年"右派"呐，你想想。他只说那会儿我政治上遇到困难了，至于其他一概不提。人到这份儿上，算是对人生大彻大悟了，一般人是做不到的。

常文相：最后，还是想请一位老师，对我们今天这次关于李洵先生人生经历与学业贡献的访谈，做一个收结。

赵现海：刚才赵老师和罗老师谈得很全面，也很深入，发自肺腑。先生在20多岁的时候，就非常坚定地选择来到东北解放区，接受马克思主义，他的心智是清醒而成熟的。先生不仅把马克思主义当成一种理论学说，努力学习并贯彻进历史研究里去，更是将其奉为人生信条，以史经世，在史学研究中倾注了对国家前途及民族命运的切实关怀，这构成了他能做出大学问的根本基础。每个时代的历史学家，都要去尝试解答他们所处时代面临的各种问题。中华民族有5000多年的文明史，即便从司马迁著《史记》算起，距今亦已超过2000年了。我们对于历史的阐释理解之所以能够不断推陈出新，原因就在于不同时代的人都是从现实出发而去重新思考历史上的问题。先生正是以这样高的站位，自觉把自己的研究跟国家、人民的需要结合起来，紧紧扣住时代脉搏，把学问做大做深，使其既有历史维度，又具现实热度。

可以说，先生是非常通透的一个人。一个人只有思想上很通透，生活上很通透，他的学术才能做得通透，否则他是对历史和现实都看不清楚的。先生作为一位既继承优秀传统文化又接受马克思主义思想洗礼的成熟知识分子，无论是为人处世还是治学育才，他身上均展现出历史性与现代性的统一。具有先生这样学术气象与人格品质的学者，放眼整个史学研究谱系，其实并不是很多。

也正因如此，先生培养出众多优秀的传人，这些传人又把先生的治学精神和方法一代一代传承下来，形成了一个特色突出、布局全面、团结务实的庞大学术群体，将明清史研究不断推向深入。在这层意义上，先生可谓开创了明清史研究领域中的"东师学派"。明清史学界能有这么一个踏实低调、勤奋认真并且起到非常好的带头作用的学术团体，实在也是一件幸事。我们纪念先生，不仅是追忆他个人的点点滴滴，更重要的是感悟他的学识学思学风，继承发扬他为人为学的高尚风范和丰厚遗产，落实于自身研究实践中，从而推动我国历史学自主知识体系建设不断向前发展，这才是我们今天缅怀先生的最大宗旨和目的。

舒拉·马克斯与南非马克思主义史学[*]

梁凯宁[**]

摘 要：舒拉·马克斯是南非马克思主义史家群体中的一位女性史学家，她在史学观点、历史书写、重要学术阵地及史学教育、传承等方面都做出了独特贡献。舒拉虽为女性，但在南非马克思主义史学中的贡献和影响力丝毫不亚于以马丁·莱加西克为代表的史学三大先驱。本文旨在从舒拉·马克斯的学术人生和历史书写、主要思想观点、代表性作品分析等三个维度进行研究爬梳，力图从史学家的独特角度对南非马克思主义史学的治史背景、转型发展和代际传承有所了解。

关键词：南非 马克思主义史学 舒拉·马克斯

学术研究和政治实践是南非马克思主义发展的两驾"马车"。[①] 南非马克思主义史学是在与种族隔离斗争中产生发展的，是马克思主义史学体系的一个组成部分，是马克思主义在南非传播、发展的必然结果，[②] 形成了不同于俄国、中国、西方马克思主义史学的发展特征。南非马克思主义史学集合了对俄国教条马克思主义的批判，同时也较深刻受到了英国马克思主义史学家的影响。本文将通过南非马克思主义女性史家舒拉·马克斯（Shula Marks）的学术人生、史学观点和代表性作品来爬理南非马克思主义史学的治史背

---

* 本文系国家社科基金重大项目"泛非主义与非洲一体化历史文献整理与研究（1900—2021）"（23&ZD325）；国家社科基金青年项目"撒哈拉以南非洲马克思主义史学的流变与影响研究"（24CSS054）阶段性成果。

** 梁凯宁，湘潭大学中非研究院。

① 〔南非〕柯瑞科·海里克、彼得·威尔：《南非马克思主义主要流派及其思想主张》，付文军、张晓辉译，《西亚非洲》2015 年第 2 期。

② 林子赛、赖晓彪：《马克思主义在非洲的发展历程、经验和教训》，《学习与探索》2019 年第 6 期，第 27 页。

景、转型发展和代际传承，力图丰富学界对非洲马克思主义史学的了解。

相比西方马克思主义史学研究的繁荣发展，非洲马克思主义史学研究薄弱，在研究的"推力"和"拉力"方面亟待提高，而对作为非洲马克思主义史学重要分支的南非马克思主义史学研究则更显不足。国内外学界近年来对非洲马克思主义史学有所关注并形成了一定成果，张忠祥等《20世纪非洲史学与史学家研究》一书第四章梳理总结了非洲马克思主义史学产生背景、新殖民主义论、依附理论、新马克思主义学派。① 王严《当代非洲史学进程研究》对非洲马克思主义史学有所涉及，但限于劳工史等社会史领域。② 美国神学家哈利·C.梅瑟韦（Harry C. Meserve）《非洲史学的教学：基于一种马克思主义的观点》强调马克思主义对非洲历史的指导意义，并提供了部分关于非洲马克思主义的书目。③ 具体到南非马克思主义史学，李安山在《南非近现代研究述评》一文中，梳理了南非激进派史学（马克思主义史学）的产生背景和发展脉络。④ 刘鸿武、刘远康《近年来南非史学研究述评》指出，南非马克思主义史学流派倡导以唯物主义方法研究底层民众生活，进而推动占人口多数的黑人实现政治解放的目标。此外，近年来学界也有对新马克思主义史学代表人物及其史学思想的个案研究。⑤ 李鹏涛在《金山大学历史工作坊与南非社会史研究的兴起》一文中，论述了20世纪70年代南非马克思主义史学对于当时占主流的新自由主义给予的批判，当时南非工人运动陷于困局，发展转入低潮期，种族主义与资本主义有机结合，工人和黑人成为资本主义和种族主义的共同受害者，深受马克思主义思潮影响的南非激进主义学派在批判自由主义过程中扮演了重要的角色。⑥ 美国加州大学伯克利分校社会学系教授麦考·布洛维（Michael Burawoy）撰写的文章《从解放到重建：

---

① 张忠祥等：《20世纪非洲史学与史学家研究》，商务印书馆，2023。
② 王严：《当代非洲史学进程研究》，博士学位论文，云南大学，2016。
③ Harry C. Meserve, "The Teaching of African History: A Marxist View," *A Journal of African Studies*, Vol.1, No.1,1970, pp. 52—53.
④ 李安山：《南非近现代研究述评》，《世界历史》1994年第6期，第81—86页。
⑤ 刘鸿武、刘远康：《近年来南非史学研究述评》，《历史教学问题》2021年第2期。
⑥ 李鹏涛：《金山大学历史工作坊与南非社会史研究的兴起》，《史学理论研究》2023年第2期。

哈罗德·沃尔普生活中的理论和实践》较为具体地描写了南非马克思主义史学家哈罗德的经历、思想的滥觞以及其作品深处所要表达的理论和观点等。该文指出，哈罗德最好的作品产生的时期、思想最活跃或者学术思想的高潮期正是其最为颠沛流离的时期，该文主要是论述从哈罗德普通日常生活出发所生发的理论，而非其思想最深处的马克思主义理论架构。①

总之，国内学界对舒拉·马克斯在南非马克思主义史学领域所产生的影响并无专文进行研究。因此，本文从学术人生和历史书写、主要思想观点、代表性作品分析等三个维度进行钩沉梳理，以期对二战后南非马克思主义史学转型发展研究提供参考。

一　舒拉·马克斯的学术人生和历史书写

2012 年 5 月，当舒拉·马克斯教授在南非约翰内斯堡大学获得荣誉博士学位之时，她发表了著名的演讲——《历史人生》（"A Life in History"），声情并茂地用自己的历史人生来告诫和激励听者如何用最正确的方式走好人生历史：

> 出于多种原因，我选择谈论历史上的人生。当然，在我自己的生活中，历史——思考、阅读、写作和教授同样至关重要。在书写那段历史的过程中，我一直意识到历史中的人生，我们需要理解个人传记——我们自己的传记和我们的主题——如何被历史塑造和不断重复塑造。在我看来，你和我今天出现在这所大学的这个大厅里，是对这一点的非常生动和中肯的提醒：只要想象不到二十年前在这个空间和地方举行的毕业典礼是什么样的，我相信你们就会明白，仅仅是我们在这里存在，也是我们近代历史上的重大惊喜和胜利之一。
>
> "历史人生"这句话让人想起什么？对我来说，它强调了我们自己

---

① Michael Burawoy, "From Liberation to Reconstruction: Theory & Practice in the Life of Harold Wolpe," *Review of African Political Economy*, Vol. 31, No. 102, 2004, pp. 657–675.

在历史上的作用这一有问题但又至关重要的概念——它的可能性和局限性。可能性，因为只有通过人类的力量——通过赋权我们自己和他人——我们才能改变我们的世界；而局限性，是因为我们都受到我们所生活的世界影响，即使我们试图改变它。卡尔·马克思非常简洁地抓住了这一点，他写道："人们自己创造自己的历史，但他们并不是随心所欲地创造，并不是在他们自己选定的条件下创造，而是在直接碰到的、既定的、从过去承继下来的条件下创造。一切已死的先辈们的传统，像梦魇一样纠缠着活人的头脑。"当我们试图摆脱种族隔离的遗产，同时又深陷其中时，我们当然可以看到这句不祥之言是如何成为南非现实的一部分的。

......

从很多方面来说，这也许是"历史人生"中最重要的一课。在一个仍然如此分裂的南非，历史令人触目惊心，从出生到死亡，生活机会如此严重不平等，但在过去和现在都有如此杰出的人物，我们需要能够"将自己视为他人"之思想。当你离开大学面对新生活时，使用证据、深思熟虑、调查和论证，但最重要的是想象力将对你大有裨益。①

实际上，舒拉教授在用演讲分享给在场所有听者人生历史该如何书写之时，她自己本身的学术人生和历史书写更值得被研究。

舒拉·埃塔·马克斯（Shula Eta Marks）是南非著名历史学家。原名为舒拉·埃塔·威诺克（Shula Eta Winokur），因嫁给英国伦敦国王学院名誉教授艾萨克·马克斯（Isaac Marks）而更名为日后家喻户晓的舒拉·马克斯。作为南非著名女性史学家，舒拉·马克斯是南非马克思主义史学拓荒先驱之一，为南非马克思主义史学的发展做出了独特贡献。

舒拉 1938 年 10 月 14 日出生于南非的开普敦，其后，相继获得开普敦大学文学学士学位、英国伦敦大学东方与非洲研究院历史学博士学位。博士毕业后，舒拉没有选择返回祖国南非，而是留在了英国伦敦大学任教，正是

---

① Shula Marks, "A Life in History," July 11, 2012, https://www.groundup.org.za/article/life-history/.

这一选择使她有机会日后成为伦敦大学东方和非洲研究院的名誉教授，从而在根本上奠定了其学术地位。①

　　舒拉的学术渊涵博大，人生丰富多彩。她既是非洲历史学家、社会活动家、杂志创刊主编，跨学科研究的积极倡导者，更是一位南非马克思主义女性史家。作为一名杰出的非洲历史学家，在过去的 50 年里，舒拉教授的研究主题涵盖了非洲大陆的考古学和史前史、非洲妇女史、种族隔离制度下的医疗史，20 世纪南非的种族、阶级和性别史，以及种族和政治运动史等领域，从中可窥见其深厚的学术底蕴和宽广的学术视野。作为一名活跃的社会活动家，舒拉在尊重和保障人权、维护难民权利等方面颇为坚定，她长期在以英国为中心的西方社会奔走呼吁，为祖国南非争取民权，特别是在维护底层难民权利方面努力。1974 年，舒拉成为《南部非洲研究杂志》(*Journal of Southern African Studies*) 的创刊者之一。该杂志是一本国际出版物，涵盖了对南部非洲地区的研究，重点关注南非、安哥拉、博茨瓦纳、莫桑比克、赞比亚、津巴布韦等国家。舒拉立志将其打造为南非进步学者的思想阵地。例如，该杂志 2001 年发表的一份名单记录了 40 多篇博士学位论文，作者中包括许多在南非人文和社会科学领域有独特贡献的进步学者，包括伊莱恩·翁特哈尔特 (Elaine Unterhalter)、杰夫·盖伊 (Jeff Guy)、布莱恩·威兰 (Brian Whelan) 等。② 作为一名南非跨学科研究的倡导者，舒拉举办了主题为南部非洲社会的跨学科研讨会，内容涵盖莫桑比克、安哥拉、纳米比亚和津巴布韦等国在殖民解放时期、后种族隔离时代等不同历史时期的研究，形成了一个有关南部非洲前殖民和后殖民历史和社会的知识领域。该研讨会所产生的理论见解和实证研究，指导了从 20 世纪 70 年代至今关于这些地区的一系列跨学科研究。作为一名南非马克思主义女性史学家，舒拉从马克思主义世界观和方法论角度出发，再结合女性独有的关注角度，在 20 世纪 70 年

---

① Deborah Gaitskell, "Publications of Shula Marks: A Preliminary Bibliography," *Journal of Southern African Studies*, Vol. 27, No. 3, 2001, p. 655.

② William Beinart et al. , "Special Issue for Shula Marks: [Introduction] ," *Journal of Southern African Studies*, Vol. 27, No. 3, 2001, p. 397.

代至 90 年代对南非这个种族隔离国家的制度进行了持续批判，包括历史发展规律、阶级问题、社会发展的根本动力、社会结构等内容。她的批判方法和批判出发点不仅属于马克思主义史学的范畴，也掺杂了更多人道的、女性的温情。特别是她将对南非种族隔离制度的批评与医疗健康工作进行了某种形式的结合，例如将批判种族隔离制度与艾滋病的研究和治疗相结合。这与西方人道的、文化的马克思主义阐释角度颇有相似之处。[①]

在舒拉教授 50 多年的学术人生中，她笔耕不辍，出版了 5 部专著，参与编辑 14 本书，发表了多篇文章。1963 年，舒拉在当时新成立的《非洲历史杂志》（*Journal of African History*）上发表了自己的第一篇论文——《哈里特·科伦索和祖鲁王国（1874—1913）》。该文以哈里特·科伦索（Harriette Colenso）为捍卫祖鲁王室主权而进行终身斗争为历史脉络，较为详细地分析了南非土著反殖民主义的历史。她的博士生著名历史学家杰夫·盖伊，日后以此为主题进行了多年深入耕耘。对南非祖鲁民族的反殖民研究为舒拉日后的研究指明了方向，此后，她的大部分著述都集中在主题为祖鲁-纳塔尔（Natal）的文化和政治史方向上。[②] 舒拉的第一部专著——《不情愿的叛乱——1906—1908 年纳塔尔动乱》，运用了著名历史学家特伦斯·兰杰（Terence Ranger）对班巴塔（Bambatha）叛乱的许多思想见解乃至娴熟的分析技巧。[③] 在《南非依附性的模糊性：20 世纪纳塔尔的阶级、民族主义和国家》一书中，她大胆改变了早期作品中简单的政治路线思考，探索了祖鲁王室的妥协和退让问题。并且对早期纳塔尔省与非洲人国民大会（Arican National Congress, 简称"非国大"）之间所做的政治交易和其中产生的一些悖论进行了比较深入的阐述。此外，舒拉以较大的耐心关注南非社会中种族的文化和

---

① Deborah Gaitskell, "Publications of Shula Marks: A Preliminary Bibliography," *Journal of Southern African Studies*, Vol. 27, No. 3, 2001, pp. 656–657.

② Shula Marks, "Harriette Colenso and the Zulu, 1874–1913," *Journal of African History*, Vol. 3, 1963, p.23.

③ Shula Marks，*Reluctant Rebellion: The 1906-8 Disturbances in Natal*, Oxford:Oxford University Press, 1970.

心理工作等问题。① 在《并非试验性玩偶：三位南非妇女的独立世界》一书中，她围绕三位南非妇女的通信，进行了比较深入细致的分析研究，特别是她对种族家长制、依赖性和不平等问题如何阻碍早熟的女权主义斗争进行了雄辩而有力的分析，成为全球性别史研究重要成果之一。② 从某种程度来说，在她的南非妇女史研究当中，她回到了性别、种族和阶级之间矛盾的问题上，开创了一种较独特的研究方式，并给出了全新的历史解释。在那个马克思主义学术主题日益多样化的时代，《南部非洲研究杂志》不仅关注政治经济问题，还向外扩展到诸如环境、性别关系、健康、宗教、种族和身份界定等一系列社会和文化问题上。舒拉在该杂志创办了一系列特刊，如"健康的政治经济学"（1987）、"文化与意识"（1988）、"政治人类学"（1989）等，这不仅体现了舒拉敏锐的学术意识，也体现了她对学术大势的回应。

舒拉教授学术兼职经历丰富，曾担任英国非洲研究协会（ASAUK）主席（1978—1979）、世界大学南部非洲奖学金委员会主席（1981—1992）、英国科学院院士（FBA）（1995）、皇家非洲学会副主席（1999）、国际记录管理信托基金会主席（1989—2004）、世界卫生组织顾问（1977—1980）、英联邦奖学金委员会委员（1992—1998）等职务。拥有开普敦大学、纳塔尔大学（现在为夸祖鲁－纳塔尔大学）、约翰内斯堡大学和威特沃特斯兰德大学（现在为南非金山大学）等四个荣誉博士学位。③ 这些丰富的人生经历，也推动了舒拉承担了更多的社会责任，她对南非奖学金所做的杰出贡献、对促进人权和正义工作所奉献的力量、对几代非洲学子的言传身教，特别是由于她出色的学术功底，从经典马克思主义史学出发，将内心深处的女性关怀融入其中，给出了对历史现象和史实全新的解释。因而，她被授予大英帝国勋章（1996）和杰出非洲主义者奖（2002）。舒拉教授还是第二位入选英国

---

① Shula Marks, *The Ambiguities of Dependence in South Africa: Class, Nationalism, and the State in Twentieth-Century Natal*, Baltimore: The Johns Hopkins University Press, 1986.

② Shula Marks, ed. , *Not Either an Experimental Doll: The Separate Worlds of Three South African Women* (Reprint ed.) , Bloomington: Indiana University Press,1988.

③ Deborah Gaitskell, "Publications of Shula Marks: A Preliminary Bibliography, " *Journal of Southern African Studies*, Vol. 27, No. 3, 2001, p. 658.

学术院（BA）现代史分会的女性。① 总之，舒拉用近乎完美的表现写就了自己的学术人生。特别是在那个男女还不甚平等的年代，这种历史人生更显可贵。

二 舒拉·马克斯的主要思想及观点

南非马克思主义史学家的身份是舒拉·马克斯最为重要的标识，但她与南非其他马克思主义史学家有所不同，她的思想观点独具一格。虽然在作品叙事内容上，舒拉继承了马克思主义对资本主义社会一贯的批判基因；在叙事取向上，也往往从历史唯物主义出发；在叙事风格上，也有马克思主义的激进式"灌顶"批判。但是在涉及南非特别是二战后南非种族隔离问题时，她却选择以非洲本身历史为研究基础，从非洲的历史、殖民主义和种族关系，去审视南非种族隔离的"刻板印象"，在史学叙事层面颇有特色，这表现在以下四方面。

首先，在南非反殖民主义问题上，舒拉的独特阐释视角。舒拉从南非久远的历史出发，认为在荷兰人到达好望角之前的 1000 多年里，铁器时代的非洲黑人农民和石器时代晚期的非洲人一直生活在南非内陆地区。对此问题，舒拉进行实证主义研究，通过收集丰富的考古证据（其中大部分是 20 世纪 80 年代所收集到的），证明 1488 年葡萄牙水手首次到达开普敦之前，南非已出现广泛的定居点。然而，南非政府只将该国 13% 的土地分配给讲班图（Bantu）语的居民作为"土著家园"，这在历史上是不甚合理的。因为当白人迁入内陆定居时，大片地区并非野生莽荒的"空旷之地"。反之，讲班图语的人口实际上早已与历史上定居于此的科伊科伊人（Khoikhoi）和科伊桑人（Khoisan）进行了各种层面的交流和互动。另外，讲班图语的人实际上在荷兰人到来之前就已经开始向南迁移，早已居住在被殖民主义者后来所定义

---

① Deborah Gaitskell, "Publications of Shula Marks: A Preliminary Bibliography," *Journal of Southern African Studies*, Vol. 27, No. 3, 2001, p. 659.

的"空旷之地"。^①对此,舒拉吸收法国年鉴学派成果,以"长时段"理论为研究路径,批判和反驳长期以来西方殖民主义者对南非所定义和塑造的"空旷之地"神话。事实上,世界上大多数民族或群体都有自己的"起源神话",这也是从历史的角度,用来解释并证明当代社会对权力和资源的话语权争夺。英国学者罗伯特·伯利爵士(Sir Robert Birley)在1974年切尔滕纳姆(Cheltenham)举行的包腊纪念讲座(Bowra Memorial Lecture)上的发言体现了历史对于现实强大的塑造力和影响力。他说:"英国过去的历史可能对我们来说似乎不那么重要。虽然这在英国可能是事实。但南非却并非如此,因西方殖民者的入侵,南非社会内部分裂严重、矛盾重重。'过去'(the past)不是从中立观察角度认识的不甚重要的'历史'(history),而是一系列激烈的、有时甚至是不可绕过的、对当下和未来有重要影响力的'历史'。"

其次,在南非马克思主义史学方面,舒拉教授深受英国马克思主义史学的影响,在学术理念、学科领域等方面提出了有个人特点的思想观点,按其走过的学术人生来提出历史解释,从而在历史问题上坚持理论自觉式的逻辑推进,为南非马克思主义史学做出了自己的贡献。^②在20世纪80年代中期,南非激进的马克思主义史学已经取代了承袭自西方的自由主义史学,成为南非史学的主导力量。舒拉教授及其所培养的博士付出了大量努力,加速推进了南非马克思主义史学转向进程。他们在20世纪80年代,积极传播推行马克思主义历史研究新方法、新理论。他们的大部分成果刊发在"南部非洲研讨会"的《研讨会论文集》(*Collected Seminar Papers*)上;还有部分成果则发表在舒拉教授创办的《南部非洲研究杂志》上。^③总的来看,这些学术成果,关注经典马克思主义的世界观和方法论,包括社会阶级分析法、矛盾斗争力量、社会发展的根本源动力和社会历史发展规律等,不但对塑造发展中

① William Beinart, Saul Dubow, Deborah Gaitskell & Isabel Hofmeyr, "Special Issue for Shula Marks," *Journal of Southern African Studies*, Vol.27, No.3, p.397.
② 张广智:《论西方马克思主义史学的意义与特征》,《社会科学战线》2008年第10期,第112页。
③ I. D. Keita, "Alienation, Philosophy and the African Problematic," *Kiabara*, Vol.5, No.2, 1982, pp.115–123.

的非洲主义话语权有重要意义，而且对于建构具有南非特色的马克思主义史学有重要作用。

然而，在 20 世纪 60 年代的南非，在史学写作和社会思潮中的"非洲主义"（Africanism）倾向，则被所谓新形式的"自由主义"学术思潮裹挟。彼时，马克思主义等激进史学在南非社会和学术领域式微。《牛津南非史》（*The Oxford History of South Africa*）的出版，标志着南非激进主义学术传统开始对"自由主义"思潮进行学术性批判，并且批判群体逐渐壮大，也日趋学理化。这种批评的声音从 20 世纪 60 年代开始首先在南非青年群体中发酵，并逐渐向其他群体蔓延。他们深受经典马克思主义启发，持续关注南非历史的非洲性，最终形成南非马克思主义史学研究群体——除了舒拉教授之外，还有南非马克思主义史学"修正派"核心人物马丁·莱加西克（Martin Legassick）、关注南非前沿史学的斯坦利·特拉皮多（Stanley Trapido）、以"阶级"分析为方法的弗里德里克·约翰斯顿（Frederick Johnstone）以及南非著名史学家安东尼·阿特莫雷（Anthony Atmore）等学者。他们都在不同程度受到伦纳德·汤姆森（Leonard Thompson）、佩里·安德森（Perry Anderson）的影响。此外，他们深研英国经济学家约翰·阿特金森·霍布森（John Atkinson Hobson）在 20 世纪初关于南非帝国主义本质的分析。他们还从 20 世纪二三十年代以来南非共产党成员和其他激进左翼分子撰写的一系列论战性著作中汲取养分。通过研究和钻研，南非马克思主义史学研究群体不仅具有了较强的实践斗争性，也更具学术理论性。

在这一群体中，舒拉为唯一女性，并在南非新激进主义批判性的形成过程中发挥了关键作用。她在史学实践上，对叙事对象的社会参与方式和历史个体的政治经验，进行了全面深刻的阐释。她与安东尼·阿特莫雷共同组织了"19—20 世纪南部非洲社会"系列研讨会，该研讨会受到伦敦大学联邦研究所（Institute of Commonwealth Studies）资助，自 1970 年开始，持续 10 年，成为南非马克思主义新史学的试验场。研讨会所探讨的主题从各个层面影响了当时流行的非洲解放斗争的激进主义思潮。由非洲民族解放而产生的非洲民族主义史学以及一代杰出的南非左翼历史学家和社会科学家的著作也因研讨会的召开，产生重要影响，启发一代学人。其中就包括 E.P. 汤普森（E.P. Thompson）、小巴林顿·摩尔（Barrington Moore Jr.）、克里斯托弗·希尔（Christopher Hill）、埃里克·霍布斯鲍姆（Eric Hobsbawm）、沃尔特·罗德尼（Walter Rodney）和尤金·吉诺维斯（Eugene Genovese）等人的著述。舒拉教授在系列研讨会中也阐明了她本人主要的史学思想，包括强调社会史研究的重要性，重视非洲社会的结构、阶层和文化的深入研究，指出应该通过历史研究揭示不同社会力量之间的关系。她从社会历史发展规律的角度揭示了南非内部打破旧有的社会结构和权威的可能性，以推动社会变革和真正的社会平等。作为女性史学家，她大力提倡性别平等，重视女性的影响力，倡导在马克思史学理论的影响下推动女性的真正解放。此外，她对南非种族隔离特定环境产生的特殊社会问题，如种族歧视、资本主义如何剥削大多数黑人和少数白人弱势群体等问题，有着深入思考。

再次，舒拉的史学思想受到了英国共产党历史学家小组的影响，以唯物史观为根本指导，以进步史学作为著述立论的依据。这与其长期生活在英国密不可分。舒拉在英国马克思主义史学影响下，从唯物主义角度研究非洲历史进程，不但从经济、社会和政治因素进行了综合分析，更是结合南非经济和社会现象，重新阐释了南非的历史事件，重新定义南非黑人社会史。她强调，南非的黑人社会史实际上是一部"来自下层人民"的历史，这种观点也客观推动了南非的政治活动。20 世纪 80 年代，是南非政局最为动荡的时光。反种族隔离斗争愈演愈烈。威特沃特斯兰德大学（金山大学）召开的两年一次的历史研讨会，为舒拉等学者提供了学术争鸣的场所。研讨会主题围绕南非工人、农民等及其所处环境展开，研究包括下层人士所居住的街道、所过的生活及关联人物和相关场所等。[①] 尽管自由主义者怀疑这种有关下层人民的历史是否应该成为研究的关键领域，但是舒拉教授希冀通过自己历史书写的转向，引领南非激进史学领域研究思潮转向。

最后，舒拉的史学观点深受结构主义马克思主义研究方法的影响，试

① Deborah Gaitskell, "Publications of Shula Marks: A Preliminary Bibliography," *Journal of Southern African Studies*, Vol. 27, No. 3, 2001, p. 659.

图通过研究社会结构和制度的相互关系来理解南非特殊的社会环境和社会现象。她指出，南非特殊的社会结构对黑人和白人的个体和社会行为有着深刻的塑造作用。① 从结构主义层面思考"所谓的南非统治阶级"问题，实际上是在考察特定时期内的种族隔离制度对于人们特别是黑人的经济、文化、思想等所产生的深刻影响。她认为，南非特殊的社会结构在塑造种族隔离主义社会性质方面所起的作用非常巨大。特别是，1994年新南非建立以来，特殊的社会结构并没有完全消弭，而是逐步将种族问题转化为阶级问题。而阶级问题使非洲黑人保守派困扰，因为他们的大多数实际上已经成为无产者，在阶级层面他们不仅再一次站在了白人的对立面，而且再一次成为被剥削的对象。舒拉教授关注到这一现象，对新南非的社会结构的模糊性进行深入研究。实际上，她在研究生涯起步阶段就已经密切关注非洲历史的主观能动性和主体性，也预见到了殖民主义的受害者在后殖民理论中被重新定义为"次等人"的概念。可见，舒拉教授一直致力于从结构主义角度对性别、种族和阶级等问题进行系统性的研究。她曾经写道："我们看到了社会结构对人类能动性的总体约束，以及个人心理与受文化约束的社会秩序之间的复杂关系。"②

综上所述，舒拉对南非马克思主义史学有着独到思考。包括对南非被压迫群体历史的特别关注，对南非殖民主义和种族隔离制度方面的严厉批判，强调民族解放的重任只能通过阶级斗争来完成，对所谓"大人物"和"精英"的旧式政治历史嗤之以鼻，关注以"普通人"的文化、社会等为主题的历史研究等。③ 她的治史理论与方法对于非洲反殖民主义和社会主义运动都有很大的启发，为南非马克思主义史学的发展提供了新思路和新视角。同时，她将这种思想通过各种方式进行传播，包括组织研讨会、主办期刊和指

---

① 于沛主编《马克思主义史学思想史》，中国社会科学出版社，2015，第38页。

② Alan Cobley, "Does Social History Have a Future? The Ending of Apartheid and Recent Trends in South African Historiography," *Journal of Southern African Studies*, Vol. 27, No. 3, 2001, pp. 613–625.

③ Shula Marks, "Harriette Colenso and the Zulu, 1874-1913," *Journal of African History*, Vol.3, 1963, p.23.

导学生等方式。这为南非年轻一代马克思主义史学家的成长打下了坚实的基础。① 正是在她的不懈奋斗下，南非马克思主义史学流派在 20 世纪 70 年代应运而生并逐渐发展。

三 舒拉·马克斯的代表性作品及分析

舒拉是南非激进主义史学群体中少数通过女性主义视角书写种族隔离的学者之一。在她的著述中，对二战后南非白人政权的危机结构、政权所自然形成的体系以及南非爆发革命的可能性进行了细致的分析，以自己的独特视角审视了南非革命运动的全过程。她认为，南非革命最有效的形式是民族解放运动，并且在民族解放运动中，非国大将发挥主导作用，因为非国大是南非最具有合法性的解放运动组织——其具备斗争时间长、非部落组织、是唯一具有军事潜力的解放运动组织等多种特性。另外，舒拉也认识到非国大内部和整个解放运动内部正在进行两种至关重要的斗争。第一种斗争是组织内部部落主义或反种族主义对运动的分裂；第二种斗争是关于黑人无产阶级在非国大中扮演何种角色的斗争，即随着经济的发展，黑人资产阶级如何自处，或者说黑人阶级在南非社会中处于何种地位。对于第二种斗争，舒拉教授认为，随着革命运动的发展，革命的阶级问题和阶级意识可能完全被当下南非社会更重视的种族成分和民族主义掩盖，在民族主义之下，黑人资产阶级和白人资产阶级在某种程度上进行了"勾结"。总的来说，在舒拉的著述中阐述了这样一种认识：黑人无产阶级的斗争意识，将破坏南非种族隔离制度，对南非社会主义建设产生积极作用，甚至对南非整个国家的未来产生至关重要的影响。

在具体史学实践中，相比马丁·莱加西克更侧重于实践斗争，哈罗德·沃尔普多倾向于教育奉献，舒拉在学理层面的贡献更大。除了上述提及的著述，她的《分裂的姐妹情谊：南非护理行业的种族、阶级和性别》

---

① Deborah Gaitskell, "Publications of Shula Marks: A Preliminary Bibliography," *Journal of Southern African Studies*, Vol. 27, No. 3, 2001, p. 658.

（"Divided Sisterhood: Race Class and Nationalism in the South African Nursing Profession"）、《南非依附性的模糊性：纳塔尔的约翰·杜贝》等文章也颇受关注。下面，围绕其代表著述进行详细分析。

《南非依附性的模糊性：20世纪纳塔尔的阶级、民族主义和国家》和《南非依附性的模糊性：纳塔尔的约翰·杜贝》都以南非纳塔尔为主题，围绕纳塔尔的种族、民族和阶级问题进行阐释，体现了舒拉的激进主义思想。前者侧重从宏观角度解释纳塔尔的民族和阶级问题；后者对约翰·兰加利巴莱·杜贝（John Langalibaele Dube）关于南非土著的著述进行深刻分析，侧重从微观角度描述南非纳塔尔所经历的一系列变化，特别是对纳塔尔出现的种族和阶级交缠问题进行了辩证性的解释。在该文中，舒拉叙述了南非纳塔尔底层草根反抗白人统治的故事。这些赤贫的草根，他们是南非马克思主义者解决理论和实践之间矛盾的一道"桥梁"。[1] 底层人民与白人统治者之间的斗争不仅反映了非洲底层土著黑人对白人种族主义和种族隔离制度的不满，也反映了他们对白人资产阶级的剥削和压迫的愤懑。这两部作品认为，纳塔尔可能是南非乃至整个非洲黑人和白人矛盾最为集中的地方之一。尽管这种矛盾在南非其他地方也都存在，但是纳塔尔有其特殊性：纳塔尔不仅受到了几百年来"传统权威"的影响，也受到了特定白人管理者、白人定居者和西方传教士的长期影响，产生了不同经济结构和思维方式"混杂"的现象。[2] 舒拉基于约翰·杜贝的个例，分析了纳塔尔的一系列社会现象。文中认为，杜贝是纳塔尔中受过教育的黑人"精英"阶级，是南非不断壮大的"黑人资产阶级"的一员，他积极参加了一系列在当地黑人和白人之间建立"种族和谐"的"自由主义"的活动，这实际上是对南非底层黑人的一种背叛。[3] 对此，不同阶层的人对杜贝的"行为"持有三种不同意见。第一种是

---

[1] Shula Marks, "The Ambiguities of Dependence: John L. Dube of Natal," *Journal of Southern African Studies*, Vol. 1, No. 2, 1975, pp. 162–180.

[2] Shula Marks, "The Ambiguities of Dependence: John L. Dube of Natal," *Journal of Southern African Studies*, Vol. 1, No. 2, 1975, pp. 170–178.

[3] Shula Marks, "The Ambiguities of Dependence: John L. Dube of Natal," *Journal of Southern African Studies*, Vol. 1, No. 2, 1975, pp. 162–170.

对杜贝给予高度评价，如与杜贝同属于"黑人资产阶级"的祖鲁作家和诗人
B.W.维拉卡奇（B.W.Vilakazi）认为，"他是南非传教时代最伟大的黑人。他
用如此贫乏的经济手段取得如此大的成就，是几个世纪以来的第一人"。第
二种是，同时代的白人对杜贝坚定地持种族主义观点，[1]比如约翰·X.梅里曼
（John X. Merriman）形容杜贝为"一个典型的祖鲁黑人，有着一张凶狠而残
酷的脸"。纳塔尔总督蔑视地称他为"一个典型的埃塞俄比亚人"。纳塔尔
的底层黑人则持第三种意见。他们虽与杜贝同属于黑人，但对于杜贝的"资
产阶级化"感到不满。认为杜贝远离广大黑人群体，已经不是"自己人"，
不能代表黑人的立场。[2]实际上，杜贝并非有意远离黑人特别是底层黑人阶
级，更非要与绝大多数黑人划清界限。杜贝早年一直坚持激进主义，但是在
经历了工业化后非洲生活所发生的巨大变化，目睹了祖鲁人的家园被西方现
代化摧毁，祖鲁勇士被屠戮，部落人和农民被洗劫一空，沦落为时代的附庸
之后，杜贝的思想发生了转变。白人带来的自由资本主义给他展示出一种不
可战胜的强大力量，他被资本主义彻底浸润，在思想深处信服了自由主义，
进而抛弃其早期的激进主义思想。尽管他也认识到不断发展的城市无产阶级
的强大力量，但他对这个新阶级的领导力持有悲观态度，也认为新阶级的理
想无法完成。杜贝的经历是早期激进主义学者的悲剧。他们的思想超越了时
代，但最终被时代裹挟，被时代抛弃。他们曾经所具有的激进主义思想包
括对种族平等的热衷、对底层人民的重视、对正义的强烈要求，以及为非
洲统一所做出的努力等，从某种程度上而言并不是为他们自己所改变，而
是由于时代的变化而改变。[3]杜贝后期虽然发生了思想信仰的大转变——由
激进主义思想转向了自由主义思想，他也因此被一些学者评价为信仰和价值
观最矛盾的人物，但是杜贝一生都在为南非黑人的团结和最终解放而斗争。

① Alan Cobley, "Does Social History Have a Future? The Ending of Apartheid and Recent Trends in South African Historiography," *Journal of Southern African Studies*, Vol. 27, No. 3, 2001, pp. 613–625.

② Shula Marks, "The Ambiguities of Dependence: John L. Dube of Natal," *Journal of Southern African Studies*, Vol. 1, No. 2, 1975, p. 164.

③ Shula Marks, "The Ambiguities of Dependence: John L. Dube of Natal," *Journal of Southern African Studies*, Vol. 1, No. 2, 1975, p. 165.

他认为，黑人的团结和解放将通过教育、与富有同情心的白人合作、采用基督教价值观、西方模式的政治组织实现。他经常用白人风格或白人传教士的口吻来表达对西方的"膜拜"，这与马克思主义的激进方式是背道而驰的。

综上所述，舒拉正是通过分析纳塔尔的约翰·杜贝的思想转变，借以表达南非的部分黑人领袖面对南非环境的复杂性，意识信仰发生了模糊，对南非走向何处的问题产生错误分析。舒拉的著述是一种历史性的研究，它更多是对南非学术研究的贡献。她力求避免僵化的结构主义分析，关注20世纪前三十年纳塔尔"统治性质的变化"，深刻分析了纳塔尔人所面临的矛盾特别是纳塔尔的黑人领袖面临着复杂的环境而信仰发生摇摆的问题。除了对约翰·杜贝所代表的黑人资产阶级进行了剖析外，她还对非洲土著上层和"新非洲人"这两个阶级进行了分析。她认为，所罗门（Solomon Ka Dinnuzulu）——最后一位祖鲁国王的继承人，是一个典型的封建式酋长，代表着非洲土著上层人的利益；[1] 艾利森·韦塞尔（Allison Wessels）和乔治·钱皮恩（George Champion），分别是政治和工会领袖，是南非无产阶级的骨干，舒拉认为他们是"新非洲人"的代表。她强调，这两个阶级之间的关系尤为重要。所罗门虽然个人不配作为领导，也不值得被尊重，但由于他的出生，祖鲁王国保留了一定程度的影响力和合法性。韦塞尔和钱皮恩是新型马克思主义者，他们分别带领自己的选区走出了现代化带来的创伤。最终，由于他们的领导与种族奴役和压迫所产生的矛盾，他们被迫求助于所罗门，试图利用君主制的合法性与南非白人资产阶级做斗争。舒拉教授注意到，今天的南非政治家身上也出现了同样的不确定性，他们一方面默许白人资本家在南非肆无忌惮地盘剥底层人士；另一方面也保持黑人群体权力的独立性，以支持底层黑人。[2]

舒拉教授的另一部代表性著作是《并非试验性玩偶：三位南非妇女的独

① Shula Marks, "The Ambiguities of Dependence: John L. Dube of Natal," *Journal of Southern African Studies*, Vol. 1, No. 2, 1975, pp. 162–180.

② Metz Steven, "The Crisis in South Africa," *African Studies Review*, Vol. 31, No. 2, 1988, pp. 141–145, JSTOR, https://doi.org/10.2307/524423, accessed July 17, 2023.

立世界》，她通过展现南非三名阶级立场截然不同的妇女痛苦而富有启发性
的信件来往，来揭露南非现代种族隔离的根源和罪恶。舒拉教授以一个坚定
的马克思主义史学家的身份对南非特殊时期的历史阶段进行了记录。

这部著作具体讲述的是发生在 1948—1951 年的三名南非妇女之间的书
信往来，包括 74 岁的梅布尔·帕尔默（Mabel Palmer）（白人院士、女权主
义者和费边社会主义者）、莉莉·莫亚（Lily Moya）（寻求过教育的年轻黑
人女孩，后来成为一名社会进步青年）和斯布西斯韦·马卡尼亚（Sibusisiwe
Makanya）（一名 26 岁的祖鲁裔黑人社会工作者）。这些信件涉及梅布尔最初
决定向纳塔尔亚当斯学院的莫亚提供奖学金以及随后的事态发展——莫亚决
定退学，以及莫亚和她的捐助者之间由以前的友好关系随后逐步走向恶化。
斯布西斯韦在这方面起到了很关键的作用——因为她是调解人——莫亚过去
常常依赖她。因为她凭借黑人身份对莫亚产生某种"纠正"影响。事实上正
是这种影响包含了最初信件来往的动力及三者之间复杂关系改变的滥觞。莫
亚作为一名易被塑造的年轻人。她既与梅布尔保持着紧密联系且持续不断地
接受着她的不同好处。同时也受着斯布西斯韦的"纠正"性影响。最终证明
了这两种力量对莫亚产生了强烈的相反作用，特别是梅布尔穿着"公正"和
"进步"外衣的种族思想对其行为和内心产生了消极性影响。显然，尽管梅
布尔坚信自己的进步性（作为费边主义和女权主义的坚定支持者），但她从
未停止从强烈定义的欧洲白人中心主义视角来感知周围的社会现实——因此，
这种骨子里保留的"殖民思想"和"种族思想"使她与作为非洲本土黑人的
莫亚最终分道扬镳，也是意料之内的结果。

在三人的信件来往中，黑人年轻女子莫亚由于得到梅布尔决定帮助她接
受教育这一事实，开始认为这位年长的白人妇女对她充满了"情感"，因此
为努力赢得梅布尔作为"母亲"的情感意义，不断在非正式的信件来往中转
换着"话语"表达方式。然而，梅布尔对莫亚所流露出的感情，一方面只是
为了让自己感觉更好，因为她致力于构建白人的与众不同性，体现出白人真
正的高贵和高尚道德；另一方面，梅布尔对莫亚的帮助是一位白人慈善家对
黑人进行的一项社会实验，她将黑人女孩当作"小白鼠"，以此论证白人的

先进性和黑人的落后性。她视莫亚为一个尚未获得人格的人——这完全符合西方殖民地的意识形态。舒拉认为，梅布尔身上体现了白人"思想殖民化"的思想，这是"欧洲中心主义"的产物，也是白人的"殖民心态"。①

　　总的来说，舒拉教授的这部著作阐明了制度化种族主义的运作方式。一方面，她以一位南非马克思主义史学家的视野，通过丰富的个人信件材料，对殖民主义下妇女关系进行了动态研究，跨越了种族、年龄和权力的界限。另一方面，她批判了自认为高贵和具有道德感的白人资产阶级的虚伪。她认为这些白人资产阶级道貌岸然，表面上与种族主义划清界限，无限关爱黑人女性；实则在思想深处有着一种"本能"的对黑人的蔑视。

结　语

　　相比男性马克思主义史学家的灿若繁星，女性马克思主义史学家数量相对较少。放眼全球，女性对于马克思主义史学的贡献也值得称道。如英国著名的女性马克思主义史学家道娜·托尔是英国共产党建党元老，将马克思主义经典著作译介到英文世界的先行者——这曾深刻影响了 E. P. 汤普森、佩里·安德森等第一代英国马克思主义学者，为英国马克思主义的史学发展做出了重大贡献。②希拉·罗博瑟姆是英国第二代马克思主义史学群体的重要成员，是英国女性主义史学领域的开拓先锋。法国著名的马克思主义史学家波伏娃是女性主义运动的开拓者之一。她的女性主义思想是在批判继承马恩女性主义思想基础之上生发的，在世界女性主义运动中占有重要地位。③舒拉·马克斯教授作为南非战后为数不多的女性马克思主义史学家之一，其学术人生、史学观点和代表性著述都为马克思史学研究做出了贡献。或许只

---

① Dennis Laumann, *Colonial Africa: 1884-1994*, Oxford: Oxford University Press, 2012; Shula Marks, ed. , *Not Either an Experimental Doll: The Separate Worlds of Three South African Women* (Reprint ed.).

② 初庆东：《道娜·托尔与英国马克思主义史学》，《史学理论研究》2020 年第 4 期，第 109 页。

③ 梁民愫：《英国马克思主义史家希拉·罗博瑟姆的女性主义史学叙事》，《史学理论研究》2019 年第 4 期，第 36 页。

是鉴于其研究对象为第三世界国家和区域，她没有更多地为外界所知。但她的史学观点具有极高的价值，例如，她指出将南非的种族隔离政策称为天生的种族主义是一种常见的政治殖民的做法，也是最不应该存在的政策。她认为，种族隔离政策的实施导致黑人无法享有与白人平等的社会权利，背离了马克思主义所倡导的公平与正义。然而，许多人为种族主义披上合法的外衣。在舒拉的论文中，她详细探讨了种族隔离政策的隐蔽性。同时，舒拉探讨了种族主义与资本主义的苟合特征。总之，舒拉·马克斯的学术人生和史学观点彰显了南非马克思主义史学的鲜明特征。

当代西方人权史与文化史结合书写的理论源流刍议

张仕洋*

摘　要：21 世纪初前后，学界逐渐兴起了人权史与文化史结合书写的潮流，"人权文化"成为学术名词。表层而言，文化史与人权史二者各自的范式更替为这股潮流提供了直接的理论来源。一方面，新文化史取代传统文化史，赋予人权以文化属性；另一方面，人权史研究由自然权利观下的进步主义写作转变为建构权利观下的历史主义写作，开始注重从文化视角解读人权。究其根本，文化人类学累进的文化概念经由"文化转向"的传播被文化史和人权史共同接受，这为二者的结合书写奠定了更深层次的理论根基。探讨这一学术现象的理论源流可以深化对文化史和人权史的双重理解，进而有助于探索不同史学分支融合的可能。

关键词：人权史　新文化史　人权文化　"文化转向"

就传统而言，人权史与文化史是史学写作的不同领域。人权史较多关注人权作为制度或法律的发展历程，文化史则专注于人类思想与精神的研究，二者皆不视人权为文化内容。但自 20、21 世纪之交，学界开始兴起人权史与文化史结合书写的潮流，"人权文化"逐渐成为学术名词。概括而言，人权史与文化史的结合在三个方面更新了对人权历史的旧有书写。其一，改变了以往对人权先验性的信奉，转而研究人权在历史中的生成与传播过程，尤其表现为对当代人权诞生时间点的争论。其二，打破了人权无差别的普适性，偏重研究不同历史时段内不同文化语境中不同人群对人权的理解与适用。其三，突破了人权概念的政治性，聚焦于人权的文化解释，即前人的行动或思想与人权概念间的互动，尤其关注人权在普通民众生活中的反映与影响。

---

*　张仕洋，安庆师范大学人文学院。

人权文化史虽有自身特点，但并非自成一体的史学流派，其代表性作品或由新文化史家关注人权内容而写就，如林·亨特（Lynn Hunt）；或由人权史家采纳文化视角而成书，如塞缪尔·莫恩（Samuel Moyn）。[①] 因此，探讨这一新生事物出现的理论起源与发展时，必须分别讨论文化史与人权史二者各自的学术变化。在人权文化的历史书写形成之前，文化史与人权史二者分别发生了转折性的范式更替。一方面，新文化史对传统文化史的取代，赋予了人权以文化属性，将人权纳入文化史视野。另一方面，人权史研究由自然人权观下的进步主义写作转变为建构人权观下的历史主义写作，开始偏重以文化视角解读人权。前者发生于 20 世纪七八十年代，后者则晚至 90 年代。正是二者的相向而行为人权史和文化史的结合提供了直接的理论来源，推动了一批人权文化史代表作品的出现。究其根本，文化史与人权史的转变都因对特定文化概念的接受而生，这一文化概念是文化人类学发展的产物，经"文化转向"思潮传播至史学之中。这是人权史和文化史得以结合的深层理论根基。由此，本文首先剖析文化史与人权史各自的范式更替如何形成了二者直接的理论合流，并在此基础上，进一步探究文化概念的革新如何为人权史与文化史的结合提供了根本性的理论共识和可能，从而试图较为完整地理解人权文化史书写得以形成的理论脉络。

长期以来，文化史都是历史研究中的主要领域之一。无论是传统文化史抑或新文化史都极大地扩展了史学视野，丰富了史学面貌。[②] 即使新文化史在西方史学界已进入反思和超越阶段，[③] 但其对历史的解读路径依然是当前史学写作所依赖的主要范式之一。而起步时间晚至 20 世纪后期的人权史研究

---

① 人权史与文化史结合书写的代表性作品有：Olwen Hufton, ed. , *Historical Change and Human Rights: The Oxford Amnesty Lectures*, New York: Basic Books, 1994; Lynn Hunt, *Inventing Human Rights: A History*, New York & London: W. W. Norton & Company, Inc. , 2007; Samuel Moyn, *The Last Utopia: Human Rights in History*, Cambridge: Harvard University Press, 2010; Jan Eckel, Samuel Moyn, eds. , *The Breakthrough: Human Rights in the 1970s*, Philadelphia: University of Pennsylvania Press, 2013。

② 张昭军：《文化史学是什么？——兼论新旧文化史学的内在一致性》，《史学史研究》2020 年第 1 期。

③ 参见〔美〕理查德·比尔纳其等《超越文化转向》，方杰译，南京大学出版社，2008。

可谓方兴未艾，仍有巨大的发展空间。美国历史学会前任主席琳达·K. 科尔伯（Linda K. Kerber）更以《我们都是人权史家》为题撰文呼吁对人权史研究的关注与参与。[①] 因此，研究人权史与文化史结合书写的理论源流可以深化对文化史和人权史的双重理解，进而有助于探索不同史学分支得以融合的可能。

一　文化史的范式更新与人权关注

早期的文化史研究被称为传统文化史或古典文化史，其萌芽于 18 世纪后期，确立于 19 世纪。史学史基本认可伏尔泰、赫尔德是传统文化史的初期思想代表，赫伊津哈（Johan Huizinga）和布克哈特（Jakob Burckhardt）是其集大成者。传统文化史家对文化史的研究内容多有表述，从中不难看出文化与人权的概念互斥。赫伊津哈在谈及文化史的研究任务时强调的是"思想"：文化史要研究的文化"是一个时代具有特征性的思想，是文明的各种形式和功能"。[②] 布克哈特的阐释则更为详细，其认为文化是精神发展的总和，通过文化，一个民族自发的、未经思考的活动转化为深思熟虑的行为，在最后且最高的阶段转化为纯粹的思维——科学，尤其是哲学。而且文化史的研究对象应仅限于完全文明化的民族，忽略其他民族，比如游牧民族或半文化的附属国。[③] 布克哈特以上的表述可以概括为三点：第一，非精神的事物皆不属于文化；第二，文化形式有低级与高级之分；第三，文化发展阶段有文明与野蛮之别。在这种相对保守的文化观之下，早期的文化史主要研究文学、艺术、科学等属于人类思想与精神层面的事物，人权从未得到有效关注。

---

① Linda K. Kerber, "We Are All Historians of Human Rights," *Perspectives on History*, Vol.44, Iss.7, 2006, https://www.historians.org/research-and-publications/perspectives-on-history/october-2006/we-are-all-historians-of-human-rights, accessed July 5, 2023.

② Johan Huizinga, "The Task of Cultural History," in *Men and Ideas: History, the Middle Ages, the Renaissance, Essays*, New York: Harper & Row, 1970, p. 65.

③ Jakob Burckhardt, *Reflections on History*, London: George Allen & Unwin Ltd. , 1950, pp. 55–56, 75.

　　然而，自 20 世纪 70 年代起，传统文化史开始遭人诟病。学者既批评其内容狭隘，只关注所谓高雅文化，又批评其观念空洞，将文化与社会现实相脱离。文化史因此逐渐开始了范式的彻底更新，即传统文化史向新文化史的转变。[①] 著名文化史家彼得·伯克（Peter Burke）将这一过程概括为文化史研究对象在横向与纵向上的双重扩张：纵向扩张是指文化超出精英文化的范围，涵盖了大众文化史和底层文化史，横向扩张是指文化超出了科学和艺术的范畴，容纳了所有思想及其产物与实践活动。[②] 由此言可见，相比于传统文化史家，新文化史家不仅扩展了文化内容，更革新了对文化理解的维度，将文化的核心由"精神"或"文明"转变为"思维、思维产物与延伸实践"。乔伊斯·阿普尔比（Joyce Appleby）等史家对此有明确表述：文化存在于思维之中；思维是社会规训的贮藏之处，是认同形成之处，是将现实语言化调和之处；因而文化被定义为社会解释机制与价值体系的全部机能。[③]

　　既然史家对文化的理解发生了根本转变，那么文化史所关注的内容也有了顺理成章的变化。新文化史不再简单地关注文学、美术、音乐这些文化形式及其作用，而是聚焦于生成文化的符号，即试图在文化形式之下"挖掘出人们借以传达自身价值和真实的代码、线索、暗示、记号、手势和人为痕迹"。[④] 罗杰·夏蒂埃（Royer Chartier）将新文化史的核心概括为两个要点：

[①] "新文化史"的史学实践早至 20 世纪 70 年代初，但其作为史学术语提出于 20 世纪 80 年代后期，得名于林·亨特汇编的一部论文集（Lynn Hunt, ed. , *The New Cultural History*, Berkeley: University of California Press, 1989）。国内学界对新文化史的起源、特点、成果的论述已较为丰富，无须本文详述，本文重在关注新文化史中的人权内容。可参见周兵《新文化史：历史学的"文化转向"》，复旦大学出版社，2012；江文君《西方新文化史简析》，《国外社会科学》2008 年第 4 期；李剑鸣《探索世界史研究的新方法——"新文化史"的方法论启示》，《史学月刊》2012 年第 2 期；俞金尧《寸有所长而尺有所短：新文化史述评》，《史学理论研究》2013 年第 1 期；王亮《理论与方法的推陈出新——新文化史研究综述》，《史学月刊》2014 年第 9 期。

[②] 〔英〕彼得·伯克：《什么是文化史》，蔡玉辉译，北京大学出版社，2009，第 32—33 页。

[③] Joyce Appleby, Lynn Hunt and Margaret Jacob, *Telling the Truth about History*, New York & London: W. W. Norton & Company, Inc. , 1995, p. 164.

[④] Joyce Appleby, Lynn Hunt and Margaret Jacob, *Telling the Truth about History*, p. 164.

表象与实践。① 表象一方面指现实经由符号再现的过程，另一方面指利用符号建构现实的过程，而实践是指符号的创造、传播、共享、改造、淘汰的过程。换言之，新文化史研究的是人类任何一种行动的文化语境，希望将这些行动解释为由各种符号推动的意义生成过程。这些行动当然可以是传统意义上书籍的撰写、乐曲的谱奏、油画的绘制。但新文化史家没有止步于此，而是将视线投向了传统上的政治范畴，比如宗教异端的审判、民族国家的形成以及人权的诞生与传播。有学者认为新文化史的政治内容研究"关注民众政治态度、政治组织方式等非正式规则。其在挖掘新兴史料，比如文学作品、视觉形象的同时，对传统史料进行全新的解读，以此寻找其中的措辞方式和表达偏见"。② 这正是以林·亨特作品为代表的新文化史人权关注的研究方法。

将人权纳入文化史分析的前提是打破人权概念的绝对政治性，林·亨特的研究亦起源于此。亨特在史家中率先质疑了人权的政治属性。其认为当代人权有三个政治性特点：与生俱来的（为人固有的）、平等的（人人相同）、普适的（适用于各地）。③ 详细而言是指，人权是生而为人就在本性中自然拥有的事物，是先验的，无须也无法证明的，亦即不证自明的。而不论何人在何时何地都普遍适用于这种不证自明的人权。但亨特在人权史研究中发现了三个悖论。第一，人权拥有发展历史。有历史就意味着该事物是不固定、会变动、有条件的，而一种不证自明且无条件适用的事物怎么会有发展的历史呢？第二，人权需要不断申明和解释。近代以来的人权文献都反复强调人权的自然、平等、普适的特点。在编写有关人权文本的过程中，其内容更要经过制订者的反复争论。但是，不言而喻的事情为什么需要反复声明呢？不证自明的事情怎么需要反复争论呢？第三，人权并不普适的悖论。在历史上，宗教少数派、少数族裔、妇女儿童等群体始终无法拥有与主流人群相同的权利。人权在时间、地域和个体上都没有被完全相同地适用，又如何能被

---

① Royer Chartier, *Cultural History: Between Practices and Representations*, Cambridge: Polity Press, 1988, pp. 5–13.

② 杨豫等:《新文化史学的兴起——与剑桥大学彼得·伯克教授座谈侧记》,《史学理论研究》2000 年第 1 期。

③ Lynn Hunt, *Inventing Human Rights: A History*, p. 20.

称为是普适的呢？①

以上述悖论为基础，亨特提出仅仅将人权作为政治概念理解是片面的，人权作为一种历史事物，其诞生的起点与诞生后的影响都要以文化属性才可解释。一方面，人权诞生的起点不是政治动因，而是文化观念的改变。18世纪后期，身体自主与心理共情的观念经由小说阅读、酷刑见证等一系列行为逐步为民众所认同，进而催生了社会对平等、独立的想象，从而创设了人权诞生的语境。②另一方面，人权诞生后的影响也不在于其政治后果，因为人权产生以后，并未在短时间激起太多政治变革，反而在相当长的时间内沉寂无闻。人权产生的真正作用在于传播了人们对自主和共情的理解，进而巩固了独立与平等的信念，最终使普遍权利的观念深入人心。③亨特在论述过程中结合小说、插画、法令、宣言等新旧史料，将人权视为各种文化符号叠加产生的一种意义结局，这种意义结局反作用于现实，要求形成一个更尊重个人平等与独立的社会，比如扩大享有权利的人群范围、废除酷刑等等。这些要求又进一步强化了对平等独立的想象，导致了更广泛的人权诉求。亨特通过以上分析揭示了人权产生与传播中观念与实践的互动循环，而这一循环正是文化的过程。虽然亨特关于人权的结论仍可在学术层面进行争论，④但其成功地打破了人权的纯粹政治性，赋予人权以文化属性，证实了人权被文化史容纳的可行性。更关键的是，如麦克马斯特大学人权史教授邦尼·伊巴瓦（Bonny Ibhawoh）所指出的，亨特纠正了人权史研究的两点主要错漏——线性进步主义和当下主义视角。⑤这一评论明显将文化史更新下的人权关注与人权史研究的路径转换联系起来。

---

① Lynn Hunt, "The Paradoxical Origins of Human Rights," in Jeffrey N. Wasserstrom et al. , eds. , *Human Rights and Revolutions*, Washington: The Rowman & Littlefield Publishing Group, Inc. , 2007, pp. 3–9.

② Lynn Hunt, *Inventing Human Rights: A History*, pp. 38–41.

③ Lynn Hunt, *Inventing Human Rights: A History*, p. 176.

④ 比如支持当代人权只起源于20世纪70年代的塞缪尔·莫恩便批评林·亨特的观点是"扭曲过去以适应当下"，将人权视为未经变化的恒定事物。Samuel Moyn, "On the Genealogy of Morals," *The Nation*, April 16 ,2007, pp. 25–31.

⑤ Bonny Ibhawoh, "Human Rights and Ethics," *International Affairs*, Vol. 83, No. 6, 2007, p. 1193.

二　人权史的路径转换与文化视角

"人权"一词或说人道主义精神的出现可以追溯至 18 世纪中后期，但实际上现代意义的"人权"概念出现的时间非常晚近。著名人权史研究专家肯尼斯·卡密尔（Kenneth Cmiel）认为：在 20 世纪 40 年代以前，"人权"这一术语都是很少出现的。[①] 因此，现代学术上对人权的探究相对更晚。20 世纪 70 年代人权研究才开始起步，直至 1979 年《人权季刊》的创办才标志着人权研究拥有了自己的研究阵地，进入体系化发展阶段。早期的人权研究者更多地集中于哲学、政治学、法学领域，并未有效涉足历史学内容。随着人权话语在全球范围内的日益流行，人权研究也毫不意外地触及历史领域，出现了关于人权历史的研究。[②] 虽然数十年来人权史研究经历了飞速的发展，人权史也逐渐成为人权研究领域中一个不可或缺的分支，但至今为止，其仍被学者认为是"有待成熟的"。主要原因在于人权史研究领域的许多基础性共识尚未达成，比如人权的定义、人权产生的时间和地点、人权传播的方式与缘由、人权发展中的关键人物等等。[③] 而这些分歧的产生，很大程度上要归结于 20 世纪 90 年代开始的人权史研究路径转换。

人权史路径变化的基础是对人权概念理解的转变，即以建构人权观彻底取代了以往居主导地位的自然人权观。玛丽－本尼迪克特·戴姆博（Marie-Bénédicte Dembour）将人权概念细分为四种学派——自然学派、抗议学派、协商学派和话语学派。其在为这四种学派建立谱系时指出：四者可以进一步归纳为两种人权观念。自然学派与抗议学派将人权置于某种先验的、超自然的理解之中，而协商学派和话语学派则认为人权是以社会或语言为基础的现

---

① Kenneth Cmiel, "The Recent History of Human Rights," *The American Historical Review*, Vol. 109, No. 1, 2004, p. 117.

② Kenneth Cmiel, "The Recent History of Human Rights," *The American Historical Review*, Vol. 109, No. 1, 2004, p. 118.

③ Devin O. Pendas, "Toward a New Politics? On the Recent Historiography on Human Rights," *Contemporary European History*, Vol. 21, No. 1, 2012, p. 95.

实产物。① 戴姆博所言前者即为自然人权观，后者为建构人权观。

所谓"自然人权观"认为人权基于某种"本性"，可能是上帝、理性、宇宙法则或其他任何一种先验性的事物。在自然人权观者眼中，人权是无须证明、不会增减、完全普适于每一个个体的天然权利，即前文所言为亨特所批判的纯粹政治属性。自然人权观来源已久，早期的权利文本基本都承袭于此。比如广为人知的《独立宣言》中所言"我们认为以下真理不言而喻"或《人权宣言》中所言的"人人生而自由平等，并始终如一"，都是自然权利观的典型体现。② 而"建构人权观"认为世界上本不存在人权，是因为不断有人谈论、阐述、建构这一概念，于是才有了人权。德国著名马克思主义学者和人权理论家格奥尔格·罗曼（Georg Lohmann）说道："人权并没有提供一个关于善和正义的包罗万象的理论。人权也并非如柏拉图式的理念现成地在那里，只等人去发现。人权属于法律发明和体制建构，是对历史上折磨人、威胁人的种种残暴、不义的回应。"③ 美国人权学者本杰明·格雷格（Benjamin Gregg）亦言："我将人权视为一种社会建构，把其建设性作为许可证，使本土培育的人权变得可被接受。"④ 因此在建构人权观者看来，人权需要解释和因地制宜，会不断变动，有自身的发展进程。人权史家塞缪尔·莫恩之言也颇具代表性：极少有什么在今天看来强大的事物在经过审视之后被证明是长期存在且不可避免的。人权运动显然也不是其中一员；与其说它们是要被保留下来的遗产，不如说是要被重新改造，甚至被抛弃的发明。⑤

人权概念理解的变化带来了人权史研究方法一脉相承的改变，即将人权史由目的论式的进步主义研究转变为语境化的历史主义研究。自然人权观认

---

① Marie-Bénédicte Dembour, "What Are Human Rights? Four Schools of Thought," *Human Rights Quarterly*, Vol. 32, No. 1, 2010, p. 4.

② 美国普林斯顿大学政治学教授查尔斯·贝兹对人权的自然权利观进行了详尽分析，参〔美〕查尔斯·贝兹《人权的理念》，高景柱译，江苏人民出版社，2018，第52—80页。

③ 〔德〕格奥尔格·罗曼：《论人权》，李宏昀、周爱民译，上海人民出版社，2018，第3页。

④ 〔美〕本杰明·格雷格：《作为社会建构的人权——从乌托邦到人类解放》，李仙飞译，中国人民大学出版社，2020，第2页。

⑤ 〔美〕塞缪尔·莫恩：《最后的乌托邦：历史中的人权》，汪少卿、陶力行译，商务印书馆，2016，第9页。

为人权不言而喻、不证自明。在这种观念下的历史已然有了一个必然的结局——人权的胜利。因此，人权史写作就是为了向读者展示人们在历史中是如何一步步意识到这种从古代就一直存在的自由，最终达至人权的必然胜利；或者描述人权如何一步步展开，不断意识到自身的巨大潜力，最终成为其当下存在的样子。有学者将前者称为"辉格式的"人权史，后者称为"黑格尔式的"人权史。[①] 这两种人权史书写方式都采用宏大的叙事模式，关注人权发展的总体脉络，而且关键是，同时为这种脉络规定了一个封闭的结局。[②] 但随着建构权利观的兴起，这种目的论的写作方法受到了来自历史主义的挑战。

与前者同理，历史主义的方法亦基于观念变化。建构人权观认为：是人们的不断讲述、阐释才使人权得以产生。因此这种观念下的人权史关注的正是不同历史语境中人权被建构的过程，大多采用个案研究或细节描述的方法。有学者敏锐地观察到，曾经历史学家的人权史研究集中在法律文本和外交协定上。但近年来，历史学家对于个人身份认同和日常生活的议题更感兴趣。[③] 在许多人权史家眼中，对历史主义的采纳才正式开启了人权史的写作，以往没有历史主义方法的人权史作品并非合格的人权史。德文·O.佩达斯（Devin O.Pendas）评论道："真正的历史主义在人权史的早期作品中是缺失的。真正意义上的人权史实际出现得非常晚近。"[④] 所以，只有将人权落实到具体社会情景的考察和特定发展过程的还原才是"真正的人权史"。这是许多学者认为人权史的产生时间晚至20世纪90年代的原因所在。

因此，目前的人权史研究大致可分为两种路径。第一种人权史是自然人

---

① Devin O. Pendas, "Toward a New Politics? On the Recent Historiography on Human Rights," *Contemporary European History*, Vol. 21, No. 1, 2012, p. 97.

② 自然权利观下进步主义人权史写作的代表作品有：Paul Gordon Lauren, *The Evolution of International Human Rights: Visions Seen*, Philadelphia: University of Pennsylvania Press, 1998; Micheline R. Ishay, *The History of Human Rights: From Ancient Times to the Globalization Era*, Berkeley: University of California Press, 2004。

③ Alan Wolfe, "A Novel Sensibility," *Commonweal*, May 4, 2007, p. 26.

④ Devin O. Pendas, "Toward a New Politics? On the Recent Historiography on Human Rights," *Contemporary European History*, Vol. 21, No. 1, 2012, p. 96.

权观下的进步主义写作，第二种是建构人权观下的历史主义写作。后者试图传达的观点是：人权概念是人造的，人权语言是流动的。如果我们试图对人权进行深入理解，就不能将其视为理所当然之事，而应将其置于不同的社会文化背景下解读。虽然后者的出现不意味着前者的消失，但其为人权史与文化史的进一步融合打开了可能之门。建构人权观下的历史主义写作明显无法再继续采纳以往固定的、机械的政治视角研究人权历史，学者们认为仅仅关注思想家和哲学家人权思想的"知识史"和人权文件起草的"文本史"并不足够，[1] 转而寻求文化视角的帮助，试图书写人权的文化史。

人权史的文化视角沿着两个方向交错行进。其一，文化是一种社会语境。1994 年，牛津大赦演讲（The Oxford Amnesty Lectures）曾出版过一本名为《历史变动与人权》的论文集，此书被认为代表了人权史研究的方向性转变：传统的方法是通过哲学讯问、宗教原则、道德理论寻求证明人权观念的永恒性与普适性，而此文集的方法是通过分析和描述，使读者意识到人权发展中的偶然之处和令人费解之处，二者形成了鲜明对比。[2] 书中的文章都是在各自的历史语境中对人权概念进行审视，突出不同社会中的多样因素对人权的建构作用。更为晚近，罗曼所言的人权的"文化相对主义"和格雷格所言的人权的"文化特殊主义"，也都是在社会语境层面对文化视角的利用。[3] 其二，文化是一种意义生成。塞缪尔·莫恩在其《最后的乌托邦：历史中的人权》一书中用一连串对比区分了人权史的政治视角与文化视角：追寻国际领域内公民主张的历史是一回事，解释人权在这段历史中是如何成功的则是另一回事；记录超越国家的人权机制是如何演化的是一回事，解释为何在经历了几十年无关紧要的日子后，人权开始享有迅速上升的文化威望是另一回事；考察不同国家的人权事业是一回事，解释为什么对于普通人的公共生活

---

① 〔美〕劳伦斯·M. 弗里德曼：《人权文化：一种历史和语境的研究》，郭晓明译，中国政法大学出版社，2018，第 254 页。

② Henry J. Steiner, "Book Review of *Historical Change and Human Rights*: The Oxford Amnesty Lectures, 1994," *The Journal of Interdisciplinary History*, Vol. 27, No. 4, 1997, p. 666.

③ 〔德〕格奥尔格·罗曼：《论人权》，第 109—114 页；〔美〕本杰明·格雷格：《作为社会建构的人权——从乌托邦到人类解放》，第 56—72 页。

而言，人权能在当时从理想主义的土壤中如此颠覆性地突围是另一回事。①
对莫恩而言，作为政治事物的人权有自身的主张、机制，受政权的推动与排
斥，而作为文化的人权是一种氛围、威望和理念，是一种曲折生成最终为人
所共同接受的意义。因此，莫恩提出的核心观点是：当代人权观念仅仅可上
溯至 20 世纪 70 年代，并非以往人权概念的自然接续。当代人权的出现只是
为了取代其他破产的意识形态理想而树立的新乌托邦旗帜，即以"看似合理
的道德替换失败的政治"。②

在此基础上，斯坦福大学法律系教授劳伦斯·M. 弗里德曼（Lawrence
M.Friedman）出版了《人权文化：一种历史和语境的研究》一书，首次明确
强调了"人权文化"一词。他首先表明了自己的建构人权观立场：人权是人
们享有并表达的社会事实和理念，是由历史和文化所决定的；它们不是纯粹
理性的产物，也不是什么自古以来流传下来的东西；它们不是基本人性在某
些方面的必然结果。③弗里德曼进一步融合了两种文化视角：该书注重的是
基本权利作为社会事实的理念和实践，即基本权利在人们心目中的观念和
理念，以及个人和机构对于基本权利的理解。换句话说，所关注的是人们在
不同地方如何看待这一问题的，根本权利的理念和如是界定的特殊权利是随
着时间的推移和文化的不同而改变的。④也就是说，弗里德曼认为人权既随
时空变化而变化，也是一种"观念和理念"，因此其书才冠以"人权文化"
之名。

通过以上分析可见，文化史与人权史各自的范式更替为二者的结合提供
了理论支持。文化史研究由旧至新的革新过程为人权史研究提供了可行的文
化视角，而人权史自身的研究路径转换使其可以应用这一视角。换言之，一
方面，新文化史认可人权是文化的分析对象，通过实践证明了书写人权文化
史的可行性。另一方面，人权史认可文化是人权的有效解释路径，自觉地采

---

① 〔美〕塞缪尔·莫恩：《最后的乌托邦：历史中的人权》，第 119 页。
② 〔美〕塞缪尔·莫恩：《最后的乌托邦：历史中的人权》，第 173—174 页。
③ 〔美〕劳伦斯·M. 弗里德曼：《人权文化：一种历史和语境的研究》，第 4 页。
④ 〔美〕劳伦斯·M. 弗里德曼：《人权文化：一种历史和语境的研究》，第 10、39 页。

纳文化视角研究人权。至此，文化史与人权史已经在人权的文化性、建构性和历史主义三个方面达成了理论合流，并推动了书写人权文化的历史作品出现，包括林·亨特和塞缪尔·莫恩的在内。

三　文化概念与人权文化的可能

深究人权史与文化史结合之根本可以发现，无论是新文化史容纳人权内容还是人权史采纳文化视角，都需基于一个逻辑前提——二者对某种突破传统的文化概念有着共识性理解。试想，如果文化史与人权史对何为文化的概念认知南辕北辙，又或文化史和人权史都坚持传统的狭隘文化观，则人权史与文化史的结合便无可能。因此，对人权文化之可能的探究需进一步询问文化史与人权史的文化概念共识如何产生。对这一问题的回答需要诉诸"文化转向"这场重要的学术思潮。"文化转向"以后现代主义为基本哲学，以文化人类学为研究视角，以符号学为具体方法。有学者言简意赅地概括了这种潮流的学术取向：对语言的哲学调查、对文化的人类学探索、对研究内容形成的精神分析式讯问和对知识形成的可能性与局限性的激烈质疑。[①]"文化转向"在"二战"以后逐渐席卷各个学科，至六七十年代开始对历史学研究产生实质影响。著名史家加布里埃·M. 斯皮格尔（Gabrielle M. Spiegel）评论道：自"文化转向"以后，历史学对历史现实本质的理解、史家在试图还原过去时所采用的研究方法、史学劳动成果所能断言的真理本质等各方面全都发生了巨大的变化。[②]正因此人权史在路径转换的过程中才放弃了人权是自古便有、与生俱来的论断，放弃了通过历史书写证明人权不断进步的企图。而新的人权史写作转而认为"人权历史的发展并不是连续向上、不断进步的，而是充满断裂性和偶然性"。[③]新文化史与"文化转向"的关系更

[①] Judith Surkis, "When Was the Linguistic Turn? A Genealogy," *The American Historical Review*, Vol. 117, No. 3, 2012, p. 703.

[②] Gabrielle M. Spiegel, "The Task of the Historian," *The American Historical Review*, Vol. 114, No. 1, 2009, p. 2.

[③] 刘祥：《西方史学界的人权史研究述评》，《世界历史》2018 年第 1 期。

为直接，有学者甚至以新文化史代指整个历史学的"文化转向"，认为新文化史是"同整个当代西方社会思潮和人文社会科学研究风气的转变相一致的"。① 正是"文化转向"思潮向文化史和人权史输入了全新的文化概念，这种文化概念是文化人类学的产物。正如彼得·伯克所言："正是人类学的文化概念，使得文化史家在上一代人中创造了属于自己的时代——新文化史时代。"②

"文化"作为学术术语的复杂性与流动性为人所共知，以下分析并非意在得出关于"文化"的公认权威定义，而是从"文化转向"的文化概念对人权历史研究的影响出发，通过梳理"文化"内涵的发展脉络，试以探究新的文化概念如何为人权文化的出现提供可能。

雷蒙德·威廉斯（Raymond Williams）在其书中曾极为有效地梳理了"文化"一词早期的语义演变。"文化"一词早期的用法基本指农作物或动物的培育过程。这明显与当代"文化"概念相去甚远。但在后来的使用过程中，"文化"词义发生了两个重大变化。一是由表示动植物的培育到比喻人的成长，二是由表达一个特定过程扩展至可以抽象表达一个总体过程。雷蒙德·威廉斯认为正是以后者为起点，"文化"作为一个独立名词开始了其复杂的现代演变史。但从时间上看来，这种"开始"是非常晚近的事情。"文化"作为一个独立名词、一个抽象过程及过程中的产物这种用法，在19世纪中期以前并不常见。③

早期的"文化"含义事实上偏于狭隘，充满了精英感与封闭感。马修·阿诺德（Matthew Arnold）作为英语世界的早期文化研究者，其对"文化"的解释颇具代表性。在阿诺德看来，文化就是"我们对世界上所知所说的事物中最优秀者的了解"，是"对完美的学习和追求"。④ 换言之，并不是所有的思想言论都可被称为"文化"，只有经过某种过滤和检验之后成为"最优

---

① 周兵：《新文化史：历史学的"文化转向"》，第3页。
② 〔英〕彼得·伯克：《什么是文化史》，第33页。
③ Raymond Williams, *Keywords: A Vocabulary of Culture and Society*, Oxford: Oxford University Press, 2015, pp. 49–50.
④ Matthew Arnold, *Culture and Anarchy*, Oxford: Oxford University Press, 2006, pp. 5–6.

秀"的那部分，才可被称为"文化"。而且，阿诺德进一步将文化视为一种与外界隔绝的封闭事物，认为：文化"存在于思维和精神的内部条件，而不存在于外部的客观环境"。① 其以现实生活为例形象地说明了这一观点：一个人每天的生活可靠性和价值取决于这个人今天是否阅读，读了什么，如果一个人的旧有观念和习惯受到了最优秀思想的影响，那么他就是得到了文化，这种内在的运作正是文化的生命和本质。② 因此，由阿诺德的观点不难看出，早期的"文化"定义如同社会金字塔的顶尖，既凌驾于大众与大众思想之上，又与外部的社会现实相隔绝。其后，阿诺德的文化观影响渐广。直至 20 世纪 30 年代，阿诺德的追随者都认为当时的欧洲文化"受到物质文明和大众文化两方面的威胁"。③ 其潜台词便是物质文明与大众文化二者都不属于文化。结合前文所述可明显看出，阿诺德的文化观与传统文化史家的观点相契合，而与新文化史、转向后的人权史的文化观点相去甚远。

时过未久，阿诺德这种相对狭隘的文化观就受到了来自文化人类学的强力挑战，最终失去了对文化定义的主导优势。虽然学界对人类学的不同文化概念已有研究，但较少有学者关注到其与人权文化的历史书写之间的关系。所谓"文化人类学"根据内涵不同可分为三个类别。最广义的文化人类学源自 19 世纪后期，与体质人类学相对，前者研究人类社会，后者研究人体生理。中层的文化人类学是指 20 世纪 20 年代，广义的文化人类学在英美两国发生分化。英国的称"社会人类学"，以马林诺夫斯基、拉德克里夫 – 布朗为代表；美国的称"文化人类学"，以博厄斯（Franz Boas）为先声，其学生们为代表。最狭义的文化人类学是指始于 20 世纪 60 年代的人类学研究，可视为符号人类学或象征人类学的同义词，于史学界而言，最著名者应是克利福德·格尔茨。这三种文化人类学不仅有时间顺序的先后和涵盖范围的宽窄，更对文化概念的转变有着各自的重要贡献，以下分别述之。

---

① Matthew Arnold, *Culture and Anarchy*, p. 37.
② Matthew Arnold, *Culture and Anarchy*, p. 53.
③ Adam Kuper, *Culture: The Anthropologists' Account*, Cambridge: Harvard University Press, 1999, p. 36.

首先，以泰勒（Edward Burnett Tylor）为代表的最广义文化人类学完成了文化内容的广泛化，为人权得以纳入文化的范围提供了必要基础。A.L. 克罗伯（A. L. Kroeber）和克莱德·克拉克洪（Clyde Kluckhohn）说道："文化"一词的现代专业含义或说人类学的含义，是由泰勒在 1871 年建立的。[①] 泰勒的定义认为：文化是"包括全部的知识、信仰、艺术、法律、道德、风俗以及作为社会成员的人所掌握和接受的任何其他的才能和习惯的复合体"。[②] 相比于阿诺德，泰勒的文化定义并没有在"知识、信仰、艺术……"前加上优秀或普通、精英或大众的限制，而且"任何其他"的表述为文化的涵盖范围留下了更多扩张的余地。如果文化只是传统概念中的优秀之文明、高雅之精神，则人权无法列入其中。但如果所有"习得的能力和习惯"均被纳入文化的概念，则有着将人权解释为文化的巨大空间。

其次，中层文化人类学推动了文化视角的历史化，使得作为文化的人权拥有了自身的历史。在博厄斯以前，包括泰勒、摩尔根在内的大多数人类学家都认为文化存在着由低到高的发展阶段，相似的文化暗示了该社会可能处于相似的发展阶段，文化水平的高低也暗示社会发展阶段的先后。但博厄斯却认为：文化只有在特殊的语境中才可能被解释。在继承泰勒对文化的内容定义之上，博厄斯进行了进一步的延伸：风俗和信仰本身并不是文化人类学的最终研究目的，我们希望探究这些风俗与信仰存在的原因；换言之，我们希望发现它们发展的历史。[③] 从此，新的文化概念突破了当代的时间限制，文化不再只是某一社会当时当下的静态状况，更包括了其由古至今绵延不断的发展演变过程。文化概念的历史化赋予了人权文化拥有历史的正当性，也

① A. L. Kroeber and Clyde Kluckhohn, *Culture: A Critical Review of Concepts and Definitions*, Cambridge: The Harvard University Printing Office, 1952, p. 9.

② 〔英〕爱德华·泰勒：《原始文化：神话、哲学、宗教、语言、艺术和习俗发展之研究》，连树声译，广西师范大学出版社，2005，第 1 页。

③ Franz Boas, "The Limitations of the Comparative Method of Anthropology," *Science*, New Series, Vol. 4, No. 103, 1896, p. 905. 因为博厄斯始终强调文化现象的历史性，因此他的学派常常会被形容为历史现实主义。博厄斯将文化的历史性观念传承给了诸多弟子，亦即美国第一批职业文化人类学家，包括 A. L. 克罗伯、露丝·本尼迪克特和爱德华·萨丕尔等等。A. L. Kroeber, "History and Science in Anthropology," *American Anthropologist*, New Series, Vol. 37, No. 4, 1935, p. 540.

间接说明了对人权进行历史主义考察的合理性。因此罗曼才言："人权是历史的产物。"①

最后，符号人类学或称象征人类学推动了文化的符号化，为人权文化的历史书写提供了基本的分析方法。以索绪尔为开端的语言学认为一个事物的概念与形象，即所指与能指，构成了一个符号，不同的符号传达了不同的意义。而符号人类学在给文化下定义时就强调了这种意义的作用。大卫·M.施耐德（David M. Schneider）认为文化是"符号和意义的系统"。②格尔茨的定义则更广为人知：文化是一个符号学概念，是由人自己编织的意义之网。文化是历史留存在符号中的意义模式，是继承下来的以符号形式表达的概念系统。③受此影响，文化史家威廉·H.西维尔提出了相似的观点："文化应该被理解为一个辩证的系统与实践，一个在其逻辑和空间配置上都自律于其他向度的社会生活向度，以及一个拥有真实但却空洞的一致性符号系统，这种一致性不断地在实践中被置于危险并因此而屈从于变革。"④由此，文化被解读为符号及其意义的生成，而人权文化史正是将人权视为意义生成的结局，研究其生成前的符号叠加和生成后的符号影响，林·亨特和塞缪尔·莫恩的研究方法已明显与此契合。

正是以上三层来自文化人类学的重大转变令文化概念实现了内容的广泛化、视角的历史化和性质的符号化。由于第三次转变在时间上更为晚近，与"文化转向"的关系更直接，因此许多学者会忽视前两者的作用，认为"文化转向"的文化概念仅是最狭义文化人类学的产物。实际上，尽管泰勒和博厄斯的文化理解作为独立观点已被刷新，但其关于文化在横向内容与纵向时间上扩张的智慧却为学界所承袭。因此，新的文化概念是累进发展的结果，而非一蹴而就的。在"文化转向"思潮的强大影响下，文化史和人权史共同

---

① 〔德〕格奥尔格·罗曼：《论人权》，第3页。

② David M. Schneider, "Notes Toward a Theory of Culture," in K. Basso and H. Selby, eds. , *Meaning in Anthropology*, Albuquerque: University of New Mexico Press, 1976, p. 198.

③ 〔美〕克利福德·格尔茨：《文化的解释》，韩莉译，译林出版社，2014，第5、109页。

④ 〔美〕威廉·H.西维尔：《文化的（诸种）概念》，〔美〕理查德·比尔纳其等：《超越文化转向》，第17页。

接受了上述文化概念，达成了对文化的共识理解，而这种共识的文化概念为人权史和文化史的结合书写提供了内容、视角和方法上的理论根基。所以说，文化概念的革新与人权文化的可能之间有着密不可分的关系。

结　语

综上所述，人权史与文化史结合书写的理论源流包括两个部分，一是累进的文化人类学的文化概念经由"文化转向"的传播构成了其深层次的理论根基，二是文化史与人权史的范式变更提供了直接的理论共识。但二者并非简单的并列，从学术发展事实来看，二者有着时间和逻辑上的承接关系。从19世纪中期以来文化概念便受到文化人类学的不断发展和丰富，新的文化概念经由"二战"后的"文化转向"思潮向各个学科传播。20世纪70年代传播至历史学后，被文化史和人权史共同接受，从而形成了二者对文化概念的共识，促成了二者各自的转型，即传统文化史转变为新文化史，人权史研究的自然人权观与目的论写作转变为建构人权观与历史主义写作。在转型之时，新文化史形成了对人权内容的关注，人权史亦主动采纳文化视角进行研究，从而形成了二者在理论与实践上的合流，最终诞生了人权文化史相关作品。作为新生事物，人权史与文化史的结合远未走到成熟的尽头，近年来表现为与跨国史、环境史、记忆史、情感史等其他史学分支相融合的趋势，未来仍有极大的发展空间。

区域视野下的唐代"七河史"：理解历史中国的一种路径

孔令昊[*]

摘　要：近代中国的历史叙事受到欧洲中心论知识体系的影响，遗忘了域内与域外的联系，这造成了"历史中国"解释话语构建的困境。本文运用布罗代尔"整体史"研究范式，构建唐代"七河史"的复线型历史叙事，意图寻找一条"通过边缘反观自身"的认识路径来理解"历史中国"的形成过程。

关键词：区域研究　七河史　费尔南·布罗代尔　整体史　历史中国

一　历史中国的"内"与"外"：作为廊道的"七河地区"

历史上的中国与外界始终存在交流与互动。但随着地理大发现之后，西方开启殖民时代，在英、俄、日等国家的压力下，中国不得不进入西方主导的世界体系当中，也正是在这种无奈的权力关系格局下，我们不得不学着用西方的概念（民族国家）来转述和表达我们自古沿袭的领土，重整清王朝遗留的河山。而中国的国家建设进程也就是重塑民族、创制人民的过程。[①] 民族国家范式成为理解中国的基本框架。以西方为中心的海洋视角取代了内陆亚洲视角，西北边疆被边缘化。中国与周边地区历史上的联系被中国与西方的联系所替代。"民族国家"话语形塑了我们对于自身的认知，使得我们遗

---

* 孔令昊，中央民族大学历史文化学院。

① 高杨：《主权的地理之维——从领土属性看中国民族国家之形成》，《历史法学》2010 年第 3 期，第 367—385 页。

忘了"历史中国"域内与域外的历史关联。^①

日本学者松田寿男指出，公元前 121 年以来，如果把散布于天山南北的绿洲相连，再将其与丝绸之路^②连接的话，这一部分正好是东西交通的枢纽，是一座连接中国与中亚的桥梁。这座桥梁称作甘肃"绿洲桥"（Kan-su "oasis bridge"）。^③"绿洲桥"作为一种通道，一端是长安、洛阳等中国的腹心城市，另一端是昭武九姓等河中地区的城市，更远的一端则是地中海腹地城市。^④七河地区（Semiryechye，即"谢米列契"）^⑤是其中的重要一环。2015 年联合国教科文组织（UNESCO）批准的"丝绸之路：长安—天山廊道路网"包含

---

① 相关论述见黄达远《从鞑靼利亚到亚洲俄罗斯与中亚：17—20 世纪初的东方主义、地理考察与空间建构》，《青海民族研究》2019 年第 2 期；《从域外与周边重新理解中国：以丝绸之路研究的区域转向为中心》，《陕西师范大学学报》（哲学社会科学版）2020 年第 2 期。

② 一般认为，德国地理学家李希霍芬（Ferdinand von Richthofen）在东方主义（Orientalism）的基础上，提出了"丝绸之路"的概念。这是为当时德国的政治行动服务的。但美国期刊《丝绸之路》（The Silk Road）于 2019 年刊登了比利时学者马提亚斯·默滕斯的《"丝绸之路"一词确为李希霍芬首创吗？》一文，文中指出：李希霍芬并非最早提出"丝绸之路"概念的学者，罗伯特·马克（Robert Mack）、赫尔曼·古德（Hermann Guthe）、约翰·凯弗（Johann Kaeuffer）、卡尔·李特尔（Carl Ritter）以及费迪南德·海因里希·穆勒（Ferdinand Heinrich Müller）等人都在他之前使用过这个词。默滕斯认为，"丝绸之路"一词的发明或许与伊曼纽尔·康德（Immanuel Kant）"更为温和的世界主义理性思考"有关。见 Matthias Mertens, "Did Richthofen Really Coin 'The Silk Road'？," The Silk Road, No.17, 2019, p. 6. 译文见〔比〕马提亚斯·默滕斯《"丝绸之路"一词确为李希霍芬首创吗？》，蒋小莉译，朱玉麒主编《西域文史》第 15 辑，科学出版社，2021。

③ 〔日〕松田寿男：《青海史论：古代亚细亚国际交流之记载》，秦永章、李丽译，《青海民族研究》（社会科学版）1993 年第 4 期。

④ 黄达远：《"绿洲桥"视野中的河西走廊、历史中国与区域性世界——以河西走廊电视系列片的史观为起点的思考》，《西南民族大学学报》（人文社科版）2020 年第 8 期。

⑤ 历史上的七河地区主要是指今伊塞克湖（Issyk-Kul）与巴尔喀什湖（Balqas）之间及其以西的一些地区。见〔俄〕巴托尔德《七河史》，赵俪生译，中国国际广播出版社，2013，封底。努尔兰·肯加哈买提详细梳理了"七河地区"的概念建构过程："历史上的七河地区不是一成不变的，随着沙俄帝国吞并地区的扩大，不断有一些地区被加入七河地区范围。起初只指东南流入巴尔喀什湖的诸河流：伊犁河、喀拉塔勒河（Qaratal）、阿克苏河（Aqsu）、巴斯坎河（Basqan）、列普斯河（Lepsi）；后来其范围扩展到东起塔尔巴哈台（Tarbayatay）西至伊犁河，北自巴尔喀什湖南岸南抵准噶尔阿拉套山（Zhungarskiy Alatau）之间的辽阔地带。1854 年，以维尔内（Verniy）为首府的谢米列契、谢米列契边疆区、谢米列契州等名称取得官方认同，正式被列入地名录。这时其地理范围西达阿雷斯河（Arys），东邻额尔齐斯河（Ertis），北接巴尔喀什湖，南抵天山，包括巴尔喀什湖以南以伊犁河流域为核心的众多流域以及哈萨克斯坦南部和吉尔吉斯斯坦北部的楚河流域（Ču river）、塔拉斯河（Talas river）流域。"见努尔兰·肯加哈买提《碎叶》，上海古籍出版社，2017，第 2—3 页。

七河地区。通过这一廊道，公元前 2 世纪至 16 世纪的中原农耕区与七河地区建立起直接、长期的联系。① 这无疑体现了七河地区的廊道作用。

王治来先生指出，"中亚②史，可以说一半是中国史，一半是外国史。具体地说，一半是中国西北地区的历史，一半是欧亚大陆中部的历史"。③ 这揭示了中亚史作为二者重合地带的情况。当今学界要想通过域外与周边重新理解自身，就必须寻找连接历史中国"内"与"外"的枢纽地区。中亚（Central Asia）的七河地区正好具有这样的特质。基于此，本文以唐代"七河史"为例进行讨论，力图构建复线型历史叙事，从而恢复"历史中国"的世界性，突破民族国家叙事模式的局限。笔者之所以选择唐代，是因为唐王朝乃是第一个统治"大中国"的农牧复合型王朝，④ 其内含的世界性表现得更加明显。而这一时期的七河地区曾经隶属唐代的安西大都护府，后又归属突骑施（Türgiš）、葛罗禄（Qarluq），因而具有"历史中国"内、外边疆⑤的双重性，其枢纽地位不言自明。

---

① 中国建筑设计研究院建筑历史研究所：《丝绸之路：长安—天山廊道路网》，《中国文物报》2014 年 6 月 25 日。

② 有关"中亚"（Central Asia）、"内亚"（Inner Asia）、"中央欧亚"（Central Eurasia）的地理范围，学术界说法不一。笔者采用联合国教科文组织的界定方式，将中亚地区界定为"阿富汗、伊朗东北部地区、巴基斯坦、印度北部地区、中国西部地区、蒙古和当今中亚五国"的范围，帕米尔以东为中亚东部地区，历史上长期受到中原汉文化的影响，帕米尔以西为中亚西部地区，历史上长期受到波斯、阿拉伯文化的影响。本文中的"中亚史研究"与"内亚史研究""中央欧亚史研究"同义。见〔法〕A. H. 丹尼、V. M. 马松主编《中亚文明史》第 1 卷《文明的曙光：远古时代至公元前 700 年》，芮传明译，中国对外翻译出版公司，2002，第 368 页。

③ 王治来：《论开展中亚史教学和研究的必要》，《湖南师院学报》（哲学社会科学版）1984 年第 4 期。

④ 妹尾达彦先生提出了"大中国"与"小中国"的概念。所谓"大中国"，就是指同时囊括农业地区和游牧地区的复合型国家，最典型的例子就是唐朝前期、元朝以及清朝。而"小中国"则是指以农业地区为主的国家，例如唐朝后期、北宋、明朝。参考〔日〕妹尾达彦《隋唐长安与东亚比较都城史》，高兵兵、郭雪妮、黄海静译，西北大学出版社，2019，第 9—10 页。

⑤ 欧文·拉铁摩尔（Owen Lattimore）认为边疆是一种空间，可以被分为"外边疆"与"内边疆"。"内边疆"为已经被帝国治理并控制的地区，"外边疆"则是文化风俗等与"内边疆"相似的区域，帝国的权力无法在这些地区形成直接的统治，因而一般采取外交或者羁縻统治的方式，目的在于使"外边疆"地区的部族在政治上是倾向于帝国的。见〔美〕拉铁摩尔《中国的亚洲内陆边疆》，唐晓峰译，江苏人民出版社，2008，第 166 页。

费尔南·布罗代尔（Fernand Braudel）是区域史研究的代表之一，他的"地中海"研究范式具有极大的借鉴价值，这一范式集中表现为一种"整体史"的视角。[1]1985年，西域史权威张广达吸收了布罗代尔、费弗尔（Lucien Febvre）等年鉴学派学者的"整体史"视角，将绿洲、沙漠、山脉对于丝路东西文化交流的作用纳入欧亚交通史研究中，[2]并在此基础上将中古"西域"称为"陆上地中海"。[3]笔者从先贤之意，将"整体史"视角代入唐代"七河史"研究，从长时段（地理结构）、中时段（多元共生）、短时段（事件史）三个层面来构建唐代"七河史"的历史叙事。不过，本文并非全然照搬布罗代尔的研究范式，而是对其进行了一点微调。布罗代尔曾迫于萨特（Jean-Paul Sartre）的压力，承认事件可以让自身更加意义重大，[4]他也坦承"长时段"整体史研究对短时段事件史研究的突破有害于政治史。[5]鉴于此，笔者将着重考察事件史对于历史趋势的反向影响，避免陷入庸俗"地理环境决定论"的窠臼。需要说明的是，三种时段的历史叙事之间并没有严格区分，它们是相互交织的。

二 长时段叙事：作为欧亚大陆"过渡地带"与草原核心区的七河地区

布罗代尔认为，"讨论文明，就是讨论空间、陆地及其轮廓、气候、植物、动物等有利的自然条件"。[6]因此他在《菲利普二世时代的地中海和地中海世界》一书中最先讨论的就是环境对于历史之作用，这是一种"长时段"的视角。笔者遵循这一思路，首先讨论七河地区的环境特征。

---

① 布罗代尔认为，历史学是时段的辩证法，通过时段才能研究社会本体。见〔法〕费尔南·布罗代尔《论历史》，刘北成、周立红译，北京大学出版社，2008，第76页。

② 张广达：《古代欧亚的内陆交通——兼论山脉、沙漠、绿洲对东西文化交流的影响》，《西域史地丛稿初编》，上海古籍出版社，1995，第373页。

③ 张广达：《文书、典籍与西域史地》，广西师范大学出版社，2008。

④ 陈恒、耿相新主编《新史学·布罗代尔的遗产》第2辑，大象出版社，2004，第80页。

⑤ 〔法〕费尔南·布罗代尔：《论历史》，第32页。

⑥ 〔法〕费尔南·布罗代尔：《文明史纲》，肖昶等译，广西师范大学出版社，2003，第29页。

以往的研究更多会从欧亚大陆的东西视角来看待"七河地区"，将其作为"边缘"与"边疆"，在这一视角下，七河地区往往被视为"过渡地带"。[①]但如果从恢复该地区的主体性出发，聚焦于七河地区自身的区域特性，我们不难发现该地区往往会成为草原游牧政权的核心区。

（一）作为"过渡地带"的七河地区

在欧亚大陆的视角下，位于内陆亚洲的七河地区由于环境、气候的特性，无法形成轴心文明。该地区位于各轴心文明的边缘，具有中继特征。贾雷德·戴蒙德（Jared Diamond）指出，大陆轴线的走向差异影响着粮食、技术以及发明的传播。[②]上述种种因素最终也会间接地影响文明的交流。欧亚大陆的文明传播方向以东西向为主，其中重要的枢纽地带之一正是中亚的七河地区，这使得该地区成为文明交汇的"过渡地带"。笔者将从中原、伊朗与拜占庭、印度、游牧以及中亚绿洲等五种视角来予以说明。

1. 中原视角

七河地区并非唐王朝直接统辖的内地州县，而属于间接统治的范畴。历史上，西域一直作为中原王朝抗衡北方游牧政权的侧翼（第三方）而被纳入其势力范围之中。[③]中亚的地理破碎性无法适应中原地区的集权管理模

---

① 拉铁摩尔的"边疆过渡地带理论"认为，过渡地带的自然和生存环境呈现鲜明的过渡性特征，其经济形态具有混合特征，民族构成也相当复杂。见〔美〕拉铁摩尔《中国的亚洲内陆边疆》，第 324 页。妹尾达彦对此进行了延伸，他认为在整个欧亚大陆中存在一条狭长的农牧交错带，从中国的东北地区一直绵延到欧洲的斯堪的纳维亚半岛。见〔日〕妹尾达彦《隋唐长安与东亚比较都城史》，第 172—175 页。

② 〔美〕贾雷德·戴蒙德：《枪炮、病菌与钢铁：人类社会的命运》，谢延光译，上海译文出版社，2000，第 194 页。

③ 相关研究见赵志辉、毕敬《中国侧翼边疆上的第三种社会形态——拉铁摩尔"绿洲社会理论"述评》，《中国历史地理论丛》2015 年第 3 期。高亚滨指出，拉铁摩尔认为"长城—天山"过渡地带为中国历史发展提供了原动力，而这种动力的来源是农耕社会与游牧社会之间经济与文化交流的需求。见高亚滨《"内亚边疆"的多重面相：拉铁摩尔眼中的新疆绿洲社会》，《四川师范大学学报》（社会科学版）2017 年第 3 期。事实上，这也从侧面反映了绿洲作为侧翼势力的重要性，它为中原势力与草原势力的互动往来提供了新的空间。王小甫也认为，唐朝对西域腹地的经营，实质上与突厥有关。见王小甫《唐、吐蕃、大食政治关系史》，北京大学出版社，1992，第 3—7 页。

式，① 因此唐王朝只能部分地采用中原的统治方式。唐王朝的西域统治可以分为三个层次：第一层是伊州、西州、庭州三地的州县制；第二层是安西四镇的羁縻制；第三层是安西四镇以外的其他羁縻府州制。② 七河地区之于唐朝而言，其核心城镇碎叶在一段时间属于第二层的统治模式，而其他地区基本属于第三层。

这种统治无疑是不牢固的。当安史之乱爆发时，唐王朝为了维护内地的统治，自然就将统治力量收缩，其西域经营由此走向崩溃。

2. 伊朗（Iran）与拜占庭（Byzantium）视角

伊朗高原作为独立的地理单元，其轴心文明主要发端于法尔斯（Fars）地区。当波斯阿契美王朝（Achaemenid Persia）建立横跨欧亚的大帝国时，其东部边疆受制于游牧民的侵扰，最北方只能到达锡尔河（Syr Darya）流域。随着亚历山大（Alexander the Great）入侵以及之后"希腊化时代"（Hellenistic Age）③ 的到来，希腊统治者采取移民实边的措施，同时在中亚修筑大量的城市，以达到稳固统治的目的。④ 巴克特里亚（Bactria）由于绿洲能量级较粟特（Sogdiana）⑤ 更高，同时又毗邻伊朗高原，因而获得了城市化发展的契机，成为闻名遐迩的"千城之国"。而粟特本土地理偏远，绿洲规模不如巴克特里亚，城市化速度缓慢，成了伊朗文明政治控制、文化影响的东向极限。

---

① 施展：《历史哲学视域下的西域－中亚》，《俄罗斯研究》2017年第2期，第7页。

② 王小甫：《唐、吐蕃、大食政治关系史》，第7—9页。

③ 关于"希腊化问题"的研究综述，参见杨巨平《近年国外希腊化研究略论（1978—2010）》，《世界历史》2011年第6期。

④ W. W. Tarn, *The Greeks in Bactria & India*, Cambridge: Cambridge University Press, 1938, p. 5.

⑤ 魏义天（E. de La Vaissière）认为，粟特的地理范围是南到阿姆河（Amu Darya），北到锡尔河，西到木鹿（Merv）、花剌子模（Khwarazm）。见〔法〕魏义天《粟特商人史》，王睿译，广西师范大学出版社，2012，第4页。马尔沙克（B. I. Marshak）和尼格玛托夫（N. N. Negmatov）则将索格狄亚那（粟特本土）分为索格特（Sughd）、乌什鲁沙那（Ustrushana）、费尔干纳（Fergana）、赭时（Chach，即石国）和依拉克（Ilak）。见〔俄〕B. A. 李特文斯基主编《中亚文明史》第3卷《文明的交会：公元250年至750年》，马小鹤译，中国对外翻译出版公司，2003，第195—238页。笔者采用魏义天的界定方式，将索格狄亚那称为"粟特本土"，以示与其他粟特人聚居地相区分。

此外，不应忽视拜占庭帝国的影响。巴尔干半岛与东欧草原往往通过草原之路与中亚地区建立联系。东罗马帝国与突厥（Türks）出于与萨珊波斯（Sassanid Persia）抗衡的目的，曾结为同盟。[①] 美索不达米亚（Mesopotamia）既是萨珊波斯的经济核心区与政治核心区，又是军事前线，该地区对于萨珊波斯而言至关重要。拜占庭的压力与牵制，使萨珊波斯不得不集中精力于西部边疆，其东部地区的经营与发展自然受制。

3. 印度（India）视角

古印度往往以摩羯陀（Magadha）为核心形成结构松散的王朝国家，这些王朝呈现出一种圈层结构，而其所能辐射的最边缘地区则是兴都库什山（Hindu Kush Mountains）南缘。古印度的佛教文化则以紧邻兴都库什山的犍陀罗（Gandhara）为中心，向北方传播，贵霜人（Kushan）在其中起到了非常重要的作用。印度西方是拥有轴心文明的伊朗高原，伊朗文明拥有自己的文化主体性，即萨珊波斯时期的琐罗亚斯德教（Zoroastrianism）。萨珊王朝将自己的政权合法性同琐罗亚斯德教相联系，因而在集体意识层面构建起以琐罗亚斯德教为核心的复合型信仰体系。[②] 这对印度文明的西向传播造成了阻隔。

4. 游牧视角

蒙古高原是游牧势力的最大发源地。欧亚大陆的草原呈东西向分布，具有极强的联系性。在前现代，草原就如同海洋一样，是不同族群相互交流的便捷通道。这使得游牧政权能够西向扩张，整合草原势力。

游牧经济的脆弱性、单一性使得游牧政权必须依赖商业与农业补充自身的经济体系，因此控制绿洲、商道就至关重要。[③]3—5 世纪的气候变迁为

① 相关记载见〔希〕弥南德《希腊史残卷》，〔英〕H. 裕尔撰，〔法〕H. 考迪埃修订《东域纪程录丛》，张绪山译，云南人民出版社，2002，第167—180 页。
② 〔伊朗〕图拉吉·达利遥义：《萨珊波斯：帝国的崛起与衰落》，吴赟培译，北京大学出版社，2021，第167 页。
③ 〔日〕松田寿男：《古代天山历史地理学研究》，陈俊谋译，中央民族学院出版社，1987，第17 页。

欧亚大陆游牧民的普遍入侵提供了契机。[①] 要想进入中亚的绿洲地带，七河流域就是枢纽。该地区位于丝路交通线上（可以通往中亚绿洲与塔里木盆地绿洲），它的自然地理条件也可以作为游牧核心区（笔者将在下文做详细阐述）。西突厥正是以此地作为统治的核心地带，以便控制中亚绿洲诸国。

5. 中亚绿洲视角

粟特本土的城市化进程要晚于巴克特里亚地区。随着萨珊波斯入侵，巴克特里亚的城市文化逐渐衰落。而游牧民南侵也导致了粟特本土的人口增加以及经济交换方式日益丰富。这使粟特城市得以快速发展。[②] 在粟特城市文明对外扩张的方向中，北方具有重要的战略地位。位于农牧交错带的石国（Tashkent）与七河地区成为粟特人移民的首选。绿洲社会原子化的特征，使得它们要么依附周边定居文明、要么依附于游牧文明。七河地区也不例外。

小结

从上述梳理中不难发现，七河地区正是亚洲边缘各轴心文明政治、军事扩张的极限。但政治空间与社会空间往往并不重合，这主要取决于政权能量与人群互动的衔接。当某一区域的社会、文化与政权直接统治的区域具有较高的统一性时，各族群就能更加和平地交流，中央政府的统治难度降低。反之，当该区域社会、文化层面与中央区的差异性较大，则族群交流不顺，这就加大了中央政府的统治难度。七河地区就是这样的"过渡地带"，其异质性、混合性特质，使得它无法被任何轴心文明控制。位于亚洲边缘的轴心文明只能用羁縻的方式间接控制七河地区，或者使该区域暂时倒向自己。这种

---

① 埃尔斯沃斯·亨廷顿（Ellsworth Huntington）的"气候脉动说"（pulise of climate）简述了气候变迁与游牧民迁徙之间的联系。见 Ellsworth Huntington, *The Pulse of Asia:A Journey in Central Asia Illustrating the Geographic Basis of History*, Boston: Houghton Mifflin, 1907, pp. 359–385. 妹尾达彦赞同此说法，将3—5世纪欧亚大陆游牧民普遍入侵归因于气候变化。见〔日〕妹尾达彦《隋唐长安与东亚比较都城史》，第18—22页。本文从妹尾达彦之说。但笔者需要指出的是，学界亦不乏质疑此说的学者，如认为，亨廷顿的"气候脉动说"存在"地理环境决定论"的色彩，并不能作为对这一时期游牧民族普遍性入侵活动的准确解释。见〔俄〕B.A.李特文斯基主编《中亚文明史》第3卷《文明的交会：公元250年至750年》，第11页。

② 〔法〕魏义天：《粟特商人史》，第61—67页。

经营方式主要依靠经济区来对边疆核心区（七河地区）进行支援。当中央政府能量减弱时，其对于七河地区的控制自然就会崩溃。

七河地区"亲游牧"的特性使得游牧政权更容易将此处作为自己的统治核心区。但历史经验表明，当游牧政权深入绿洲区域时，其自身的游牧性就会减弱，留在绿洲的游牧民与游牧区的同胞分离，最终融入绿洲社会。[①] 因此，七河地区的游牧力量无法完全兼并绿洲力量，而只能在维持自身统治优势的情况下，形成一种基于"游牧－绿洲"二元模式的混合型次级文明。

归根到底，七河地区作为"过渡地带"的这种结构性特征是由其地缘环境所决定的。

（二）作为草原核心区的七河地区

松田寿男指出，天山山脉就是干燥亚洲[②]的一个重要地理标志。[③] 所谓干燥亚洲，其实就是与内陆亚洲相近的概念。天山对于内陆亚洲而言，具有极为重要的意义。就七河地区而言，西天山对于当地社会、文化等因素的意义可以分别从自然地理、文化地理两个层面去解释。

内陆亚洲大多数地区属于干旱地区，极度依赖高山流水，七河地区也不例外。由于七河流域处于迎风位置，所以相较于新疆而言，其水资源条件无疑更加优越。因此，卡拉套山（Karatau Mountains）北部有着成规模的七河草原。七河之中除了最南部的楚河和塔拉斯河消失于沙漠之外，其余五条河流全都注入了下游的巴尔喀什湖。其中，楚河河谷源出昆格山（Kungey-

---

① 〔美〕拉铁摩尔：《中国的亚洲内陆边疆》，第 333—335 页。
② 日本学者松田寿男提出了非常著名的风土地带划分法。亚洲大陆东侧与南侧受到季风的影响，被称为"湿润亚洲"，中原农耕区、印度以及东南亚就属于这个范畴，它们的历史起源于平原与河谷的农耕生活，或沿海地区的渔猎兼农耕生活。亚洲大陆北侧受到海洋影响，具有极寒型气候，被称为"亚湿润亚洲"，也可以被称为"森林亚细亚"，当地生活方式以狩猎为主。第三个地带是几乎隔断了外部海洋湿气的少雨地带，被称为"干燥亚洲"，绿洲农耕生活、草原游牧生活以及联系双方的商业活动成为这一地区生活方式的底色。参考〔日〕松田寿男《古代天山历史地理学研究》，第 1—3 页。
③ 松田寿男认为天山可以被视作"亚洲之心脏"，见〔日〕松田寿男《古代天山历史地理学研究》，第 26 页。

Alatau Range）与吉尔吉斯山（Kyrgyz Range）之间，塔拉斯河谷则是位于吉尔吉斯山与塔拉斯山之间。这些河谷容易形成利于定居的绿洲，当地居民在绿洲上建立城镇、聚落。七河流域比较著名的绿洲城市是碎叶（Suyab）与塔拉斯。碎叶具有非常重要的战略地位。从碎叶向东，沿天山北麓的草原之路，经弓月可以到达北庭；向南翻过天山，则可以到达塔里木盆地的绿洲王国，向西可以经过怛罗斯到达粟特本土；西北方向沿里海（Caspian Sea）、黑海（Black Sea）可进入东欧草原。① 塔拉斯是七河流域最大的绿洲城市。在玄奘的《大唐西域记》中，塔拉斯城是一个国际化的商业城市。②

布罗代尔对于地中海区域的研究表明，"很多山区是避免兵灾的地方"。③ 国家力量由于受到地形环境等因素的制约，很难深入这些山区。因此，七河流域的西天山无疑是战争、政治避难者的最佳驻地。这也体现在粟特人的北迁上。亚历山大的征服，曾迫使一部分粟特人北迁七河地区。④ 纳尔沙喜（Narshakhī）的《布哈拉史》（The History of Bukhara）也记载了类似的事件：阿布鲁依（Abrui）在布哈拉的专制统治迫使当地的德赫干（dihqāns）和富商逃往塔拉斯，并在那里建造了一座城市。⑤ 这些粟特居民点是沿着 500—1000 米的山麓东西排开。粟特聚落向北方的延伸促进了七河地区的城市化以及该地区的农业发展。⑥

巴托尔德（V. V. Bartold）指出，7 世纪费尔干纳盆地（拔汗那）地区发生叛乱，使得商路北移。商人从撒马儿罕（Samarqand）取路向东北方，经由塔什干和鄂里亚·阿塔（Aulie-ata，即"奥里·阿塔"）进入七河地区，直

---

① 努尔兰·肯加哈买提：《碎叶》，第 8 页。

② 季羡林等校注《大唐西域记校注》，中华书局，1985，第 77 页。

③ 〔法〕费尔南·布罗代尔：《菲利普二世时代的地中海和地中海世界》第 1 卷，唐家龙、曾培耿等译，吴模信校，商务印书馆，1996，第 28 页。

④ Рахимов Набиджон Турдиалиевич, "Исход Согдийцев: Начало Миграции и Колонизации Восточных Территорий," *Ученые записки Худжандского государственного университета им. академика Б. Гафурова. Серия гуманитарно-общественных наук*, 2015, Том 3, С. 42.

⑤ Narshakhī, *The History of Bukhara*, trans. by Richard N. Frye, Cambridge, Massachusetts: Crimson Printing Company, 1954, p. 7.

⑥ 〔法〕魏义天：《粟特商人史》，第 72 页。

抵楚河河岸，之后沿伊塞克湖南沿，越过柏达隘口，到达阿克苏。[①] 据《新唐书·西域传》记载，宁远国（拔汗那）在贞观年间遭到西突厥的攻击，国王被杀。[②] 巴托尔德所说的动乱应是指该事件。沙畹（Édouard Émmannuel Chavannes）也考证了中原王朝与突厥汗国交战以及平时交往、交流常用的道路：天山南道经由勃达岭抵达楚河以南的托克马克（Tokmak），然后到达塔拉斯河上的奥里·阿塔；天山北道则经由迪化（Ouroumtsi）、绥来（Manas）、库尔喀喇乌苏（Kour Karaoussou）、额林哈毕尔噶山（Iren-Chabirgan）等地前往伊犁河（Ili），并最终抵达托克马克。[③] 这两条道路与巴托尔德所述通道大体类似。考虑到七河地区是各异质性社会的交汇地带，自然会产生农耕、游牧、绿洲互动的贸易需求，因而这一商道的开辟也在情理之中。

七河地区与河西走廊的地理结构非常相似，二者都是依托于高山流水而形成绿洲、草场与商道。努尔兰·肯加哈买提将七河地区的楚河流域称为另一个"河西走廊"。[④] 该地区在历史上经常作为草原民族统治的核心地带（如塞种、大月氏、乌孙、悦般、突厥、突骑施、葛罗禄），形成强大的游牧政权，但河西走廊的情况则刚好相反。究其原因，七河地区的牧区、绿洲、商道的空间分布格局理应得到充分关注。

弥南德（Menander）《希腊史》记载，蔡马库斯（Zemarchus）访问西突厥时，发现室点密可汗（弥南德记作 Sizabulus）的牙帐位于一座名为艾克塔（Ektag）的山上，希腊语意为"金山"。[⑤]《新唐书·地理七下》记载碎叶"城北有碎叶水，水北四十里有羯丹山，十姓可汗每立君长于此"。[⑥] 羯丹山指的就是艾克塔山（金山），西突厥可汗的冬季驻地位于此山中。七河地区的夏季尤为炎热。[⑦] 因此，西突厥可汗拥有自己的夏日避暑营地，这

① 〔俄〕巴透尔德：《七河史》，第 16 页。
② 《新唐书》卷二二一下《西域传下》，中华书局，1975，第 6250 页。
③ 〔法〕沙畹：《西突厥史料》，冯承钧译，中华书局，2004，第 5—6 页。
④ 努尔兰·肯加哈买提：《碎叶》，第 3 页。
⑤ 〔希〕弥南德：《希腊史残卷》，〔英〕H. 裕尔撰，〔法〕H. 考迪埃修订《东域纪程录丛》，第 171 页。
⑥ 《新唐书》卷四三下《地理志七下》，第 1149—1150 页。
⑦ А. И. Бессонов, *Джетысу (Семиречье). Естественно-Историческое Описание Края*, Ташкент: Узбекское Государственное Издательство, 1925, C. 33.

一地区即是位于碎叶与塔拉斯城之间的千泉。据玄奘《大唐西域记》记载，"千泉者，地方二百余里，南面雪山，三陲平陆……突厥可汗每来避暑。中有群鹿……可汗爱赏"。[①] 千泉即屏聿，一说源于 Ming-bulaq，[②] 一说为 Bïng-yul。[③]10 世纪末的《世界境域志》提到俱兰城（Kulan）附近有个村镇，名叫"美尔克"（Mirki）。[④] 日本学者松田寿男认为，千泉在哈萨克斯坦梅尔克附近。[⑤] 不过，玄奘说千泉"地方二百余里"，那么梅尔克可能只是千泉南境。千泉北境也许在西突厥可汗王庭所在地"羯丹山"。[⑥]

突厥人的牙帐设置在碎叶城与塔拉斯城附近，乃是因为此处地处丝绸之路的重要通道。唐代昭武九姓（粟特人）入贡的路线，大体上是发轫中亚两河流域，经碎叶川、热海道、大碛路，入河西走廊，终抵长安。[⑦] 碎叶城与塔拉斯城是这条道路上的重要城镇。突厥人控制这两个绿洲城邦，也就等于控制了整个丝路贸易。通过征收贡赋，突厥人可以从过境贸易中获利。《周书》载突厥"虽移徙无常，而各有地分"。[⑧] 突厥可汗有私人"地分"，即牙庭附近的直辖领地。碎叶城、塔拉斯城作为丝路贸易重镇，其所缴纳的关税财物可能会有相当一部分成为西突厥可汗及其手下军事贵族们的私人财产。

七河流域绿洲、草场交错分布的空间格局，使该地区易于产生商业交换的动力。商道的串联使各绿洲、草场能够形成一种混合经济共同体。商道、绿洲与牧区高度重合的区域特征正是七河地区能够成为草原核心区的关键。

---

① 季羡林等校注《大唐西域记校注》，第 76 页。
② 林梅村：《怛逻斯城与唐代丝绸之路》，《浙江大学学报》（人文社会科学版）2016 年第 5 期，第 41 页。
③ 〔法〕伯希和：《玄奘〈记传〉中之千泉》，见〔法〕烈维等《王玄策使印度记》，冯承钧译，中国国际广播出版社，2013，第 22—23 页。
④ 〔波斯〕佚名：《世界境域志》，王治来译注，上海古籍出版社，2010，第 77 页。
⑤ 〔日〕松田寿男：《古代天山历史地理学研究》，第 344 页。
⑥ 林梅村：《怛逻斯城与唐代丝绸之路》，《浙江大学学报》（人文社会科学版）2016 年第 5 期，第 41 页。
⑦ 蔡鸿生：《唐代九姓胡与突厥文化》，中华书局，1998，第 47 页。
⑧ 《周书》卷五〇《突厥传》，中华书局，1971，第 910 页。但就西突厥的情况来看，突厥并非移徙无常，而是有特定的游牧路线与游牧模式。其他游牧民族亦是如此，如斯基泰人（Scythian）就依靠祖先的坟茔来辨别草原的方向，他们也有自己固定的迁徙路线。见刘雪飞编著《上古欧洲斯基泰文化巡礼》，兰州大学出版社，2012，第 51 页。

三　中时段叙事：多元共生的唐代"七河史"

布罗代尔认为，在不变的历史（长时段、结构）之上的层面，有一个节奏平缓的历史，即中时段的历史趋势。[①] 这是一种有关群体和集团的历史，具体到唐代"七河史"，就是有关这一地区多元共生现象及其发展趋势的历史。

季羡林指出，世界四大文明（中华文明、希腊文明、印度文明、伊斯兰文明）汇聚的中心只有一处，即新疆与敦煌。[②] 七河流域的多元文明共生性毫不逊色于敦煌。其核心地带的碎叶川更是被努尔兰·肯加哈买提称为"中亚的耶路撒冷"。[③] 笔者在这一部分从经济、政治、社会、文化四个层面出发，论述区域内部各层面的共生状态，并对七河流域的历史发展趋势做一个简要的叙述。

（一）经济共生

魏义天认为，游牧民通过战争、贸易的方式从中原王朝那里获得丝绸，这使得丝绸作为外交领域的礼物被送到游牧贵族的手中。而绿洲商人通过购买的方式将丝绸纳入商品交换的范畴中，丝绸由此成为丝绸之路上的大宗商品。[④] 松田寿男则指出，游牧经济的单一性与脆弱性无法支撑整个游牧政权的运转，因此游牧帝国必然需要与绿洲民进行经济合作，获得商业与农业的经济补充。[⑤] 两位学者分别从绿洲、游牧两个视角出发，对于两种异质性区域产生经济共生的原因进行了解释。

作为"过渡地带"的七河地区，其经济具有一定的混合性。不同的地

---

① 〔法〕费尔南·布罗代尔：《菲利普二世时代的地中海和地中海世界》第 1 卷，"序言"，第 9 页。

② 季羡林：《敦煌学、吐鲁番学在中国文化史上的地位和作用》，《红旗》1986 年第 3 期。

③ 努尔兰·肯加哈买提：《碎叶》，封底。

④ 〔法〕魏义天：《粟特商人史》，第 14—15 页。

⑤ 〔日〕松田寿男：《古代天山历史地理学研究》，第 288 页。

理单元，其所产出的物资不同，根据"各取所需"的原则，自然会产生交换的动力。七河地区的粟特居民点很可能是贵族开辟的，城堡周围的城镇是按照粟特模式建造的，前文纳尔沙喜《布哈拉史》的相关记载业已证明这一点。[①] 七河地区的粟特聚落首先是农业聚落。[②] 由于水源充足，粟特聚落可以从栽培小麦、葡萄树以及其他果树中获得利益。[③] 大的粟特居民点集中于从今天的比什凯克（Bishkek）到伊塞克湖之间的狭小地域，它们首先是经营农业生产的，其次是商业。粟特商业区的面积随着粟特人与游牧人的接触而扩张。[④]

随着西突厥汗国的兴起，突厥人成功地适应了粟特人的领地。他们中的一些人加入了绿洲的市民和农村人口的行列，另外一些人保留了与养牛有关的生活方式，占据了绿洲和便于养牛的土地的郊区。[⑤] 突厥统治者使用粟特人的劳力来做护工、珠宝商和织布工。在游牧民族中，粟特工匠在可汗大本营制作的或粟特商人带来的家居用品迅速传播开来。[⑥] 拉铁摩尔曾将天山地区绿洲民与山居民的经济活动称为"垂直社会模式"，[⑦] 笔者认为这一概念同样适用于七河地区粟特人、突厥人的经济互动。粟特人在突厥人的日常生活中扮演着尤为重要的角色。在游牧地区，因迎合统治者需要而出现的匠人风格很快演变成为整个国家的风格，从腰带和碗被突厥战士广为使用便可见一斑。[⑧] 这样就形成了"城市—乡村—牧区"的三元本土交换体系，农耕和游

---

① Narshakhī, *The History of Bukhara*, p. 7;〔法〕魏义天:《粟特商人史》，第72页。

② 〔法〕魏义天:《粟特商人史》，第73页。

③ 季羡林等校注《大唐西域记校注》，第71页。

④ 〔法〕魏义天:《粟特商人史》，第73页。

⑤ Гюль Т И, "Согдийцы и Тюрки в Раннем Средневековье: Межэтнические Интеграционные Процессы," *ББК 26.89 (Рос. Тат) Б 92 Оргкомитет IX Бусыгинских чтений*, 2016, С. 61.

⑥ Гюль Т И. "Согдийцы и Тюрки в Раннем Средневековье: Межэтнические Интеграционные Процессы," *ББК 26.89 (Рос. Тат) Б 92 Оргкомитет IX Бусыгинских чтений*, 2016, С. 62.

⑦ 〔美〕拉铁摩尔:《中国的亚洲内陆边疆》，第142—147页。具体论述见 Owen Lattimore, "Caravan Routes of Inner Asia," *Studies in Frontier History: Collected Papers, 1928-1958*, p. 69.

⑧ 〔俄〕鲍里斯·艾里克·马尔沙克:《粟特银器》，李梅田、付承章、吴忧译，上海古籍出版社，2019，第80页。

牧得以共存共兴，这与粟特本土的经济状况如出一辙。[①]

粟特人也会通过充当突厥汗国外交使臣的方式，来扩大自己的商业网络，有弥南德《希腊史》残卷所叙述的粟特人摩尼亚赫（Maniakh）事迹为证。[②] 摩尼亚赫代表室点密可汗出使萨珊波斯与拜占庭，都带有向西方拓展粟特商业网络的目的。拜占庭境内"索格代亚"（Sogdaia）贸易据点很有可能是粟特人在西方的聚落。[③] 即使到了突骑施统治时期，这种经济共生模式也没有出现太大的变化。阿斯塔纳 188 号墓出土的《唐译语人何德力代书突骑施首领多亥达干收领马价抄》是译语人何德力代突骑施首领多亥达干签收马价的凭证。[④] 姜伯勤先生认为，它反映了唐（西州）与东突厥交兵的时代背景。突骑施是"西突厥别部"，[⑤] 由于经常受到东突厥的征讨，所以愿意为唐朝提供反击东突厥的马匹。[⑥] 这位作为译语人的何德力就是粟特人。

王方翼于 679 年"筑碎叶城"[⑦] 以后，应有一批唐军及其家眷屯于碎叶。这些唐军兵卒必然也参与了碎叶的农业生产活动，使得唐代七河地区的经济共生体系中又增加了一些新元素。当然需要说明的是，唐军只是屯于碎叶，对于整个七河地区的政治影响有限，因而这些屯田的汉人兵卒并没有对该地区的经济共生体系产生结构性的影响。

粟特商业网络的发展始终与游牧部族以及中原王朝的政治史相勾连。中原王朝的强盛及其向西域地区的经营，确保粟特人能够通过提供各类援助的方式获得足够多的商业财富。而游牧部族的兴盛则确保了粟特商业网络的有

① 按照地理环境来进行划分，中亚地区大体上存在三类人口：村庄和乡村农业人口，草原、山地游牧人口以及城镇、城市人口。这三类人口相互之间的经济关系构成了"城市—乡村—牧区"的本土交换模式。见〔俄〕B. A. 李特文斯基主编《中亚文明史》第 3 卷《文明的交会：公元 250 年至 750 年》，第 409—411 页。

② 〔希〕弥南德：《希腊史残卷》，〔英〕H. 裕尔撰，〔法〕H. 考迪埃修订《东域纪程录丛》，第 167—170 页。

③ 〔法〕魏义天：《粟特商人史》，第 157—162 页。

④ 国家文物局古文献研究室、新疆维吾尔自治区博物馆、武汉大学历史系编《吐鲁番出土文书》第 8 册，文物出版社，1987，第 87 页。

⑤ 《新唐书》卷二一五下《突厥传下》，第 6066 页。

⑥ 姜伯勤：《敦煌吐鲁番文书与丝绸之路》，文物出版社，1994，第 115 页。

⑦ 《新唐书》卷一一一《王方翼传》，第 4135 页。

序运行。魏义天认为，粟特人的"商业和政治基本上没什么区别"。[①]9世纪以后，随着游牧力量衰退以及中原王朝退出西域，粟特商业便无可挽回地走向衰落。

（二）社会共生

根据纳尔沙喜的叙述，前往塔拉斯的粟特移民由德赫干贵族率领。商人往往是与德赫干贵族共同行动的，因为在粟特社会中，商业与贵族文化很多时候是融为一体的。[②]

当然，我们也需要考虑到粟特人进入突厥人牧区的可能性。在远离城镇的牧区，游牧民也拥有自己的社会组织形式。为了更好地借助突厥人的力量，融入突厥社会，部分粟特人群体会转变自己的组织形式，以突厥人的游牧化方式形成胡部。汉文史料的相关记载已证明这一点。[③]《安菩墓志》也证明突厥确有粟特胡部的存在。[④]虽然相关史料所叙述的都是东突厥汗国的情况，但笔者认为西突厥汗国同样也存在这种现象。根据弥南德《希腊史》中对于蔡马库斯访西突厥的记载，室点密可汗在摩尼亚赫去世后让其子继承了他的官职，并派遣其子随蔡马库斯返回拜占庭。[⑤]既然摩尼亚赫父子拥有突厥官职，且多次完成突厥可汗的外交任务，自然可以推测他们拥有自己的胡

---

① 〔法〕魏义天：《粟特商人史》，第145页。
② 〔法〕魏义天：《粟特商人史》，第124页。
③ 《新唐书·突厥传上》载："统特勒（勤）主胡部。"此处胡部指的应是粟特人。李瑞哲认为，这些粟特人在加入突厥汗国后，主要以部落的形式活动，其社会组织形式与游牧部族类似。笔者认为，这很好地反映了绿洲民进入草原空间后的游牧化过程。见《新唐书》卷二一五上《突厥传上》，第6038页；李瑞哲《粟特人在突厥汗国的活动及其影响》，周伟洲主编《西北民族论丛》第18辑，社会科学文献出版社，2018，第144页。蒲立本亦有相关论述，见 Edwin G. Pulleyblank, "A Sogdian Colony in Inner Mongolia," *T'oung Pao*, Second Series, Vol.41, 1952, pp. 317–356.
④ 据墓志记载，"其先安国大首领，破匈奴衙帐，百姓归中国。首领同京官五品，封定远将军，首领如故"。安菩之父在唐灭东突厥时率领自己的胡部投奔了唐朝。见周绍良主编《唐代墓志汇编·景龙033》上册，上海古籍出版社，1992，第1104—1105页；李鸿宾《安菩墓志铭再考——一个胡人家族入居内地的案例分析》，杜文玉主编《唐史论丛》第12辑，三秦出版社，2010。
⑤ 〔希〕弥南德：《希腊史残卷》，见〔英〕H.裕尔撰、〔法〕H.考迪埃修订《东域纪程录丛》，第174页。

部。这些胡部很可能长期生活在西突厥可汗的牙帐附近。

玄奘有关七河地区中原人的记载也不应被忽视。据《大唐西域记》所述，"（咀逻私城）南行十余里有小孤城，三百余户，本中国人也，昔为突厥所掠，后遂鸠集同国，共保此城，于中宅居。衣服去就，遂同突厥；言辞仪范，犹存本国"。[1] 在塔拉斯以南的不远处，有中原人的聚居处。这些人应该是早些年被突厥掳掠到七河地区的。《资治通鉴》记载，"隋末，中国人多没于突厥。及突厥降，上遣使以金帛赎之。五月乙丑，有司奏，凡得男女八万口"。[2] 可见这些中原人有可能是隋朝末年被突厥掳掠的，由于长期与突厥人混居，他们的风俗习惯已经部分突厥化。唐朝控制碎叶之后，一批汉人也屯于碎叶，不过由于人数有限，因而对当地的社会结构无法产生大的影响。

葛罗禄时期（756—940），七河地区的社会结构发生了变革。该地区的游牧民加快了向定居生活过渡的进程，这使得七河流域出现了一系列新的城镇。[3] 粟特人由于母国文化已被伊斯兰文化体系同化，从而加快了突厥化的速度。根据喀喇汗王朝（Qara Khanid）时期学者麻赫默德·喀什噶里（Mehmud Qeshqiri）的记载，粟特人（喀什噶里记作 Soqdak）是定居在巴拉沙衮（Balasaγun）的民族，"他们来自布哈拉（Bukhara）和撒马尔干之间的粟特地区，但服饰习俗都与突厥人无异"。[4] 这说明当时七河地区的粟特人已经逐渐融入操突厥语的人群之中。

（三）文化共生

文化是一个非常宽泛的概念，它包含的元素众多。笔者显然无法在这一部分予以穷尽，因此只阐述七河地区的宗教文化共生。位于该地区的阿克·贝西姆遗址（Aq-Bešim，即碎叶城）体现了多元宗教融合的情况，正可用

① 季羡林等校注《大唐西域记校注》，第 78 页。
② 《资治通鉴》卷一九三，太宗贞观五年四月壬寅条，中华书局，1956，第 6087 页。
③ 努尔兰·肯加哈买提：《碎叶》，第 151 页。《世界境域志》记载葛罗禄生活的地区有城镇与乡村，且葛罗禄人有猎人、农夫、畜牧者等多种职业，这体现了葛罗禄人由游牧生活向定居生活过渡的情形。见〔波斯〕佚名《世界境域志》，第 76 页。
④ 麻赫默德·喀什噶里：《突厥语大词典》第 1 卷，校仲彝等译，民族出版社，2002，第 497 页。

来作为例证。这座城市建造于 5 世纪，统治者是粟特人，但其居民除粟特人外还包括突厥人、叙利亚人（Syrian）以及一些来自中原地区的居民。佛教（Buddhism）、基督教（Christianity）、祆教[①]、摩尼教（Manichaeism）等不同宗教团体都居住在该城市。[②]

　　最先传入七河地区的伊朗宗教是祆教与摩尼教。就碎叶城的布局来看，两个宗教的活动区域是清晰、明确的。摩尼教徒墓地和祆教的"寂静之塔"（dakhma）遗迹、祆教徒墓地都位于子城（Šahristan）、罗城（Rabad）附近的关厢（即郊区）。[③] 突厥人进入七河地区后，为这一地区的宗教文化带来了新的元素。突厥人入主中亚之前，中亚流行两种形制的纳骨器（ossuary）：长方形纳骨器和椭圆形纳骨器。长方形直角纳骨器年代比椭圆形纳骨器早，后者为粟特人迁居七河流域之后的变形。而在突厥人入主中亚后，祆教纳骨器发生变化，开始出现帐篷式纳骨器。[④] 这体现了粟特祆教文化对于游牧文化的借鉴。突厥人中也有皈依祆教的情况。笔者推测可能与突厥人"事火"的习俗有关。玄奘曾发现，"突厥事火不施床，以木含火故。敬而不居。但地敷重茵而已"。[⑤] 突厥"事火"风俗与祆教崇拜圣火的文化相一致，这也许间接促成了部分突厥人皈依祆教。段成式《酉阳杂俎》介绍过一种突厥式的祆神崇拜："突厥事祆神，无祠庙，刻毡为形，盛于皮袋，行动之处，以脂酥涂之；或系之竿上，四时祀之。"[⑥] 这可以看出当时的突厥人与中亚粟特人接触，已经在一定程度上接受了祆教的信仰体系。不过，"突厥事祆神"仍不失其"控弦之士"的特色，这在其"无祠庙"等风俗仪式上得到了很好的

[①] 越来越多的学者注意到波斯琐罗亚斯德教与粟特祆教之间的差异。粟特祆教杂糅了其他的宗教信仰，是本土化的琐罗亚斯德教。见张小贵《中古华化祆教考述》，文物出版社，2010，第1—26页。

[②] 〔俄〕列昂尼德·R.科兹拉索夫：《中北亚城市文明的历史学和考古学研究》，薛樵风、成一农译，商务印书馆，2019，第276页。

[③] 努尔兰·肯加哈买提：《碎叶》，第143、146页。

[④] 纪宗安：《活跃在丝绸之路上的粟特人》，《暨南学报》（哲学社会科学）1989年第3期，第70页。

[⑤] 慧立、彦悰：《大慈恩寺三藏法师传》，孙毓棠、谢方点校，中华书局，2000，第28页。

[⑥] 段成式：《酉阳杂俎》卷四《境异》，中华书局，1981，第45页。

体现。① 碎叶城的"寂静之塔"废墟中还发现属于突厥人的遗物：2个弧形铁板残片、2个带四棱的锐利器物、带绿色花纹的白色玻璃珠（蜻蜓眼玻璃珠）、带铆钉的铜帽、带凸缘和小环的青铜耳环。后两件遗物是阿尔泰地区6—7世纪突厥墓葬中常见的典型的遗物。② 体现了粟特人与突厥人的文化交流与文化共生。这种文化共生也在碎叶城的名字中得到体现。科兹拉索夫（Lenoid R. Kyzlasov）认为，碎叶即Suyab。su在突厥语中有"水"的意思，而yab则是伊朗—粟特语中的一个词，意思是"管道"。碎叶城可能得名于为这座城市供水的小溪。这似乎可以说明，一种"突厥—粟特"的混合文化逐渐形成。③

裴行俭平阿史那都支叛乱后，唐朝势力进驻碎叶城，从而为七河地区带来了佛教文化，同时也带来了汉人士兵与工匠。碎叶的第一佛寺（大云寺）、伯恩施塔姆（Bernštam）佛寺（王方翼衙署）都修建于此时。④ 唐代建筑遗址的风格和布局，大多是与粟特、西域元素并存，这种情况正好说明了唐代建筑是由粟特工匠和汉人工匠共同创造的。共同劳动为粟特人与汉人的技术交流提供了有利条件，他们得以相互借鉴对方的文化元素。⑤ 碎叶第一佛寺发现过一块镀金铜牌，上有一对手持骆驼的男女神像。⑥ 这是粟特人聚居区的一种独特文化，它不属于佛教范畴，而与祆教信仰有关。在粟特人信奉的祆教中，对骆驼的崇拜就是对胜利之神、战神韦纳斯拉纳（Verethraghna）的崇拜。⑦ 可见，当粟特人成为佛教徒之后，他们将自己的神祇整合进佛教的信仰体系中。唐代七河地区的"突厥—粟特"混合文化开始逐渐拥有一些佛教文化的色彩。

景教传入七河地区的时间也在7—8世纪。7世纪末的《历代志》

---

① 蔡鸿生：《唐代九姓胡与突厥文化》，第136页。
② 努尔兰·肯加哈买提：《碎叶》，第146页。
③ 〔俄〕列昂尼德·R.科兹拉索夫：《中北亚城市文明的历史学和考古学研究》，第278页。
④ 努尔兰·肯加哈买提：《碎叶》，第150页。
⑤ 努尔兰·肯加哈买提：《碎叶》，第201页。
⑥ 努尔兰·肯加哈买提：《碎叶》，第266—269页。
⑦ 努尔兰·肯加哈买提：《碎叶》，第266—269页。

（*Chronicon Anonymum*）认为，木鹿城（Merv）大主教伊利亚斯（Elias）"使一些突厥人和其他人改变了信仰"。[①]781 年前后，景教总主教提摩太（Timothy）在给马龙派教徒（Maronites）的信中提及，另一位突厥可汗及其臣民都皈依了基督。[②]

七河地区生产葡萄，因而其葡萄酒的生产也很著名。《大慈恩寺三藏法师传》记载，玄奘经过七河流域的突厥可汗牙帐时，突厥可汗曾用葡萄酒来款待玄奘。[③]景教传入后，出于圣体礼的需要，由当地的酿酒作坊提供葡萄酒。此外，教堂也从事葡萄酒的生产。七河地区曾出土过一些陶罐（Khum），这些陶罐极有可能被用于盛装葡萄酒。1941 年，伯恩施塔姆在克拉斯纳亚—列契卡古城（Krasnaya Rečka）发现的陶罐上刻有铭文："这个大陶罐是为亚卢克特勤（Yaruq-Tegin）导师而做的。工匠帕斯屯（Pastun）。但愿它（大陶罐）永远装满，阿门，阿门！"[④]Yaruq 在突厥语中意为"光明"，而 Tegin 毫无疑问是突厥人的官号"特勤"。这体现了景教与突厥语人群之间的某种文化联系，从侧面佐证了突厥语人群皈依景教的情况。

7 至 8 世纪以降，碎叶城出现了佛教和景教遗迹，碎叶最终形成明显的宗教区域：南部为佛寺、祆教徒墓地以及"寂静之塔"，东部为景教教堂与修道院，西部是摩尼教徒墓地，北部是火祆教徒墓地。这体现了七河地区多元宗教文化共生的状态。如果我们跳出七河流域进行观察，更可看到该地区与周边区域的联系与交流。克里木凯特（H. J. Klimkeit）注意到七河流域景教徒墓碑的内容。他指出，"有个妇女被称为'中国人塔里木'（Tarim the Chinese），一个教士被叫做'回鹘人巴奴斯'（Banus the Uighurian），一位平

---

① A. Mingana, "The Early Spread of Christianity in Central Aisa and the Far East: A New Document," *Bulletin of the John Rylands Library*, No.9, 1925, pp. 302–303. 转引自牛汝极《中亚七河地区突厥语部族的景教信仰》，《中国社会科学》2012 年第 7 期，第 166 页。

② A. Mingana, "The Early Spread of Christianity in Central Aisa and the Far East: A New Document," *Bulletin of the John Rylands Library*, No.9, 1925, pp. 302–305. 转引自牛汝极《中亚七河地区突厥语部族的景教信仰》，《中国社会科学》2012 年第 7 期，第 166 页。

③ 慧立、彦悰:《大慈恩寺三藏法师传》，第 28 页。

④ V. A. Livshits, *Sogdian Epigraphy of Central Asia and Semirech'e*, London: School of Oriental and African Studies, 2015, p. 271. 译文见努尔兰·肯加哈买提《碎叶》，第 243 页。

信徒叫做'印度人萨基克'（Sazik the Indian）"。[①] 碎叶景教团与亚洲其他地方存在文化交流，使得来自不同地区的景教徒聚集于七河地区。

随着阿拔斯王朝向北扩张，伊斯兰教势力范围于 8 世纪上半叶逼近塔拉斯河、楚河流域。当地的居民以及摩尼教、佛教、祆教、景教的相关信徒为避免迫害而纷纷东逃。这就导致了粟特人的大量东迁以及这些宗教文化向东方的传播。[②] 即使在伊斯兰时代的中亚地区，位于萨曼王朝（Samanid）北部的七河地区依旧是突厥游牧民的大本营，同时也是景教信仰活跃的区域。893年，萨曼王朝的亦思马因·本·艾哈迈德（Isma'il b Ahmad）远征塔拉斯，发现当时的七河地区依然存在景教徒。[③] 一直到喀喇汗王朝萨图克汗（Satuk Boghra Khan）皈依伊斯兰教后，该地区才逐渐开始伊斯兰化。[④] 但作为前伊斯兰时代信仰的景教可能一直延续到帖木儿帝国时期。

（四）政治共生

粟特人很早就开始与游牧政权进行政治合作。《汉书》在提到康居王遣子入侍时认为，"其欲贾市为好，辞之诈也"。[⑤] 康居当时控制着粟特本土，此处的康居使节很有可能是粟特人。嚈哒人（Hephthalite）曾遣使入贡南梁，南梁王子萧绎于 541 年所画《职贡图》里的嚈哒使臣名叫何了了，[⑥] 这位使臣毫无疑问是一位粟特人。

《周书》记载："大统十一年（545），太祖遣酒泉胡安诺槃陀使焉。其国皆相庆曰：'今大国使至，我国将兴也。'"[⑦] 当时受到柔然威胁的西魏想要联合突厥，所以派遣熟悉突厥事务的粟特人前去联络突厥。突厥人可能很早就

---

① 努尔兰·肯加哈买提：《碎叶》，第 244 页。

② 努尔兰·肯加哈买提：《碎叶》，第 153 页。

③ Narshakhī, *The History of Bukhara*, pp. 86–87.

④ 据魏良弢先生研究，萨图克去世后，长子木萨阿尔斯兰汗（Musa Arslan Khan）在苏菲派（al-Sufiyyah）教士的帮助下实现了汗国的伊斯兰化。见魏良弢《喀喇汗王朝史稿》，新疆人民出版社，1986，第 77—78 页。

⑤ 《汉书》卷九六上《西域传上》，中华书局，1999，第 2869 页。

⑥ 〔俄〕马尔夏克：《突厥人、粟特人与娜娜女神》，毛铭译，漓江出版社，2016，第 84 页。

⑦ 《周书》卷五○《突厥传》，第 908 页。

与粟特人有所接触。突厥居住在阿尔泰山一带，为"蠕蠕铁工"，当时阿尔泰山的铁器是丝绸之路上的重要物资，这就可以解释为什么粟特人一早就认识了居住在阿尔泰山麓打铁的突厥人。① 玄奘《大唐西域记》记载："素叶以西数十孤城，城皆立长，虽不相禀命，然皆役属突厥。"② 可见，西突厥将七河流域以及河中地区的诸多城邦一起掌控在自己手中。这些城邦拥有各自的城长和一定的自主权。这在玄奘随后对于粟特地区一些城邦国家的介绍中也得到了体现，如赭时国（石国）"城邑数十，各别君长，既无总主，役属突厥"，③窣堵利瑟那国（东曹）"自有王，附突厥"。④ 这些城长接受突厥所授予的"颉利发""吐屯"等称号。

显庆二年（657）唐朝平定阿史那贺鲁叛乱，在西突厥本土设立羁縻府州，碎叶归唐。显庆三年创设昆陵、濛池二都护府，分别册立阿史那弥射和阿史那步真为兴昔亡可汗兼昆陵都护、继往绝可汗兼濛池都护。从662年起，唐朝与吐蕃势力开始在西域交锋，西突厥阿史那氏王族成了双方争相扶植的对象，因此七河地区数易其主。718年，突骑施可汗苏禄（Syukluk）南下攻陷碎叶。719年，唐朝册拜苏禄为突骑施十四姓忠顺（毗伽）可汗，兼金方道经略使，并让出碎叶作为突骑施苏禄的牙帐。⑤

地理环境所造就的社会、文化结构性差异，使得中原王朝很难照搬内地的政权组织形式，因而采用羁縻统治的方式来达到与地方势力政治共生的状态。在唐王朝经营七河地区时，该地区出现了融合"农耕（唐）—游牧（突厥）—绿洲（粟特）"三种元素的政治共生形式。乾陵的六十一蕃人石像中，有"碎叶州刺史安车鼻施"的题名。安指安国，车鼻施是突厥部落名Capiš，

---

① 〔俄〕马尔夏克：《突厥人、粟特人与娜娜女神》，第84页。
② 季羡林等校注《大唐西域记校注》，第72页。
③ 季羡林等校注《大唐西域记校注》，第82页。
④ 季羡林等校注《大唐西域记校注》，第85页。
⑤ 据《新唐书》记载，开元七年（719）"十姓可汗请居碎叶"。此处"十姓可汗"指的应是苏禄。见《新唐书》卷二二一上《西域传上》，第6230页。王小甫认为，"唐朝与突骑施结盟对抗大食"一事是人们误解史料而产生的错觉，唐朝与大食计会连兵共破突骑施苏禄倒是事实。见王小甫《唐、吐蕃、大食政治关系史》，第5、176页。

此人应即出身安国的突厥人或突厥化粟特人。① 这足以证明粟特人也被纳入了这种模式。

随着安史之乱的爆发，唐王朝调西域守军进入内地平叛，吐蕃趁机进入西域，唐王朝的西域统治布局崩溃。七河地区的政治共生模式又出现了新的变化。根据《世界境域志》的记载，在 10 世纪前后的七河地区，葛罗禄、炽俟（Chigil）、样磨（Yaghma，即三姓咽面）、突骑施余部等游牧族群混居。②这体现了当时错综复杂的政治共生格局。

四　短时段叙事：管窥唐代七河地区的事件史

前文已经展示了短时段的事件史在长时段叙事、中时段叙事中所展现的意义，但笔者认为仍有必要选取两个事件史案例来进行个案的分析。有些事件史，诚如布罗代尔所述，如同大海表层的浪花，在整个历史的发展进程中转瞬即逝，只能起到极其微小的作用，是历史学家应当警惕的"表面上的骚动"。③但一些事件史却能影响到历史发展的趋势。因此，笔者在这一部分需要辨清不同事件史对于历史趋势的影响。

黄达远教授在《多维视野下的西域——以 1759—1864 年的天山史为例》一文中指出，事件史本身要和具体"区域"的时空背景相联系，其社会内涵才能得以表达。我们强调某一事件时，需要看到其背后的时空结构，否则，就可能掩盖其他层面事件的性质。④基于此，笔者先阐述区域结构的特征，再用事件史加以佐证。笔者在本部分借鉴黄达远教授"天山史"的叙述方式，但对其进行倒置，即先对事件史进行描述，再讨论它与历史趋势的关联。这种叙述方式旨在对布罗代尔"整体史"研究模式进行一定程度的调整，回应笔者在本章开头所阐述的目标。

---

① 荣新江：《西域粟特移民聚落补考》，《西域研究》2005 年第 2 期，第 2 页。
② 〔波斯〕佚名：《世界境域志》，第 71 页。
③ 〔法〕费尔南·布罗代尔：《论历史》，第 4 页。
④ 黄达远：《多维视野下的西域——以 1759—1864 年的天山史为例》，《新疆师范大学学报》（哲学社会科学版）2014 年第 6 期，第 4 页。

（一）裴行俭平阿史那都支之叛

事件史描述：

> 西突厥可汗阿史那都支与吐蕃结盟并侵扰安西大都护府。唐高宗派遣侍郎裴行俭护送波斯王子泥涅师回国。裴行俭经过西突厥时，借机将阿史那都支活捉，并派兵袭击李遮匐并迫使他归降，从而重新控制碎叶城。[①]

裴行俭攻取碎叶城之后，王方翼受命修筑碎叶城，这使得碎叶取代焉耆成为"安西四镇"之一，意味着唐王朝在西域的实控范围向西迈进了七河地区。之前的"安西四镇"是为了防备七河地区的西突厥对于葱岭以东地区的侵袭。而今西突厥核心区已被唐王朝占据，则碎叶取代焉耆成为安西四镇之一，必有深意。唐朝与吐蕃曾在西域进行持续性交锋，裴行俭所平定的叛军首领阿史那都支、李遮匐都曾倒向吐蕃。[②]因此，唐王朝以碎叶城为"安西四镇"之一，并派军屯垦于此，这使得碎叶城成为唐王朝经略西域的战略要地。碎叶、疏勒、于阗一道构成了拱卫安西大都护府的屏障，达到将吐蕃势力隔绝于葱岭以西的目的。这是裴行俭平阿史那都支之叛在政治史上的深远意义。而从七河地区的文化史、社会史等层面来看，这一历史事件的影响力也有极为明显的体现。唐朝控制碎叶城，为当地带来了汉地佛教文化。汉地佛教文化的传入深刻改变了七河流域的历史面貌。有关这一问题，前文论述已然得当，兹不赘叙。

由此观之，"裴行俭平阿史那都支之叛"这一历史事件确实能够影响到历史发展的趋势，其历史意义是不容忽视的。

（二）怛罗斯之战

事件史描述：

---

① 相关记载见《新唐书》卷二二一上《西域传上》，第4086—4087页。
② 《新唐书》卷二二一上《西域传上》，第4086页。

唐朝天宝初年,唐、吐蕃、阿拉伯三方势力角逐中亚。唐将高仙芝率安西军长途远征,击败吐蕃、小勃律联军,随后再破亲附吐蕃的揭师国。750年,高仙芝破石国,石国王子向阿拉伯帝国求援。两国军队最终于751年相遇并爆发了怛罗斯之战。此战以阿拉伯帝国的胜利而告终。①

有关怛罗斯之战的记载,较为详细的是汉文史料。就阿拉伯文史料而言,只有10世纪末的穆塔海尔·麦克迪西以及12世纪的伊本·阿西尔有较为详细的记载。②而立志让自己所著史书成为"阿拉伯人全部历史知识总汇"的塔巴里则没有记述这一历史事件。③笔者由此推断,怛罗斯之战对于当时的阿拉伯帝国而言并不算是重大历史事件,因而后世的穆斯林学者多不重视此役。

而把目光转向唐朝,我们依然可以发现,怛罗斯之战对于唐王朝的意义也被过分高估了。

唐王朝在葱岭以东地区的经营较为积极,而对于葱岭以西的事务则不多过问。康国、石国、俱密国(Kumidh)④于唐玄宗开元七年遣使请求唐朝出兵征伐阿拉伯帝国(大食),玄宗并未同意。⑤这也从侧面反映了当时唐朝官方的态度。唐军在葱岭以西的战事失利,并没有在朝廷内部激起太大的反应,高仙芝的战败之责并未被深究。

怛罗斯之战备受中外学者的重视,经常被渲染为唐王朝西域经营崩溃的标志。⑥但阿拉伯帝国并未因此东进,唐王朝也一直维持着对于安西四镇

---

① 相关记载见《新唐书》卷二二一上《西域传上》,第 6246 页;《资治通鉴》卷一九三,玄宗天宝十载四月条,第 6907—6908 页。

② 林梅村:《怛逻斯城与唐代丝绸之路》,《浙江大学学报》(人文社会科学版)2016 年第 5 期,第 47—48 页。

③ 〔俄〕巴托尔德:《蒙古入侵时期的突厥斯坦》,张锡彤、张广达译,上海古籍出版社,2007,第 2—4 页。

④ 俱密即拘谜陀,一说位于今苏尔哈布河流域(Surkhab),一说位于今达尔瓦兹(Darwaz)。见冯承钧原编,陆峻岭增订《西域地名》(增订本),中华书局,1982,第 56 页。

⑤ 《新唐书》卷二二一上《西域传上》,第 6244、6246、6255 页。

⑥ 〔法〕沙畹:《西突厥史料》,第 275 页。

的控制，并接受西域诸国的朝贡。怛罗斯之战并没有对历史发展趋势产生重大的影响，因而不宜赋予这一事件不切实际的历史意义。对唐王朝的西域经营造成毁灭性打击的应是安史之乱。安史之乱爆发后，唐王朝调集西北边军勤王平叛，这极大削弱了唐王朝在西域的势力，也为吐蕃攻占西域埋下了伏笔。

五 恢复农耕、游牧与绿洲的地缘关联：从唐代"七河史"出发理解"历史中国"（兼结语）

如果仅仅只是就唐代"七河史"来讨论这一地区的特征，其深度是不足的。笔者意图通过"由边缘反观自身"的策略，来更好地回应现实需求。诚如王明珂先生所说，决定圆的关键部位是圆圈，而不是圆心，只有圆圈才能决定这个图形到底是圆的还是别的什么。[①] 通过对作为"圆圈"的唐代"七河史"进行研究，或可理解作为"圆心"的中原王朝乃至作为"整个圆形"的"历史中国"之形成过程。

（一）恢复农耕、游牧与绿洲的地缘关联：对于唐代"七河史"的两点认识

唐代"七河史"三种时段的复线型叙事并非各自独立，而是相互嵌套。通过对三种历史叙事之间逻辑关联的考察，笔者力图恢复农耕、游牧与绿洲的地缘关联性，并由此产生对唐代"七河史"的两点整体性认识。

（1）唐代七河地区的区域特征与粟特本土具有相似性，但也不应忽视二者之差异。

玄奘在《大唐西域记》中认为七河地区应是粟特地区的一部分，"自素叶水城，至羯霜那国，地名窣利，人亦谓焉。文字语言，即随称矣"。[②] "窣利"即粟特，玄奘认为从碎叶（素叶水城）到沙赫里夏勃兹（史国，即羯霜

---

① 王明珂：《华夏边缘：历史记忆与族群认同》，社会科学文献出版社，2006，第45页。
② 季羡林等校注《大唐西域记校注》，第72页。

那）都属于"粟特"的范畴，可见这些地区风俗习惯大体类似。笔者认为这一判断是准确的，它实际上从侧面反映了唐代七河地区的区域特征与粟特本土具有相似性。

鲁西奇指出，"无论是当今还是历史时期政治区、经济区、文化区等人文地理现象的区域分异，无不与自然地理环境的区域差异有着某种或强或弱的因果关系"，[①] 粟特本土与七河地区自然也不例外。绿洲地理环境的破碎性造就了两地在政治上"小国寡民"的状态，这使得它们极易受到周边势力的影响。两个地区的社会、经济层面也受到不同地理景观的影响，形成了绿洲与游牧的多元互动体系。区域差异造就了其本土贸易体系与跨区域丝绸之路贸易体系，而经济贸易体系伴随着文化的传播与交流。可见，多重区域体系的叠加与交融，建构出了粟特本土"多元共生"的区域特征，七河地区的情况与其类似。

但笔者认为，二者之间也存在一定的差异性。

首先，七河地区比粟特本土体现出更多的"亲草原"的特质。虽然两个区域都具有绿洲景观，但七河地区的绿洲是天山北麓草原绿洲的延伸，而粟特本土的绿洲则是天山南麓沙漠绿洲的延伸。从绿洲的性质上看，无疑是七河地区的草原绿洲更容易受到游牧政权的控制。[②] 如前文所述，七河地区商道、绿洲与牧区高度重合的特点使得游牧政权往往喜欢建牙于此，这使得该地区具有了"草原核心区"的区域特征。

其次，粟特本土在文化上较多受到伊朗高原的影响，因而这些昭武九姓城邦"总事火袄，不识佛法"。[③] 该区域与伊朗高原有着极强的社会、文化关联，即使在伊斯兰教传入中亚以后，这一联系仍未中断。850 年，撒马儿

① 鲁西奇：《历史地理研究中的"区域"问题》，《武汉大学学报》（哲学社会科学版）1996 年第 6 期，第 85 页。

② 拉铁摩尔认为，草原绿洲徘徊于各种可能的发展形态之间，绿洲农业与草原游牧交替出现。见〔美〕拉铁摩尔《中国的亚洲内陆边疆》，第 104 页。从历史上看，天山北麓的草原绿洲多为游牧政权所掌控。

③ 张毅笺释《往五天竺国传笺释》，中华书局，2000，第 118 页。

罕的祆教徒就曾向波斯的宗教领袖法罗赫扎丹询问丧葬仪式。① 七河地区受到中原文化的影响，因而当地存在中原佛教信仰。由于前现代社会较多受制于地理环境，以帕米尔高原为中心的内陆亚洲大山结既是拱卫安西大都护府的屏障，也是唐王朝西向发展的阻碍。唐朝在七河地区所设最远的羁縻州很可能就在塔拉斯城。②

最后，同样受制于地理环境，七河地区差不多也是当时的伊斯兰文明向东发展所能达到的极限，因此景教徒能够在七河地区顽强地生存下去。《世界境域志》认为俱兰城与伊斯兰世界相接，可知当时该地或为伊斯兰世界与非伊斯兰世界的分界点。③ 即使该地区的游牧民于公元10世纪以后逐渐皈依了伊斯兰教，他们依然保留了较多的地方性文化因素。中亚的伊斯兰化已经不是阿拉伯式的伊斯兰化，而是"建立在粟特—波斯—希腊—突厥—中原多层文化积淀基础上的'伊斯兰化'"。④

（2）唐代的七河地区既是拱卫安西大都护府的屏障，也是唐王朝经营西域的前沿阵地，但不应过高估计该地区对于唐王朝的战略价值。

前文已述七河地区对于唐王朝经营西域的重要性。以核心城镇碎叶为中心，唐王朝实际上建构出了拱卫安西大都护府的屏障。即使后来唐王朝将碎叶城让给了突骑施的苏禄，也是寄希望于他能够作为与阿拉伯帝国对抗的先锋，起到保卫安西大都护府的作用。七河地区通过石国可与当时中亚的核心区粟特本土相联系。这对于唐王朝对域外中亚的开拓有着一定的战略意义。不过，唐王朝对于葱岭以西事务的兴趣远不如葱岭以东地区事务，这从唐玄宗对于西域诸国"请求征讨大食"这一提议的敷衍态度就能看出端倪。七河

---

① B. N. Dhabhar, *The Persian Rivayats of Hormazyar Framarz and Others, Their Version with Introduction and Notes*, Bombay: K. R. Cama Oriental Institute, 1932, pp. 104–105. 转引自 Mary Boyce, *Zoroastrians: Their Religious Beliefs and Practices*, London, Boston and Henley: Routledge and Kegan Paul, 1979, pp. 157–158.

② 林梅村：《怛逻斯城与唐代丝绸之路》，《浙江大学学报》（人文社会科学版）2016年第5期，第44页。

③ 〔波斯〕佚名：《世界境域志》，第77页；林梅村：《怛逻斯城与唐代丝绸之路》，《浙江大学学报》（人文社会科学版）2016年第5期，第42页。

④ 魏良弢：《中亚封建社会特点初探》，《新疆社会科学》1985年第3期，第83页。

地区对于唐王朝的战略意义可能更多在于防御而并非开拓。

必须予以说明的是,唐王朝在西域的经营皆仰赖于中原内地的安定。只有当内地稳定时,唐王朝才有余力向西开拓,并维持西域统治之稳定。而河西走廊则是沟通中原内地与西域的重要通道,[①] 离开河西走廊去单独审视唐代七河地区的战略价值是毫无意义的。随着安史之乱的爆发,唐王朝的整体结构被破坏,河西走廊失去原先对于唐王朝而言至关重要的"走廊"价值,丧失了沟通作用,七河地区自然也就脱离了唐王朝的掌控。这是由各区域之间的组合逻辑所决定的。安史之乱后的中原内地"排胡风潮"的逐渐兴起,其政权性质已然发生变化,由原先"胡汉一体"的复合型政权变成了局限于中原农耕区的单一型政权。河西走廊及其所连接的西域(包括七河地区)自然就变得不再重要,这是唐王朝政权性质的改变所决定的。[②]

(二)构建唐代"七河史"复线型叙事:从域外与周边理解"历史中国"

构建多元复合型的唐代"七河史"叙事,是为了形成对这一时期七河地区的整体性认识,从而达到"从域外与周边重新理解'历史中国'"的目的。这种"站在边缘反观自身"的视角旨在打破人文社会科学中的"中心崇拜"(具体表现为"欧洲中心观"与"中原中心观"),恢复边缘人群的主体性。

边缘研究首先是一种对于空间的研究。传统的东方学将所研究区域视为封闭的、一成不变的空间,新型的区域研究则要突破这一限制,恢复空间的流动性。[③] 区域研究是连接中国史与世界史的重要一环。[④] 各区域并非孤岛,而是依托于各种各样的体系网络进行联系与交流。这些体系网络相互交叉、

---

① 李鸿宾:《唐朝地缘政治中的河西走廊》,《陕西师范大学学报》(哲学社会科学版)2020年第2期,第54—55页。

② 李鸿宾:《唐朝地缘政治中的河西走廊》,《陕西师范大学学报》(哲学社会科学版)2020年第2期,第56—57页。

③ 黄达远:《欧亚时空中的中国与世界》,社会科学文献出版社,2022,第4页。

④ 黄达远:《从域外与周边重新理解中国:以丝绸之路研究的区域转向为中心》,《陕西师范大学学报》(哲学社会科学版)2020年第2期,第32页。

重叠，形成了立体的"点"（区域）与"线"（关系网络）的世界，^①这个世界就是"历史中国"。边缘研究正是要将这些被忽视的"点"，通过"线"的连接来重新纳入"中国研究"的视野与讨论中，以期揭示"历史中国"与域外空间作为"大陆命运共同体"的关联性。[②]

具体到唐代七河地区，则需要理解该地区历史发展的内在逻辑。地理环境形塑了七河地区深层的结构性要素，它所呈现出的"过渡性"正是其作为中华文明西向发展重要地区的重要因素。但我们同样可以看到，政权性质所导致的国家战略之变化，也会影响七河地区作为"西向廊道"的价值。唐王朝对于葱岭以西地区兴趣有限，则七河地区对于中华文明的"廊道"价值自然不显。而今在我国共建"一带一路"倡议视角下，七河地区的重要性就会凸显出来。从唐王朝在七河地区所构建的防御体系亦可发现，七河地区的稳定关乎边疆之稳定。这足以体现我国作为"枢纽国家"的"陆海一体"基本格局。[③] 昔日左宗棠所谓"重新疆者所以保蒙古，保蒙古者所以卫京师"，[④]所要说明的正是这一问题。

由于绿洲分散性与地理气候的影响，内陆亚洲不是一个适合"雨养精耕"的地区，它的经济功能并不完备。[⑤] 因此，天山走廊虽为唐王朝的战略核心区，但它作为经济区的功能却严重不足。[⑥] 唐王朝为了解决这一问题，仿效汉代在西域（如西州、安西四镇）进行屯田。[⑦] 七河地区也不例外，核

---

① 〔日〕松田寿男：《丝绸之路纪行》，金晓宇译，河南大学出版社，2018，第11—13页。松田寿男在书中讨论的是绿洲与商道的关系。事实上，将"绿洲""商道"替换成"区域""关系网络"亦无不可。"历史中国"本就包含一套连接域内与域外的"区域世界体系"，这套体系的两个基本构成元素就是"区域"（点）与"关系网络"（线）。

② 黄达远：《欧亚时空中的中国与世界》，第8页。

③ 施展：《中国的多元复合结构》，许纪霖、刘擎主编《西方"政治正确"的反思》，江苏人民出版社，2018，第110页。

④ 《左宗棠全集·奏稿六》，岳麓书社，1992，第701页。

⑤ 〔美〕欧文·拉铁摩尔：《针对中国历史地理问题的一个亚洲内陆研究法》，牛毗毗译，张世明等主编《空间、法律与学术话语：西方边疆理论经典文献》，黑龙江教育出版社，2014，第401页。

⑥ 对比萨珊波斯的美索不达米亚，它既是波斯的战略核心区，同时也是经济核心区，这种复合型的区域特征是萨珊波斯能够与东罗马帝国长期周旋的重要原因之一。

⑦ 张安福：《天山廊道与唐朝治理西域研究》，《社会科学战线》2022年第6期，第136—137页。

心城镇碎叶亦有唐军屯垦戍边。但需要指出的是,天山以南沙漠绿洲相互隔绝的地理环境使其无法被整合为经济核心区。唐王朝"以南制北"的战略显然无法维持其西域统治的长期稳定。相较而言,清朝采取的"以北制南"战略① 则与唐代颇有不同。笔者拟另撰文比较两种策略之差异。

最后,笔者欲从"三交史"(中华民族交往交流交融史)的角度来进一步阐发"从唐代'七河史'出发理解'历史中国'"这一主题。所谓各民族交往交流交融,本质上是一种民族关系史研究。每一个民族都是生活在其他民族之中的,研究民族史必然要求研究民族关系史。要想孤立地研究任何一个民族的民族史,都是行不通的、脱离实际的。各民族文化的地方性与中华民族文化的统一性正是在"区域"(地域)基础上形成的。唐代"七河史"已经证明,要想理解该地区的共生关系与历史发展趋势,就必须还原到该地区的空间关系上。笔者认为"三交史"的书写或可以唐代"七河史"为蓝本,以区域为单位来讨论中华民族交往交流交融史。这有助于加深学界对"历史中国"形成过程的认识。

(三)结语

虽然唐朝时期的七河地区属前现代社会,其运行逻辑与现代社会具有较大差异。但历史进程中的某些结构性因素具有极强的稳定性,其变动缓慢之特性,不会随着时间的流逝而改变。唐代"七河史"所体现的结构性要素,正是农耕、游牧与绿洲的地缘关联,这也是笔者得以重新理解"历史中国"的根本所在。

当然,这种讨论模式并非全无问题。沃勒斯坦(Immanuel Maurice Wallerstein)就曾指出,布罗代尔处理三种时段的顺序(结构、局势和事件)是一种严重的错误,"如果布罗代尔先考虑事件,再考虑结构,最后以局势做总结,那么该书的说服力就会大大增加"。② 这也是本文所面临的问题。

---

① 黄达远:《"长城—天山"商路与近代中国国家建构的东西轴线——兼对拉铁摩尔的"区域研究法"的探讨与应用》,《新疆师范大学学报》(哲学社会科学版)2015 年第 6 期,第 4 页。

② 〔美〕沃勒斯坦:《布罗代尔:历史学家;"局势中的人"》,〔法〕费尔南·布罗代尔:《论历史》,"附录",第 244 页。

笔者的相关论述还有很大的提升空间，故谨以此文抛砖引玉，期待学界对该问题做进一步讨论。

（本文写作承蒙西安外国语大学俄语学院黄达远院长提供"七河流域与河西走廊比较研究"的讨论思路，匿名好友提供相关文献材料，一并鸣谢）

走出朝贡：试析唐代"宾礼"的概念与实际运作

吴凌杰[*]

摘 要：对于唐代"宾礼"，学界长期以来基于《开元礼》的记载，认为其为朝贡体系的代名词，事实却并非如此。梳理《开元礼》《通典》等文献，便可发现早期经典中宾礼只有"朝、宗、觐、遇、会、同、问、视"八项最基本的内容，而经诸义疏家等的诘难辩驳，宾礼的内容不断扩充，最终在经文与义疏之间的张力中，分化出代表"诸侯来朝"的礼经原意与代表"外夷来朝"的义疏新说。无论是《开元礼》反映出的"朝贡体系"，还是《通典》体现的"隔绝夷夏"，都是"理想化"文本而非现实运作，当时亚洲域外交流中的宾礼，是以国家势力为基础，每个国家在先天意识中，都并不会认为自己为他国的附庸，总是极力保证自己国家的独立性，直到迫于现实压力，不得已采取朝贡的方式，以谋求生存。因此，我们应该打破将"宾礼"视作朝贡体制的传统认知，用更为广阔的视角看待中古时期亚洲各国的外交实态，并由此深入揭示"宾礼"作为礼制史而非外交史的一面。

关键词：唐代宾礼 朝贡体系 域外关系

长期以来，提及"宾礼"，学界多将其视为朝贡制度的代名词，针对宾礼的研究也常常将《开元礼》中的宾礼条文作为实际运行的制度进行复原，如日本学者石见清裕、古濑奈津子等人完全依《开元礼》宾礼条加以注解，绘出宾礼的仪式流程图，但这种未能厘清"宾礼"概念的复原，无疑是"以其昏昏，使人昭昭"。[1] 近期，学界有关宾礼的研究，则绕不开王贞平的专

---

* 吴凌杰，中山大学历史学系。

[1] 〔日〕石见清裕：《唐代北方问题与国际秩序》，胡鸿译，复旦大学出版社，2019；〔日〕古濑奈津子：《遣唐使眼里的中国》，郑威译，武汉大学出版社，2007。

著《唐代宾礼研究：亚洲视域中的外交信息传递》。① 在此书中，王贞平抓住了"去政治化"的概念，并以此作为切入口指出：唐代"宾礼"具有"制度"与"顶层设计"的双重性质，在国内接待外邦使节时为制度，一旦进入国际社会，不再以唐代力量为主导时，宾礼就成为一种表达中国中心的世界秩序观，变成了顶层设计。但他援引《开元礼》的"宾礼"内容，探讨了很多"宾礼之外"的东西，并粗暴地将宾礼与现代政治词语"外交"画等号，实为不妥，忽视了宾礼作为礼制史的一面。

"以吉礼事邦国之鬼神示、以凶礼哀邦国之忧、以宾礼亲邦国、以军礼同邦国、以嘉礼亲万民。"②《周礼·大宗伯》记载了古礼的五种划分形态，即"五礼"，其中宾礼作为"亲和万邦"的仪轨，主要有"朝、宗、觐、遇、会、同、问、视"八种，含义分别为"春见曰朝，夏见曰宗，秋见曰觐，冬见曰遇，时见曰会，殷见曰同，时聘曰问，殷眺曰视"。③ 它们代表了天子在不同情况下召见诸侯的方式。

当然，这只是古礼的规定，随着时代的发展，到了唐代，宾礼的内容又有了新的调整，《开元礼》与《通典》对"宾礼"定义各有不同，由此引发的问题是唐代的"宾礼"到底是什么？它的定义是否有"广义"与"狭义"之分？进而值得深入思考的是，在唐代，人们于何种场合使用"宾礼"？除了"宾礼"之外，是否还存在与之相关的"客礼""蕃礼"？可惜学界对此论述阙如，④ 我们认为探讨上述问题，不仅有利于厘清"宾礼"的概念与内涵，而且有利于我们跳出宾礼代表"朝贡体系"的传统认知，从更广阔的视角重新研究"宾礼"在唐代的作用与影响。

---

① 王贞平：《唐代宾礼研究：亚洲视域中的外交信息传递》，中西书局，2017。相关代表性的书评可参见尹承《王贞平〈唐代宾礼研究：亚洲视域中的外交信息传递〉》，包伟民、刘后滨主编《唐宋历史评论》第9辑，社会科学文献出版社，2021。
② 孙诒让：《周礼正义》卷三四，王文锦等点校，中华书局，1987，第1359—1366页。
③ 孙诒让：《周礼正义》卷三四，第1359—1366页。
④ 目前对唐代宾礼的研究较多，但基本将"宾礼"直接视为外交，忽视了对宾礼概念与内涵的界定。具体可参见〔日〕石见清裕《唐代北方问题与国际秩序》、〔日〕古濑奈津子《遣唐使眼里的中国》。

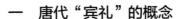

一 唐代"宾礼"的概念

有关唐代宾礼的概念，可分为狭义与广义两种，狭义的宾礼是唐代礼典诸如《开元礼》中记载的宾礼条文，而广义的宾礼则不局限于礼典的记载，而是反映在现实社会的宾礼上。前者主要代表文本制作，而后者代表现实运行，从文本制作到现实运行，宾礼所反映出的概念泛化，成为唐代宾礼研究最基础的前提，本节即以此为题，通过梳理史料记载以此发掘出宾礼背后的类型。

1."外夷来朝"：《开元礼》所见宾礼概念

《开元礼》宾礼六项内容包括"蕃主来朝遣使迎劳""皇帝遣使戒蕃主见日""蕃主奉见（奉辞礼同）""皇帝受蕃使表及币（其劳及戒见日，亦如上仪）""皇帝宴蕃国主""皇帝宴蕃国使"。对宾礼的记载均为外夷来朝，但在《通典·礼典》"沿革篇"中的"宾礼"则是"天子受诸侯藩国朝宗觐遇（时会殷同附）""天子受诸侯遣使来聘""天子遣使迎劳诸侯""三恪二王后""天子朝位""天子上公及诸侯卿大夫等贽（工商妇人等贽附）""信节"七项内容，其中并无"外夷来朝"的内容，而是诸侯朝见天子。可见《开元礼》强调宾礼作为外夷朝贡的一面，而《通典》强调宾礼作为封邦建国的一面，这反映出唐人对宾礼的差异化看法。

倘若我们不将目光局限在《开元礼》《通典》等礼仪文献的记载上，而关注到正史《礼仪志》的内容，则能发现更多不同。往日我们论证过《五代史志》《晋书·礼志》，虽然内容系记载前朝故事，但是它们的分类体例都是唐初史官所确立，[①] 透过内容反映出的礼仪归类，代表着唐人对五礼的基本看法。现今可见《五代史志》的"宾礼"只有诸侯朝天子，而《晋书·礼志》的"宾礼"则较为丰富，有"元会、朝见、巡狩、封禅、崇后、臣拜太子、册立大臣、王妾拜夫人"，特用表 1 呈现于下。

---

① 吴凌杰：《中古五礼次序的变迁与礼学思想的转型》，《中华文化论坛》2023 年第 1 期；《走向五礼：汉唐之际正史"礼"类典志的变迁与意义》，《史学理论研究》2023 年第 3 期。

表 1　宾礼内容对比

《开元礼》	《通典·礼典》	《晋书·礼志》	《五代史志》
蕃主来朝遣使迎劳	天子受诸侯藩国朝宗觐遇	元会	朝见
皇帝遣使戒蕃主见日	天子受诸侯遣使来聘	朝见	
蕃主奉见	天子遣使迎劳诸侯	巡狩	
皇帝受蕃使表及币	三恪二王后	封禅	
皇帝宴蕃国主	天子朝位	崇后	
皇帝宴蕃国使	天子上公及诸侯卿大夫等贽	臣拜太子	
	信节	册立大臣	
		王姜拜夫人	

从表 1 可见，虽然《开元礼》《通典》《晋书》《五代史志》均为唐人所修，且对宾礼所应涵盖的内容各自有差，但都认为"宾礼"为"诸侯来朝"。如《五代史志》对宾礼的定义最为简略，其云："自秦兼天下，朝觐之礼遂废。及周封萧詧为梁王，讫于隋，恒称藩国，始有朝见之仪。"[①]《五代史志》的修撰者认为宾礼为诸侯朝见天子之礼，此礼随着秦并天下失去了实施的空间，于是废而不行，直到"魏，以三国分裂，粗有其礼。东晋末，又废。洎梁崔灵恩，采摭三礼遗文，咸序其义。唯后梁主萧詧、岿称帝荆襄，为后周及隋附庸国，朝觐采据周制，创立仪注焉"。[②]《晋书》亦如此，将宾礼定义为诸侯朝见天子，文云："五礼之别，三曰宾，盖朝宗、觐遇、会同之制是也。"[③] 虽然《晋书》"宾礼"条记载的内容繁多，但有一套内在逻辑，元会、朝见、巡狩是对古礼"会同觐遇"之制的延续。封禅虽"经典无闻"，但它作为与巡狩配套的制度，"天子所以巡狩，至于方岳，燔柴祭天，以告其成功"，[④] 体现出"因天事天，因地事地"[⑤] 的礼学观念，也被纳入宾礼。崇后、册礼大臣与姜拜夫人，则是体现出尊臣亲属的礼学态度，等同于天子"以宾

① 《隋书》卷八《礼仪志三》，中华书局，2019，第 173 页。
② 杜佑：《通典》卷七四，王文锦点校，中华书局，2016，第 2000 页。
③ 《晋书》卷二一，中华书局，1996，第 649 页。
④ 《晋书》卷二一，第 653 页。
⑤ 《晋书》卷二一，第 653 页。

礼亲诸侯"，故崇后、册礼大臣及妾拜夫人都是在"尊尊亲亲"这条脉络下的产物。

而将目光向后稍移于宋代，便可发现在北宋大观四年（1110）郑居中等修撰《政和五礼新仪》时，对"宾礼"的内容问题有过议论，文云："宾礼据《周礼·春官》，以朝宗、觐遇、会同、问视为宾礼。盖以古者天子之于诸侯，有不纯臣之义，故其来也以宾礼待之。《开元》及《开宝》，惟以蕃国主及蕃国使朝见为宾礼，自大朝会以来并于嘉礼修入。"① 对此，宋徽宗特意指出："宾礼，《鹿鸣》之诗，以燕群臣……则群臣亦谓之宾，非特诸侯也。王尊宾卑，君为主而尊，臣为宾而卑，此宾主尊卑之义辨矣。今虽不封建诸侯，宾礼岂可废缺？自罢侯置守，守臣亦古诸侯也。其赴阙来朝，被召奏事之类，则朝、觐、会、遇之礼，岂可废乎？唐不知此而移于嘉礼，非先王制礼之意。可依《周礼》参详，去取修立。"② 可见，无论是《政和五礼新仪》的修撰者，还是宋徽宗都认为虽然现今"天下并无封建"，但地方的守臣"亦古诸侯也"，因此，地方守臣入见中央，"赴阙来朝，被召奏事之类"都是"宾礼"，并批评了《开元礼》《开宝礼》"惟以蕃国主及蕃国使朝见为宾礼"，而将"大朝会以来并于嘉礼修入"的做法，"非先王制礼之意。"

实际上，我们认为这是个值得关注的问题，它表明无论是唐代还是宋代，无论是以《晋书·礼志》《五代史志》为代表的正史"礼"类典志，还是以《通典》《政和五礼新仪》为代表的礼典，都认为宾礼应延续《周礼》之精神，指代的是诸侯朝见天子，而非仅限于《开元礼》"宾礼"条所揭示的外夷朝贡唐朝。《通典》的记载，不仅表明杜佑继承了唐修正史诸志的精神，与《开元礼》有异，而且也说明中古时期人们对宾礼存在着"外夷来朝"与"诸侯来朝"两种不同概念。

想要厘清《开元礼》"外夷来朝"的概念，需弄清《开元礼》的修撰背

---

① 郑居中等修撰《政和五礼新仪》，汪潇晨点校，《中华礼藏·礼制卷·总制之属》第 3 册，浙江大学出版社，2017，第 26—27 页。

② 郑居中等修撰《政和五礼新仪》，《中华礼藏·礼制卷·总制之属》第 3 册，第 27—28 页。

景，鉴于学界对《开元礼》的研究较多，[①] 故在此我们只做简要梳理，以明修撰之梗概。在《旧唐书·礼仪志上》开篇，对唐代礼典的修撰过程有过一段总结，其文云："神尧受禅，未遑制作，郊庙宴享，悉用隋代旧仪。太宗皇帝践祚之初，悉兴文教，乃诏中书令房玄龄、秘书监魏徵等礼官学士，修改旧礼，定著《吉礼》六十一篇，《宾礼》四篇，《军礼》二十篇，《嘉礼》四十二篇，《凶礼》六篇，《国恤》五篇，总一百三十八篇，分为一百卷。玄龄等始与礼官述议……太宗称善，颁于内外行焉。"[②] 此段材料作为总论唐初礼典编撰之典型，向来为学界所熟知，从这段材料可见，唐初由于天下甫定，高祖年间并未修撰礼典，而是沿用隋代的旧仪，直到太宗即位，万象更新，着手修撰礼典，定吉凶军宾嘉五礼和《国恤》共一百三十八篇为《贞观礼》。

高宗即位，认为《贞观礼》"节文未尽"，于是"又诏太尉长孙无忌，中书令杜正伦、李义府，中书侍郎李友益，黄门侍郎刘祥道、许圉师，太子宾客许敬宗，太常少卿韦琨，太学博士史道玄，符玺郎孔志约，太常博士萧楚才、孙自觉、贺纪等重加缉定，勒成一百三十卷"。[③] 重新修撰了《显庆礼》，但《显庆礼》掺杂了武则天的诸多意志，"时许敬宗、李义府用事，其所损益，多涉希旨，行用已后，学者纷议，以为不及贞观"。"自是礼司益无凭准，每有大事，皆参会古今礼文，临时撰定。然贞观、显庆二礼，皆行用不废。"[④] 对《贞观礼》《显庆礼》的否定，带来的最大问题在于礼官们面对现

---

① 高明士：《论武德到贞观礼的成立——唐朝立国政策的研究之一》，中国唐代学会编《第二届国际唐代学术会议论文集》，台北：文津出版社，1993，第 1159—1214 页；赵澜：《〈大唐开元礼〉初探——论唐代礼制的演化历程》，《复旦学报》（社会科学版）1994 年第 5 期；杨华：《论〈开元礼〉对郑玄和王肃礼学的择从》，《中国史研究》2003 年第 1 期；刘安志：《关于〈大唐开元礼〉的行用问题》，《中国史研究》2005 年第 3 期；吴丽娱：《关于〈贞观礼〉的一些问题——以所增"二十九条"为中心》，《中国史研究》2008 年第 2 期；吴丽娱：《〈显庆礼〉与武则天》，杜文玉主编《唐史论丛》第 10 辑，三秦出版社，2008；吴丽娱：《对〈贞观礼〉渊源问题的再分析——以贞观凶礼和〈国恤〉为中心》，《中国史研究》2010 年第 2 期；吴丽娱：《从唐代礼书的修订方式看礼的型制变迁》，中国政法大学法律古籍整理研究所编《中国古代法律文献研究》第 8 辑，社会科学文献出版社，2014。

② 《旧唐书》卷二一，中华书局，1975，第 816 页。

③ 《旧唐书》卷二一，第 817 页。

④ 《旧唐书》卷二一，第 817 页。

实的礼仪事务只得临时撰定，在深谙礼学的礼官如唐绍等人在任时，尚可以正常运转，"则天时，以礼官不甚详明，特诏国子博士祝钦明及叔夏，每有仪注，皆令参定。（韦）叔夏卒后，博士唐绍专知礼仪，博学详练旧事，议者以为称职"。[①] 但这种寄希望于人，而非制度的安排，终究难以为继。等到玄宗登极后，重新制作一部能够代表大唐盛世的礼典，便被提上了日程，《旧唐书·礼仪志》续云：

> 开元十年，诏国子司业韦縚为礼仪使，专掌五礼。（开元）十四年，通事舍人王喦上疏，请改撰《礼记》，削去旧文，而以今事编之。诏付集贤院学士详议。右丞相张说奏曰："《礼记》汉朝所编，遂为历代不刊之典。今去圣久远，恐难改易。今之五礼仪注，贞观、显庆两度所修，前后颇有不同，其中或未折衷。望与学士等更讨论古今，删改行用。"制从之。初令学士右散骑常侍徐坚及左拾遗李锐、太常博士施敬本等检撰，历年不就。说卒后，萧嵩代为集贤院学士，始奏起居舍人王仲丘撰成一百五十卷，名曰《大唐开元礼》。（开元）二十年九月，颁所司行用焉。[②]

类似记载可见于《旧唐书·元行冲传》："尚书左丞相张说驳奏曰：'今之《礼记》，是前汉戴德、戴圣所编录，历代传习，已向千年，著为经教，不可刊削。至魏孙炎始改旧本，以类相比，有同抄书，先儒所非，竟不行用。贞观中，魏徵因孙炎所修，更加整比，兼为之注，先朝虽厚加赏锡，其书竟亦不行。今行冲等解徵所注，勒成一家，然与先儒第乖，章句隔绝，若欲行用，窃恐未可。'上然其奏。"[③] 可见《开元礼》的修撰，虽然是来自玄宗对宰相张说建议的采纳，同时也是对长期以来《贞观礼》《显庆礼》二者皆废不行用"礼司益无凭准"的现实需求。于是玄宗下令"以道德齐礼之方

---

① 《旧唐书》卷二一，第818页。
② 《旧唐书》卷二一，第819页。
③ 《旧唐书》卷一〇二，第3178页。

作《开元新礼》一百五十卷",① 礼官们以《贞观》《显庆》二礼为基础，删改行用"网罗遗逸，芟翦奇邪"最终制成"亘百代以傍通，立一王之定制"② 的《开元礼》。

往日学界对玄宗的诸多举措有过评价，如乔秀岩在探讨《孝经》时指出："玄宗对传统文化带来了铺天盖地的大变化，他蔑视学术，只有'古为今用'的想法，他看《尚书》不太顺，就让卫包改古文为今文。他见《礼记》杂乱无章，想要换为魏徵的《类礼》，遭到张说阻止而另成《开元礼》。就结果来看，玄宗作《唐六典》以取代《周礼》，《开元礼》以取代《仪礼》。至于《礼记》，后又改写实用的《月令》，列为第一篇，于是《三礼》全废。"③ 吴丽娱解释道："《开元礼》和《唐六典》也代表着唐玄宗意欲攀比古帝王，建立盛世礼典的最高追求，……与其说是帝王粉饰太平的兴到之举，毋宁说是唐朝以新文化取代旧文化和唐朝在力建物质繁荣同时打造的精神象征。"④ 冯茜亦指出："礼官并不从事任何学理层面的讨论，而且用机械的方式，将郑王礼说和《贞观》《显庆》二礼糅合在一起。……《开元礼》以简单粗放的方式就轻易打发了历史上的'郑王之争'，一方面体现了义疏学的僵化，另一方面，说明基于经典的礼学原理讨论在礼制实践中已经开始变得无足轻重了。"⑤

进言之，《开元礼》本身就是玄宗力图营造大唐盛世的典范性著作，它的象征性远大于实用性，无论是玄宗还是当时修撰的礼官，他们的核心关切并非在于如何制作一部可用于现实行用的《开元礼》，而是如何将《开元礼》制作成一部可供垂范后世的新经典，用以体现大唐的繁荣盛世，昭告自身统治的合法性。因此对《开元礼》礼文实用性的问题，冯茜指出："《开元礼》的内容来源十分驳杂，既有仪注、礼令，又糅合了经典的内容与形式，既不能完全反映唐代制度实际，也不能直接作为朝廷仪注来使用。《开元礼》

---

① 吕温：《吕衡州集》卷五，上海古籍出版社，1993，第45—46页。
② 吕温：《吕衡州集》卷五，第46页。
③ 乔秀岩：《〈孝经孔传述议读本〉编后记》，《学术史读书记》，三联书店，2019，第204页。
④ 吴丽娱：《营造盛世：〈大唐开元礼〉的撰作缘起》，《中国史研究》2005年第3期。
⑤ 冯茜：《唐宋之际礼学思想的转型》，三联书店，2020，第53页。

并非普通的朝廷仪注，其地位与性质相当于唐代的礼经，与经典相仿，《开元礼》的典范意义主要体现在观念层面，并不具备与律令同等实质的规范效力。"[1] 尹承的研究指出：《开元礼》"宾礼"中记载的"大蕃""次蕃"，并非对蕃国等级的规定，而是对应于官阶的划分，其对雅乐的记载亦有误，唐朝在宴会蕃宾时行用的是九部乐，由此论证了《开元礼》的宾礼文本并非现实运作，而是萧嵩等人依照古礼的制作。[2]

总之，《开元礼》将"宾礼"定义为"外夷来朝"，这种概念一方面出于秦并天下以后，诸侯朝天子不复存在实施的空间，"宾礼"也就相应失去"诸侯朝见"的内核，而当时又存在着"外夷来朝"的史实，这便成为礼官制作《开元礼》"宾礼"的缘起；另一方面也是来自《开元礼》的修撰者，意图将宾礼定义为"外夷来朝"，从而塑造"万国来朝"的盛世景象，为自身政权合法性涂抹色彩。

2. "诸侯来朝"：《通典》所见宾礼概念

现今学界对《五代史志》《晋书·礼志》《通典》等文献将"宾礼"定义为"诸侯来朝"的研究相对不足，故我们以此为题展开论述。葛兆光指出："对于《通典》体例创制更有重大影响的，是历代正史中的'书志'。""史志与政书是同源而异流，到杜佑手中又汇而为一，并使政书体制来了一个革新，脱胎换骨。"[3] 葛先生认为杜佑在创作《通典》时，继承的精神为历代正史诸志，此论断极富洞察力。那么厘清杜佑在《通典》中对"宾礼"的理解，对反观礼官修撰《晋书·礼志》与《五代史志》时的宾礼概念，显得极为重要，故我们拟以《通典》为切入点展开探讨。

有关杜佑对宾礼的理解，[4] 可见于《通典》宾礼开篇序文：

---

[1] 冯茜：《唐宋之际礼学思想的转型》，第 50 页。
[2] 尹承：《王贞平〈唐代宾礼研究：亚洲视域中的外交信息传递〉》，包伟民、刘后滨主编《唐宋历史评论》第 9 辑。
[3] 葛兆光：《杜佑与中唐史学》，《史学史研究》1981 年第 1 期。
[4] 张哲俊分析了《通典·宾礼》相关内容，指出杜佑通过《边防典》与《州郡典》的撰写，表现出自己对夷夏之防的看法。不过并未涉足杜佑的礼学思想，故此部分尚待深入。参见张哲俊《〈通典·宾礼〉所见的唐代对外意识》，（台北）《史原》第 6 期，2015 年。

自古至周，天下封建，故盛朝聘之礼，重宾主之仪，天子诸侯，卿大夫士，礼数服章，皆降杀以两。秦皇帝荡平九国，宇内一家，以田氏篡齐，六卿分晋，由是臣强君弱，终成上替下凌，所以尊君抑臣，列置郡县，易于临统，便俗适时。滞儒常情，非今是古。礼经章句，名数尤繁，诸家解释，注疏庞杂。方今不行之典，于时无用之仪，空事钻研，竞为封执，与夫从宜之旨，不亦异乎！①

从序文可见，在杜佑心中宾礼与分封制相匹配，作为体现君臣等级之礼，极为重要。然"以田氏篡齐，六卿分晋，由是臣强君弱，终成上替下凌"。特别是秦并天下"尊君抑臣，列置郡县"，宾礼失去了实施的空间，成为"礼经章句，名数尤繁，诸家解释，注疏庞杂"的义疏，是"方今不行之典，于时无用之仪"。

现今可见《通典》"宾礼"条的创作较为复杂，以"天子受诸侯藩国朝宗觐遇"条为例，杜佑首先对此条进行总体性论断："殷周以前，天子有迎劳飨燕诸侯之礼。至秦罢侯置守，无复古仪。及魏，以三国分裂，粗有其礼。东晋末，又废。洎梁崔灵恩，采摭三礼遗文，咸序其义。唯后梁主萧詧、岿称帝荆襄，为后周及隋附庸国，朝觐采据周制，创立仪注焉。"② 可见，杜佑虽然认为宾礼为"不行之典"，是"无用之仪"，但随着汉代大一统式王朝的崩溃，等到三国天下分裂，才开始有诸侯朝天子之礼的雏形。而后西梁萧詧、萧岿二人受到北朝的支撑建国称帝，成为北周与隋朝的附庸国，开始采取周礼创作诸侯朝见天子的仪注。这不仅表明《通典》与《五代史志》一样，皆以西梁萧氏朝觐北周与隋作为宾礼复创的开始，而且也说明这段史料极有可能是杜佑抄自《五代史志》，至少二者有着相同的史源。紧接着杜佑开始追溯礼文的由来，从殷制的"五年一朝"，到周制的朝贡，他将《周礼》的经文记载，视作周代曾经实行过的现实案例，并以此作为当代制度的前声。继而贯通到魏晋周隋唐，将此五朝的相关案例以"诸侯藩国朝觐天子"

---

① 杜佑：《通典》卷七四，第1999页。
② 杜佑：《通典》卷七四，第2000页。

为纲，以时间为序联动起来，叙述时掺杂具体的礼仪步骤和时人的议论。

冯茜对杜佑《通典》的礼学思想有过一段明快的总结："杜佑将三《礼》视作三代礼制的历史记录，对三代礼制的叙述，基本的来源就是三《礼》，并以后世礼典与礼制的框架重新编排了三《礼》……取消了经典在书写形式上的特殊意义，凸显了事实上独立于经典文本的制度。"[①] 而我们以"天子受诸侯藩国朝宗觐遇"条为例的探讨，则进一步发现，在杜佑的心中，无论是对礼仪的具体议论，还是对礼仪具体流程的记载，都属于礼的一部分，都需要接续备录，于是杜佑就将相关文本统统收录其中，使得礼文不再具有"仪注"与"礼论"、"经典"与"现实"的区别。

这也表明杜佑试图突破自《开元礼》以来建立的只记载仪注、只考虑文本的"经典性"限制，意图将凡涉"诸侯朝天子"的历代事例，均纳入宾礼的范畴，为此杜佑甚至将"信节"这种使者出使时携带的物品，都视作宾礼的一部分。这种做法一方面泛化了"宾礼"作为"礼"的特质，另一方面也表明杜佑并不在意"宾礼"的典范性，他更多考虑的是如何将"宾礼"与现实社会相勾连，让"宾礼"的诸多条文更具实用价值，而非泛泛之谈，这恰与他在开头对"宾礼"为"方今不行之典，于时无用之仪，空事钻研，竞为封执"的批评相贴合。

具体到杜佑对宾礼内容的看法，此前他在《通典》小注中云："凡义有经典文字其理深奥者，则于其后说之以发明，皆云'说曰'。凡义有先儒各执其理，并有通据而未明者，则议之，皆云'议曰'。凡先儒各执其义，所引据理有优劣者，则评之，皆云'评曰'。"[②] 通过"序、说、议、评"，杜佑表露出自己的看法。综观"宾礼"条，"说曰"之处有三，"议曰"之处有一，分别位于"天子遣使迎劳诸侯"条，"三恪二王后"条，"天子朝位""天子上公及诸侯卿大夫等贽"条后。以"天子遣使迎劳诸侯"条为例，在其后杜佑写道：

---

① 冯茜：《唐宋之际礼学思想的转型》，第 79 页。
② 杜佑：《通典》卷四二，第 1157 页。

　　说曰：古者封土建侯，并为列国，是以周制朝宗聘眺之礼，协天下之事，以结诸侯之好。而非朝之岁，久无事焉，则聘。《大行人职》曰："时聘以结诸侯之好，殷眺以除邦国之愿，间问以谕诸侯之志，归脤以交诸侯之福，贺庆以赞诸侯之喜，致禬以补诸侯之灾。"若诸侯相聘之制，则"比年小聘，三年大聘。相励以礼，则外不相侵，内不相凌，此天子所以养诸侯、兵不用而诸侯自为正之具也。以珪璋聘，重礼也。已聘而还珪璋，此轻财重礼之义也。诸侯相励以轻财重礼，则人皆让矣。[①]

　　在杜佑看来，诸侯遣使者聘问天子，代表对天子臣服，而天子也能趁机向诸侯宣讲政善人乐的治理道理；天子使使者聘问诸侯，则是为了喻诸侯之志，庆贺诸侯之喜，补助诸侯之灾等，诸侯之间的互相聘问，则是为了外不相侵、内不相凌，故聘礼皆是为了劝导风俗，惩恶扬善，而不是谋求聘问时的礼金。通过对"天子遣使迎劳诸侯"的解说，杜佑突出了宾礼中天子与诸侯的关系，天子以宾礼来晓谕诸侯，诸侯以宾礼来臣服天子，宾礼成为亲和君臣、教化天下的手段。

　　在"天子上公及诸侯卿大夫等贽"条，杜佑进一步解释道，天子与诸侯即为君臣，"所以相尊敬，故将有所见，必执贽"。[②] 诸侯见天子"必执贽以相见，明其厚心之至，以表忠信，不敢相亵也"。[③] 与此同理，天子巡狩山川时，欲见神祇，也要"有所告之，用鬯酒，盛以大璋、中璋"。[④] 公卿大夫在相见时，亦"用皮帛羔雁之等"，[⑤] 从而构建起来分封制下，从公卿到诸侯以至天子一整套相见之礼。总而言之，杜佑将宾礼视为分封制下的诸侯朝见之礼，其目的在于强调君臣之间的等级有差，意图将宾礼作为天子诫谕诸侯的方式，通过宾礼向天下推行教化，使得君臣亲密有间、民众和而有序。

　　换言之，杜佑对宾礼的理解是基于分封制下华夏内部的等级秩序，并未

---

① 杜佑：《通典》卷七四，第 2009 页。
② 杜佑：《通典》卷七五，第 2032 页。
③ 杜佑：《通典》卷七五，第 2032 页。
④ 杜佑：《通典》卷七五，第 2032 页。
⑤ 杜佑：《通典》卷七五，第 2032 页。

将四夷纳入宾礼，而他对四夷的看法则在《边防典》中得到体现。在《边防典》序中，杜佑指出华夏与夷狄最大的区别在于"气"之不同，"覆载之内，日月所临，华夏居土中，生物受气正。其人性和而才惠，其地产厚而类繁，所以诞生圣贤，继施法教，随时拯弊，因物利用。三五以降，代有其人"。①华夏人生于天下之中，得到的"气"最为正直，因此人性和而才惠、地产厚而种类繁，诞生了一大批的圣贤，可以拯黎民之弊，特别是三皇五帝以来，"君臣长幼之序立，五常十伦之教备，孝慈生焉，恩爱笃焉。主威张而下安，权不分而法一。生人大赉，实在于斯"。随着君臣纲常、伦理教化的不断推行，出现了"孝慈生焉，恩爱笃焉，主威张而下安，权不分而法一，生人大赉，实在于斯"的局面。故华夏自上古以来，便讲求礼仪，"盖嫉时浇巧，美往昔敦淳，务以激励勉其慕向也。然人之常情，非今是古，其朴质事少，信固可美；而鄙风弊俗，或亦有之"。华夏人重视居食葬祭之事，"有居处巢穴焉，有葬无封树焉，有手团食焉，有祭立尸焉"成为礼仪之邦。但夷狄处于教化之外，"其地偏，其气梗，不生圣哲，莫革旧风，诰训之所不可，礼义之所不及"。②居葬无礼，"今靺鞨国父母死，弃之中野以哺貂；流求国死无棺椁，草裹尸以亲土而葬，上不起坟。诸夷狄之殡葬，或以火焚，或弃水中。潭、衡州人曰，蜑取死者骨，小函子盛置山岩石间"。③祭祀无时，"今风俗父母亡殁，取其状貌类者以为尸而祭焉，宴好如夫妻，事之如父母，败损风化，黩乱情礼。又周隋蛮夷传，巴梁间风俗，每春秋祭祀，乡里有美鬓面人，迭迎为尸以祭之。今郴、道州人，每祭祀，迎同姓丈夫妇人伴神以享，亦为尸之遗法"。④由于蛮夷禀气顽劣，难行教化，故华夏对夷狄应当"疏而不戚，来则御之，去则备之"，⑤以此达到华夷"不交不争、自求自足、隔绝来往"的局面。

---

① 杜佑：《通典》卷一八五，第 4969—4972 页。
② 杜佑：《通典》卷一八五，第 4970 页。
③ 杜佑：《通典》卷一八五，第 4970 页。
④ 杜佑：《通典》卷一八五，第 4970—4971 页。
⑤ 杜佑：《通典》卷一八五，第 4971 页。

既然华夏要与夷狄保持"外而不内，疏而不戚，来则御之，去则备之"①的关系，那么杜佑自然会对历代讨伐夷狄的军事扩张政策展开批评，他认为秦始皇"恃百胜之兵威，既平六国，终以事胡为弊"，②汉武帝"资文景之积蓄，务恢封略，天下危若缀旒"，③王莽"获元始之全实，志灭匈奴，海内遂至溃叛"，隋炀帝"承开皇之殷盛，三驾辽左，万姓怨苦而亡"，④他们皆因征讨夷狄致使国家危亡。唯有东汉光武帝，深达理源，建武三十年人康俗阜，臧宫、马武请珍匈奴，帝报曰："舍近而图远，劳而无功；舍远而谋近，逸而有终。务广地者荒，务广德者强。有其有者安。贪人有者残。"⑤自是诸将莫敢复言兵事。杜佑尤其对唐玄宗时期的对外政策进行深刻反思，他指出："我国家开元、天宝之际，宇内谧如，边将邀宠，竞图勋伐。西陲青海之戍，东北天门之师，碛西怛逻之战，云南渡泸之役，没于异域数十万人。向无幽寇内侮，天下四征未息，离溃之势岂可量耶！"⑥由此可见，杜佑反对与夷狄来往，要隔绝华夏与夷狄的联络，亦反对发兵征讨夷狄，认为历代观兵黩武，讨伐戎夷，岂是治身之本、治国之要道？前事之元龟，足为殷鉴者矣。

实际上，隔绝华夷向来是中国古代的传统观念，在《礼记·王制》章中便有云：

> 凡居民材，必因天地寒暖燥湿。广谷大川异制，民生其间者异俗。刚柔、轻重、迟速异齐。五味异和，器械异制，衣服异宜。修其教，不易其俗。齐其政，不易其宜。中国戎夷，五方之民，皆有性也，不可推移。⑦

---

① 杜佑：《通典》卷一八五，第4971页。
② 杜佑：《通典》卷一八五，第4971页。
③ 杜佑：《通典》卷一八五，第4971页。
④ 杜佑：《通典》卷一八五，第4971页。
⑤ 杜佑：《通典》卷一八五，第4971页。
⑥ 杜佑：《通典》卷一八五，第4971—4972页。
⑦ 《礼记正义》卷一八，吕友仁整理，上海古籍出版社，2008，第488—489页。

《礼记》对华夷从"言语、居住、服饰、食物"等方面进行了区分，认为华夏与夷狄是"五味异和，器械异制，衣服异宜"，于是隔绝华夷成为必需的手段，要"修其教，不易其俗。齐其政，不易其宜"。保持华夏与夷狄的距离。在杜佑等人看来，宾礼是诸侯朝见天子之礼，而非夷狄朝见天子之礼，夷狄非华夏之人，非秉正气而生，非我族类，其心必异，故要与其相隔绝，保持华夏与夷狄之间的距离。此前我们在讨论宾客概念问题时，① 曾引郑玄注"大行人掌大宾之礼及大客之仪，以亲诸侯"条云："大宾，要服以内诸侯。大客，谓其孤卿。"② 郑玄认为处于天子控制之下的要服诸侯所派来的使者，称为大宾，大行人对他们待以"大宾之礼"，而要服之外，处于蛮荒的荒服诸侯派来的使者称为孤卿，对他们实行大客之礼，由此可见，隔绝华夷、区分内外并非杜佑独创，而是对古礼与义疏思想的一脉相承。

总之，通过以上梳理便可发现，早期经典中宾礼只有"朝、宗、觐、遇、会、同、问、视"八项最基本的内容，而诸义疏家等人的诘难辩驳，使宾礼的内容不断扩充，最终在经文与义疏之间的张力中，分化出代表"诸侯来朝"的礼经原意，与代表"外夷来朝"的义疏新说。《开元礼》将"宾礼"定义为"外夷来朝"，这种概念的差异，一方面出于秦并天下以后，诸侯朝天子不复存在实施的空间，"宾礼"也就相应失去"诸侯朝见"的内核，而当时又存在着"外夷来朝"的史实，这便成为礼官制作《开元礼》"宾礼"的缘起；另一方面也是来自《开元礼》的修撰者，意图将宾礼定义为"外夷来朝"，从而塑造"万国来朝"的盛世景象，为自身政权合法性涂抹色彩。以杜佑《通典》为代表将宾礼定义为"诸侯来朝"，则是对礼经原意的沿袭，也是他们对传统"夷夏之防"的承继，在杜佑等人看来，宾礼并非"外夷来朝"而是"诸侯来朝"，原因在于夷狄非秉正气而生，风俗与华夏有异，故应不交不争、自求自足、隔绝来往，保持华夏与夷狄之间的距离。由此可见，唐人对宾礼有着差异化看法。

---

① 吴凌杰：《何以为宾：试论经学视域下"宾礼"概念的构建》，《天府新论》2023 年第 5 期。
② 《周礼注疏》卷四四，彭林整理，上海古籍出版社，2010，第 1441 页。

3. 权柄于上：政务运行机制中的宾礼

除了礼仪文献的记载外，对宾礼的定义，更多反映在实际政务运行中，体现在各类诏书、敕文以及文集内，梳理这些文献，可有利于观察宾礼在实际政务运行中的定义。如地方对中央的朝见也成为政务运作中的宾礼，刘禹锡在《复荆门县记》中有过一段典型的描述，文云：

> 直故郢北走之道，其聚邑曰荆门，揭起重关，殿于乐都。名视县内之制，居殷形束之要，故吏师重焉。通外民之底贡，会南藩之述职，故宾礼蕃焉。①

在刘禹锡看来，荆门之所以重要，原因在于"宾礼蕃焉"，而宾礼指的便是"通外民之底贡，会南藩之述职"，这表明外夷朝贡和地方藩镇进京述职都用宾礼。宪宗在《绝王承宗朝贡敕》中亦云："成德军节度管内支度营田恒冀深赵德棣等州观察处置等使银青光禄大夫检校吏部尚书兼恒州大都督府长史御史大夫上柱国王承宗，自涤疵瑕，累加奖拔，列在维藩之重，……宜令绝其朝贡，使自惩省，冀其翻然改过，束身归朝，攻讨之宜，更俟后命。"②成德节度使王承宗因谋叛遭到了朝廷的贬斥，宪宗下令断绝了成德地区的朝贡，从侧面表明地方节度使朝贡中央为宾礼。

所谓"朝为田舍郎，暮登天子堂"，地方每年向中央朝贡时，附带举荐当地才华卓群的人，称为"宾献"，玄宗的《优礼诸州乡贡明经进士诏》云："古有宾献之礼，登于天府，扬于王庭，重学尊儒，兴贤造士，故能美风俗，成教化，盖先王之所繇焉。"③出土的《王德表墓志》亦云："公讳德表，字文甫，太原晋阳人。……贞观十四年，郡县交荐，来宾上国。"④从墓志中可知，王德表年少聪慧，他由当地的郡县推荐，进贡中央，随朝集使入京，前往太

---

① 瞿蜕园笺证《刘禹锡集笺证》卷九，上海古籍出版社，1989，第 227 页。
② 宋敏求编《唐大诏令集》卷一一九，中华书局，2008，第 630—631 页。
③ 《全唐文》卷二七，山西教育出版社，2002，第 184 页。
④ 陈尚君对《王德表墓志》做过较为详细的考证与研究，参见陈尚君《跋王之涣祖父王德表、妻李氏墓志》，《文学遗产》1987 年第 6 期。

学读书。地方按时派遣朝集使等向中央上贡表示臣服，中央亦向朝集使打听地方事务，以推行教化，玄宗在《赐朝集使敕》中云：

> 卿等兼承朝委，分职外台，陈国之法制，为人之师长。……宜躬问疾苦，务从简惠，劝以桑稼，敦其学校，利而勿害，静则自安。……卿宜敷宏朕意，宣慰人心，勉思政途，以奉朝奖。如仍旧相习，当别有处置。事有不便于人者，各与按察使商量奏闻。①

玄宗告诫朝集使的职责是"兼承朝委，分职外台，陈国之法制，为人之师长"，向地方宣教朝廷的法制，到了地方之后，朝集使"宜躬问疾苦，务从简惠，劝以桑稼，敦其学校，利而勿害，静则自安"，当地方出现"事有不便于人者"时，需要"各与按察使商量奏闻"。

安史乱后，随着唐王朝对地方控制的衰弱，朝集制度遭到毁废，一些官员也表达对朝集制度的怀念，如柳冕《青帅乞朝觐表》云：

> 国家自兵兴之后，不遑议礼，方岳未朝，宴乐久缺。臣限以一切之制，例无朝集之期，目不睹朝廷之礼，耳不闻宗庙之乐，足不践轩墀之地，十有三年于兹矣。……朝会者，礼之本也，臣安敢忘之？……然则诸侯朝会，尊王室也。可以废会，不可以废朝。洎秦灭古制，罢侯置郡，汉立王侯，并建守相，圣唐稽古，兼而用之。故天下朝集，三考一见，皆以十月上计，至于京师，十一月礼见，会于尚书省。其朝觐也，应考绩之事；至元日也，陈筐篚之贡。集于朝堂，唱其考第，进贤以兴善，简不肖以黜恶。穆穆济济，靡然成风，太宗之遗政也。自安史乱常，始有专地者矣；四方多故，始有不朝者矣；戎臣恃险，未有悔过者矣。臣忝闻外之寄，窃愤不朝之臣，故每忘寝与食，思一入觐，庶因微臣，率先天下，则君臣之义，亲而不疏；朝觐之礼，废而复举，臣之幸

---

① 《全唐文》卷三四，第228页。

也。常恐负薪之疾，溘先朝露，觐礼不展，殁于下泉，臣之忧也。①

柳冕强调自安史之乱后地方不朝中央已有十三年矣，朝会是礼之本，朝集使制度遭到破坏，地方对中央的定期朝集取消，无朝觐之礼，则无复君臣之义，没有了"进贤以兴善，简不肖以黜恶"的办法，地方通过朝集使向朝廷汇报各地的风土人情，也代表着地方对中央的臣服；中央通过朝集使了解地方的情况，也代表着中央对地方的控御，因此他上书朝廷重新建立起朝集制度，对他而言"朝觐之礼，废而复举，臣之幸也"，达到了"觐礼不展，殁于下泉，臣之忧也"的地步。

既然藩镇朝贡中央是宾礼，那么藩镇内的节度使、刺史作为等级最高的官员，他们掌握着对属地的绝对统治权，其下辖的官员朝见他们亦应用宾礼，赵璘《因话录》云："人道尚右，以右为尊。礼先宾客，故西让客，主人在东，盖自卑也。今之人，或以东让客，非礼也。……今之方镇、刺史入本部，于令长以下礼绝宾主，犹近君臣。"② 赵璘指出藩镇的节度使、刺史经营管理着当地的郡县，其地位等同于诸侯，在本部之内的地位崇高，故在接待下属时"于令长以下礼绝宾主，犹近君臣"。后唐明宗李嗣源发布的《藩镇幕寮不准兼职敕》提供了重要信息，文云：

> 近闻藩镇幕职内，或有带录事参军，兼邺都管内诸州录事参军，从前并兼防御判官。设官分职，激浊扬清，若网在纲，各司其局，督邮从事，兼处尤难，没阶则宾主之道亏，下榻则军州之礼失。须从改革，式振纪纲。宜令今后诸州府录事参军不得兼职，如或才堪佐幕，节度使须具闻奏，不得兼录事参军，邺都管内刺史州不合有防御判官之职，今后改为军事判官，如刺史带防御团练使额，即得奏署防御团练判官，仍不得兼录事参军。如此，则珠履玳簪，全归客礼，提纲振领，不紊公途。

---

① 《全唐文》卷二五七，第3166页。
② 赵璘：《因话录》卷五，陶敏主编《全唐五代笔记》第3册，三秦出版社，2012，第1931页。

仍付所司。①

虽然李嗣源诏书针对的是后唐时期的情况，但所反映的思想根源应当由来已久，可将其视为唐朝的延续。诏书主要强调的是禁止藩镇招辟的幕僚兼任录事参军。录事参军是朝廷的正员官，由朝廷派遣到地方，其职掌为负责本州的军事防务等事项，而幕僚则是由幕主自行招辟，其职务多由幕主向朝廷奏授，防御团练判官便是幕职的典型，负责节度使交代的本地军事等事务。

换言之，录事参军与刺史、节度使同为朝廷正员官，他们身份一致，两者是上下级的宾礼关系，所以不能兼任幕僚的职务，这便是"没阶则宾主之道亏"的原因。而由节度使等人自行招辟的幕僚，他们是节度使的客，节度使对其实行的是客礼，故以幕职兼任朝廷正员官职便是"下榻则军州之礼失"，只有将幕职与朝廷正职关系分开，才能达到"珠履玳簪，全归客礼，提纲振领，不紊公途"的目的。

从墓志中我们亦见此种区别，如《贾岛墓志》云："公讳岛，字浪仙，范阳人也。……解褐授遂州长江主簿。三年在任，卷不释手，秩满迁普州司仓参军，诸侯待之以宾礼，未尝评人之是非。"② 贾岛在三年秩满后，迁升为普州司仓参军，"诸侯待之以宾礼"的"诸侯"，便是贾岛的上级。《李锋墓志》亦云："表为协律郎，兼上饶令……不及一年，上饶之人，如热遇濯。亦既报政，彭城公刘尚书晏以状闻，诏迁晋陵令，为治加上饶一等。郡守李公栖筠尤重之，待以宾礼。"③ 李锋在担任上饶县令时治县有功，被提拔为晋陵令，并得到上级郡守李栖筠的重视，待之以宾礼。《旧唐书·李愬传》记载了李愬风雪下蔡州，擒拿吴元济后"具橐鞬候度马首"，宰相裴度"将避之"，李愬劝以"此方不识上下等威之分久矣，请公因以示之"，④ 最终裴度以宰相礼受李愬迎谒、众皆耸观的场景，这里的"宰相礼"便是下级拜见上级的宾

---

① 《全唐文》卷一〇九，第 670 页。
② 《全唐文》卷七六三，第 4678 页。
③ 《全唐文》卷五二一，第 3132 页。
④ 《旧唐书》卷一三三《李愬传》，第 3681 页。

礼。在《旧唐书·令狐峘传》也记载了典型事例：

> 齐映廉察江西，行部过吉州。故事，刺史始见观察使，皆戎服趋庭致礼。映虽尝为宰相，然骤达后进，峘自恃前辈，有以过映，不欲以戎服谒。入告其妻韦氏，耻抹首趋庭。谓峘曰："卿自视何如人，白头走小生前，卿如不以此礼见映，虽黜死，我亦无恨。"峘曰"诺"，即以客礼谒之。映虽不言，深以为憾。[1]

从上可知，齐映是江西观察使，而令狐峘是吉州刺史，刺史作为观察使的下级，以戎服趋庭致礼是宾礼，但令狐峘的妻子则认为令狐峘任官较早，且担任过吏部侍郎等官职，是齐映的前辈，令狐峘以宾礼拜见齐映在她看来是非常丢脸的事情，故她对令狐峘说"卿自视何如人，白头走小生前，卿如不以此礼见映，虽黜死，我亦无恨"。面对妻子的压力，令狐峘并未以宾礼，而是以客礼见了齐映。

总之，通过以上梳理便可发现，宾礼还运用于唐王朝的实际政务运行中，藩镇朝贡中央，下级官员拜谒上级官员都属于实际运行的宾礼，通过宾礼，中央彰显了对地方藩镇的控御，上级官员彰显了对下级官员的统属。下级借助宾礼表明对上级的服从，由此反映出权柄于上、政由上出的政治特征。

4. 三教不臣：圣贤认知体系中的宾礼

如前所述，不论是古礼还是《通典》都将"二王三恪"归于宾礼，实际上与二王三恪一道被纳入宾礼的，还有孔子的后裔，《咸通七年大赦文》云：

> 我国家膺天明命，光宅万方，二百有五十载矣。……前代为宾，素德作范，理合颁恩，二王三恪及文宣公各赐物五十四。衡雕拱卫，执玉会同，俾申怀远之恩，用展酬劳之锡。神策六军、威远营、金吾及皇城

---

[1] 《旧唐书》卷一四九《令狐峘传》，第4014页。

应缘御楼立仗将士等，各赐物有差。鸿胪礼宾院应在城内蕃客等，并节级赐物。①

又《乾符二年南郊赦文》云：

> 元化序时，日月启贞明之照；神功宰物，乾坤垂覆焘之仁。……封孔圣之后，加虞宾之恩，式表崇儒，以明继绝。文宣王之后及二王三恪各与一子官，其祠庙委所司量加修饬。②

可知在唐王朝的政务运行中，孔子地位特殊，为古之圣贤，其后裔与二王三恪并列，同属于"前代为宾"，特加"虞宾之恩"，享受特殊的政治待遇，唐王朝优待其后裔，不仅可以"素德作范"，垂范后世，而且也彰显出朝廷"式表崇儒，以明继绝"的态度。

除了孔子后裔外，佛道徒均纳入了唐代宾礼的范畴，如梁肃《越州开元寺律和尚塔碑铭并序》：

> 释氏先律师讳昙，……得三藏之隐赜，究诸宗之源底。加以素解元儒，旁总历纬。长老闻风而悦服，公卿下榻以宾礼。③

又刘禹锡《唐故衡岳律大师湘潭唐兴寺俨公碑》：

> 佛法在九州间，随其方而化。……公号智俨，曹氏子，世为郴之右姓。……居室方丈，名闻大千。护法大臣，多所宾礼。嗣曹王皋之镇湖南，请为人师。④

---

① 宋敏求编《唐大诏令集》卷八六，第488—490页。
② 宋敏求编《唐大诏令集》卷七二，第400—406页。
③ 《全唐文》卷五二〇，第3129页。
④ 瞿蜕园笺证《刘禹锡集笺证》卷四，第111页。

可见唐代的僧人拥有较高的地位，受到人们的礼遇，官员大臣们对他们接以宾礼。对此，权善才在《议释道不应拜俗状》中指出了原因："窃以释道二门，津流自远，求诸典实，崇敬斯宏。至若皇系所宗，实光华于万祀；汉室惟启，亦纷郁于千载。且君亲在三，儒有不臣之礼；元寂居二，致无一拜之仪；义不师古，请循惟旧。谨议。"① 权氏从儒家《公羊传》中的"不臣"之礼出发，认为佛道二教之人不臣，他们不应该拜王者，他们是人世间的宾，应该以宾礼待之。宰相张说在《唐玉泉寺大通禅师碑铭并序撰》中进一步指明："传圣道者不北面，有盛德者无臣礼。"② 他从德的角度出发，认为佛道之人传"圣道"，他们具有大德，这与《公羊传》中"大德不臣"的精神相一致，由此论证明释道不臣王者，不拜皇帝，而是作为王者之宾。

除了对真正的僧道人外，人们对一些尚未入教的信徒亦以宾礼相待，李商隐《请卢尚书撰故处士姑臧李某志文状》云："惟曾为郊社君造福，于墅南书佛经一通，勒于贞石。后摹写稍盛，且非本意，遂以鹿车一乘，载至于香谷佛寺之中，藏诸古篆众经之内。其晦迹隐德，率多此类。长庆中，来由淮海，途出徐州。时有人谓徐帅王侍中曰：'李某真处士也。'遂以宾礼延于逆旅，愿枉上介，与为是邦。"③ 李某并非真正的教徒，而是佛教信徒，却依旧被人以宾礼相待。外夷亦效仿唐朝，以宾礼优待佛教信徒，《旧唐书·路泌传》云："父泌字安期，少好学，通《五经》，尤嗜《诗》《易》《左氏春秋》，……河中平，随（浑）瑊与吐蕃会盟于平凉，因劫盟陷蕃。在绝域累年，栖心于释氏之教，为赞普所重，待以宾礼，卒于戎鹿。"④ 路泌在随着浑瑊参与贞元三年（787）吐蕃的平凉会盟时，为吐蕃劫持，流落绝域，但他归心佛教，是个虔诚的佛教徒，被吐蕃首领赞普所重，待之以宾礼。

实际上，在儒家经典《白虎通义》中，"不臣"是一个条理分明、定义清晰的礼学概念，所谓的"王者不臣"者七，分别是"三不臣""五暂不

---

① 《全唐文》卷一八六，第 1129 页。
② 《全唐文》卷二三一，第 1390 页。
③ 刘学锴、余恕诚校注《李商隐文编年校注》，中华书局，2002，第 781 页。
④ 《旧唐书》卷一九〇《路泌传》，第 4190—4191 页。

臣""诸侯不纯臣""不臣诸父兄弟""子不得为父臣""王臣不仕诸侯""五不名"七项。"三不臣"为"王者所以不臣三，何也？谓二王之后，妻之父母，夷狄也"。"二王之后不臣"是尊重先圣之后，代表着政权更替有序；"妻之父母不臣"代表夫妻一体，妻之父母等同己之父母；"夷狄不臣"则是从郑玄"大宾""大客"观点演化而来，认为夷狄与中国绝域异俗，非中和气所生，因此非礼义所能化，故不臣也。"不臣诸父兄弟""子不得为父臣"指天子不能让自己的父子兄弟对自己称臣，代表儒家观念中的"亲亲"大于"尊尊"。"五暂不臣"是暂时不为臣属的五种特殊人群，分别为"祭尸、授受之师、将帅用兵、三老、五更"，他们的身份特殊，故可暂不为臣。"王臣不仕诸侯"与"诸侯不纯臣"是为强调天子与诸侯的尊卑有序、亲密有间。而上述权善才、张说等人，将佛道引入儒家"不臣"的概念中，以此证明佛道亦是前代圣贤之遗留，教徒是具有盛德之人，故他们可以不臣王者，而世人亦以宾礼待之。

凡此可见，无论是代表着前朝遗脉的二王三恪，还是孔子的后裔，抑或是佛道徒，他们都被唐人认为是前代圣贤的遗留，身上笼罩着先贤的光环，优待这群人不仅是接续圣人盛德的体现，而且也是唐王朝彰显政权合法性的手段，由此儒释道三教不臣，被世人以宾礼优待，成为唐代圣贤认知体系最大的特色。

通过以上对唐代宾礼的梳理，即可发现唐代"宾礼"是个不断构建起来的概念，并不存在所谓条理清晰、定义明确、仪注井然的宾礼，故不必苛求分清哪些"宾礼"反映的是礼仪运作，哪些"宾礼"只是词语表达。毕竟哪怕是以《开元礼》《通典》为代表的礼仪文献，它们对"宾礼"定义本身就有极大不同，这些文本只是当时礼官们制作出来的"理想化"范本，并不符合现实运行。而唐代现实运行中的"宾礼"则是个庞杂的概念，包括地方对中央的朝贡、下级对上级的拜觐以及对儒道佛三教的礼遇。

换言之，唐代的"宾礼"本身并非一个界定清晰、指代专门、仪注明确的概念，而是用于强调尊卑有差、体现朝廷权威及对特殊群体优待的政治符号。故我们或可将唐代"宾礼"所指代的群体分为三类：一是以"外蕃国主""二王三恪"等为代表的"国宾"，他们体现了对唐王朝的臣服及政权的正统性；二是"地方朝见中央""下级朝见上级"的"内宾"，他们体现了唐代政务运行体系中上级对下级的控御，反映了官僚集团的尊卑有差；三是以"儒释道"为代表的"私宾"，他们是圣人后裔、大德遗贤，皇帝、官员优待他们彰显出自己对圣贤的礼遇。

二 "宾礼"与"蕃礼""客礼"的区别

倘若梳理唐代史料便可发现，唐人除了"宾礼"外，还存在着"蕃礼""客礼"的表述，它们与宾礼有什么关系？相关词语在具体语境中是否通用？由此反映出唐人对宾礼等相关概念有什么认知？这些问题无疑值得我们进一步思考，本节即以此为题，对上述问题展开探讨。

1.冠盖相望：朝贡语系下的宾礼与蕃礼

在朝贡话语体系下，宾礼成为朝贡之礼，继而又衍生出"蕃礼"的概念。太宗《绝高丽朝贡诏》云：

> 高丽余烬，谓能悔祸，故遣停兵，全其巢穴，而凶顽成性，殊未革心，前后表闻，类多不实。每怀诡诳，罪极难宥，见朕使人，又亏蕃礼。所令每云莫扰新罗，口云从命，侵凌不止。积其奸恶，尝包祸心，盖天攸弃，岂宜驯养。自今已后，勿听朝贡。[①]

在残存的《文馆词林》中留存有两道珍贵的诏书，一为《贞观年中抚慰百济王诏一首》，文云：

> 故高丽王高武早奉朝化，备展诚节，朝贡无愧，藩礼尤著。[②]

---

① 《全唐文》卷八，第 56 页。
② 罗国威整理《日藏弘仁本文馆词林校证》卷六六四，中华书局，2001，第 251 页。

二为《贞观年中抚慰新罗王诏一首》，文云：

> 皇帝问柱国乐浪郡王新罗王金善德：……王早著乃诚，每尽藩礼，干戈所临，为王除害。①

从以上诏书内容可知，李世民判定高句丽、百济、新罗对唐廷是否忠诚的标准之一，便是看其有没有尽到"藩礼"，高句丽的罪过之一，便是"见朕使人，又亏藩礼"，而百济与新罗则是"朝贡无愧，藩礼尤著""每尽藩礼，干戈所临，为王除害"，"藩礼"所指的意思便是向唐朝称臣纳贡。

相似的记载还见于玄宗《赐葛逻禄叶护玺书》夸奖葛逻禄叶护为"卿归心向化，守节安边，常献忠诚，无失藩礼"。②葛逻禄政权与唐朝保持着较为良好的关系，玄宗嘉奖其首领官职俸禄，理由之一便是他们"常献忠诚，无失藩礼"。相似的还有《册骨吐禄三姓毗方伽頡利发文》"今授卿左羽林军大将军、员外置同正员、兼锡册书铁券，永执藩礼，无替华风，克终令名常保禄位，可不慎欤"。③《唐会要》"曹国"条："曹国居埋那密水南，古康居之地。……隋大业中始通，武德以后常修藩礼。"④在唐朝眼中，"藩礼"为臣服自己的标准，无亏藩礼则表明对方对自己的忠诚，可以获得嘉奖，而"藩礼有亏"则会引来唐朝的讨伐。

如《唐会要》"石国"条："天宝初，累遣朝贡。至五年，封其王子那俱车鼻施为怀化王，并赐铁券。九载，安西节度使高仙芝奏其王藩礼有亏，请讨之。"⑤高仙芝认为石国"藩礼有亏"，这成为灭亡石国最主要的理由。《旧唐书·契丹传》云："天宝十年，安禄山诬其酋长欲叛，请举兵讨之。八月，以幽州、云中、平卢之众数万人，就潢水南契丹衙与之战，禄山大败而还，

---

① 罗国威整理《日藏弘仁本文馆词林校证》卷六六四，第253页。
② 《全唐文》卷四〇，第268—269页。
③ 宋敏求编《唐大诏令集》卷一二九，第696页。
④ 王溥：《唐会要》卷九八，上海古籍出版社，2006，第2080页。
⑤ 王溥：《唐会要》卷九九，第2102页。

死者数千人。至十二年，又降附。迄于贞元，常间岁来修藩礼。"①《唐会要》"契丹"条："自后与奚王朝贡岁至，蕃礼甚备。"②《兵部尚书代国公赠少保郭公行状》记载了郭元振率兵讨伐吐蕃，"赞普屈膝请和，献马三千匹，金三万斤，牛羊不可胜数。公大张军威，受其蕃礼而还"。③则揭示出契丹与吐蕃，在遭到唐王朝打击后，被迫投降，继而称臣纳贡，大修蕃礼的场景。

由此可见，"蕃礼"即蕃国称臣纳贡之礼，外蕃通过修"蕃礼"来表示自己对唐王朝的忠诚，而唐王朝通过"蕃礼"是否"有亏"，判断外蕃对自己的忠诚度，那么"蕃礼"就变成了宾礼中重要的组成部分，成为朝贡话语体系下，代表唐王朝与外蕃关系的名词。日本亦效仿唐朝，用"蕃礼"来检视附属国的忠诚度，《续日本纪》宝龟十一年（780）二月庚戌日条云：

> 新罗使还蕃。赐玺书曰："天皇敬问新罗国王。朕以寡薄，纂业承基。理育苍生，宁隔中外。王自远祖，恒守海服，上表贡调，其来尚矣。日者亏违蕃礼，积岁不朝。虽有轻使，而无表奏。由是，泰廉还日，已具约束，贞卷来时，更加谕告。其后类使曾不承行。今此兰荪，犹陈口奏。理须依例，从境放还。但送三狩等来，事既不轻，故修宾礼，以答来意。王宜察之。后使必须令赍表函，以礼进退。今敕，筑紫府及对马等戍，不将表使，莫令入境。宜知之。春景韶和，想王佳也。今因还使附答信物。遣书指不多及。"④

这是日本光仁天皇在宝龟十一年赐新罗王的玺书，在文书中天皇指责新罗国王此前积岁不来朝贡，即使派遣使者也不携带表书上奏，这种亏违"蕃礼"的行为，让天皇对他停止往来、断掉宾礼，直至此次新罗使来朝，向天皇表示臣服，日本才决意与新罗"故修宾礼，以答来意"，并不断告诫新罗国王

① 《旧唐书》卷一九九下《北狄传》，第5353页。
② 王溥：《唐会要》卷九六，第2035页。
③ 熊飞校注《张说集校注》，中华书局，2013，第1589页。
④ 〔日〕藤原继绳等：《续日本纪》卷三六，〔日〕黑板胜美编《国史大系》第2卷，东京：经济杂志社，1897，第638页。

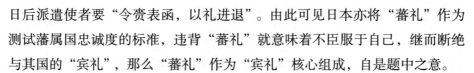

日后派遣使者要"令赍表函，以礼进退"。由此可见日本亦将"蕃礼"作为测试藩属国忠诚度的标准，违背"蕃礼"就意味着不臣服于自己，继而断绝与其国的"宾礼"，那么"蕃礼"作为"宾礼"核心组成，自是题中之意。

总之，无论是百济、新罗还是葛逻禄、吐蕃、契丹，它们作为独立于唐王朝统治之外的蕃国，是唐王朝朝贡体系中的重要组成部分，唐王朝通过外蕃是否修"蕃礼"判断其对自己的忠诚度，外蕃也通过"蕃礼"表明对唐王朝的臣服。可见"蕃礼"既是"宾礼"重要的组成部分，也是朝贡语系下最为鲜明的话语表征，亦是唐人"天下中心"观念最集中的反映。

2.私渎之礼：宾礼与客礼的分野

如前，我们在分析《旧唐书·令狐峘传》时，指出令狐峘的妻子对其施压，认为令狐峘虽然为刺史，但作为前辈不应该以宾礼拜见作为上级观察使的齐映，最终令狐峘"以客礼谒之"，齐映"虽不言，深以为憾"。类似案例还见于李华撰写的《元鲁山墓碣铭并序》："维唐天宝十二载九月二十九日，鲁山令河南元公终于陆浑草堂，春秋五十九。……公讳德秀，字紫芝，……授署鲁山令，以痼疾不能趋拜，故后长吏佥以客礼待之。"[1] 元德秀作为鲁山令，前往拜见长官的时候，当以宾礼进行趋拜，但他身体抱恙，长官不让他趋拜，而以客礼进行了招待。我们在探讨李嗣源《藩镇幕寮不准兼职敕》时，曾指出"宾礼"是下级官员拜见上级，而"客礼"则是幕主私自招待幕僚。除幕僚外，对仰慕之人也是以客礼相待，如于邵《送赵评事之东都序》："凤翔尹兼御史大夫高公，勤于客礼，迫此王命，曾是公器。与时共之，追锋告行，惜别而已。"[2] 高公对赵氏勤于客礼，而《送朱秀才归上都序》亦云："始至之日，赟见于我府公。府公答之以客礼，亦既馆给，终焉宴私。"[3] 于邵的幕主府公对朱秀才也是待以客礼。

由此表明"宾礼"与"客礼"存在着较大的区别，即"宾礼"是朝廷规制，而"客礼"是私渎，前者属于"公"领域，强调上下尊卑，后者属于

①《全唐文》卷三二〇，第1932页。
②《全唐文》卷四二七，第2579页。
③《全唐文》卷四二八，第2584页。

"私"领域，强调平等交谊。

唐长孺在《敦煌所出郡姓残叶题记》中指出："客之一义，在唐代与部曲相等。"① 唐先生之见，可谓一语中的。降人身份颇类部曲，生杀予夺皆操于他人，故中古时期人们对降人亦待以客礼，如隋代的《陈诩墓志》就记载了隋朝灭陈之后，秦王杨俊对陈朝伏波将军陈诩"客礼厚遇"，允许其"辞老还乡"。② 对此，前人已有专论，如蔡幸娟就指出南北朝时期对降人待以客礼，建有客馆供其居住。③ 仇鹿鸣则进一步指出，北魏时期对待降人的"客"，不仅是一种身份区分更是一种官职待遇，北魏政府需要降人为其效力，又对其持有提防态度，于是这种"客"身份的存在或为互不信任的胡汉双方都提供了缓冲的余地。④ 唐朝延续了此点，对"俘虏"与"降人"实行"客礼"，其典型的案例莫过于《旧唐书·李愬传》：

> 初，吴秀琳之降，（李）愬单骑至栅下与之语，亲释其缚，署为衙将。秀琳感恩，期于效报，谓愬曰："若欲破贼，须得李祐，某无能为也。"祐者，贼之骑将，有胆略，守兴桥栅，常侮易官军，去来不可备。愬召其将史用诚诚之曰："今祐以众获麦于张柴，尔可以三百骑伏旁林中，又使摇旆于前，示将焚麦者。祐素易我军，必轻而来逐，尔以轻骑搏之，必获祐。"用诚等如其料，果擒祐而还。官军常苦祐，皆请杀之，愬不听，解缚而客礼之。……（李）愬计元济犹望董重质来救，乃令访重质家安恤之，使其家人持书召重质。重质单骑而归愬，白衣泥首，愬以客礼待之。⑤

李愬率军攻打吴元济时，擒获李祐、招降董重质，李愬对他们待以客礼以示

① 唐长孺：《敦煌所出郡姓残叶题记》，《山居存稿三编》，中华书局，2011，第7页。
② 王其祎、周晓薇编著《隋代墓志铭汇考》第2册，线装书局，2007，第355—356页。
③ 蔡幸娟：《北魏时期南北朝降人待遇——客礼研究》，（台北）《成功大学历史学报》第15期，1989年。
④ 仇鹿鸣：《北魏客制小考》，《史学月刊》2018年第11期。
⑤ 《旧唐书》卷八三《李愬传》，第3679—3681页。

大度，而他亦得到二人的死命效力，为蔡州之战的胜利奠定基础。又如《旧唐书·窦建德传》：

> （武德）三年正月，（李）世勣舍其父而逃归，执法者请诛之，建德曰："勣本唐臣，为我所虏，不忘其主，逃还本朝，此忠臣也，其父何罪！"竟不诛。舍同安长公主及神通于别馆，待以客礼。高祖遣使与之连和，建德即遣公主与使俱归。①

窦建德在攻克黎阳击溃李勣的军队后，俘虏了未及逃跑的李神通、同安公主等人，窦建德以客礼优待了这批俘虏，"舍同安长公主及神通于别馆"，李渊派使者议和，最终李神通等人获归长安。

唐人也有被蕃夷俘虏，待以客礼的案例，如《资治通鉴》"玄宗二十四年三月壬辰条"云：

> （史）窣干尝负官债亡入奚中，为奚游弈所得，欲杀之；窣干绐曰："我，唐之和亲使也，汝杀我，祸且及汝国。"游弈信之，送诣牙帐。窣干见奚王，长揖不拜，奚王虽怒，而畏唐，不敢杀，以客礼馆之，使百人随窣干入朝。②

史窣干即史思明早年的名字，他因在做互市牙郎时欠了政府的债款，被迫逃往奚人的地盘，被奚族的游弈使俘虏，送到了奚王的面前，史思明谎称自己是唐朝的使节，使得奚王虽怒但不敢杀之，并最终对其以"客礼"相待。

由此观之，中古时期以客礼对待俘虏与降人是较为常见的现象，不仅唐朝如此，外夷亦如此，从而进一步说明"客礼"与"宾礼"，两者在词义与适用范围上确实存在着差异，客礼作为私渎之礼，不仅行用于私人交往领

---

① 《旧唐书》卷五四《窦建德传》，第 2239 页。
② 《资治通鉴》卷二一四，中华书局，2011，第 6937 页。

域，也用于对俘虏与降人的优待上，故现今学界常常将"宾礼""客礼"通用，视为同一词的不同表述，实为不妥。

结　语

总之，通过以上讨论，不难发现唐人对"宾礼"概念的认知，一直处于"表相"与"实质"两套模式中，即礼仪文献中的"宾礼"跟唐人实际使用的"宾礼"并不相同，以《开元礼》《通典》等礼仪文献为代表的"宾礼"，不是具有现实运行价值的仪注，也不是固定化的确定性科文，它们是萧嵩、杜佑等人基于对古礼的理解及前朝礼文制作的"理想化"仪注，是具有典范意义的经典文本，代表着国家官方意识形态对宾礼的基本认知，故杜佑称之为"不行之典"，可谓卓识。唐人现实使用的"宾礼"则是个庞杂的概念，它包括了中央对地方的朝贡、下级对上级的拜觐以及对儒道佛三教的礼遇，"宾礼"成为一个强调尊卑有差、体现朝廷权威及对特殊群体优待的政治符号。

我们对"蕃礼""客礼"在不同语境下的具体分析，揭示三者的含义存在着分合，"蕃礼"是外夷臣服唐朝之礼，唐王朝通过"蕃礼"检视外蕃对自己的忠诚度，外蕃也通过修"蕃礼"表示对唐王朝的臣服，故"蕃礼"成为"宾礼"重要组成部分。与"宾礼"作为"公"场域的朝廷规制不同，"客礼"一般是私人场合的见面之礼，强调平等交谊，并用于对俘虏和降人的优待。故厘清"宾礼""蕃礼""客礼"三者的概念与区别，对于反观中古礼制史的语境有着较大意义。

《史通》学研究的又一力作
——评王嘉川著《〈史通〉学术史》

张光华 *

摘　要:《〈史通〉学术史》首次从思想史的角度，对一千三百余年来《史通》的研究状况进行了贯通的、全景式的梳理与探讨，体现出全面、系统的特征。不但史料搜集全面，考辨精审，内容丰富，而且在具体问题和宏观层面都提出了很多全新的见解。这是作者继《清前〈史通〉学研究》之后又一部《史通》学研究的力作，对学界《史通》研究乃至史学史学科研究，有着重要的参考价值。作为"中华元典学术史"丛书的一种，其研究内容、体系与研究方法，对名家、名著学术史的研究也具有很强的示范意义。

关键词:《〈史通〉学术史》　学术特色　学术贡献

唐玄宗开元元年（713），刘知幾在历经周折之后，将其此前请辞史官的书信加上一些说明文字后，以《忤时》为篇名补入三年前完成的《史通》一书，从而最终完成了该书的撰述。这是中国古代最早的一部系统的史学理论著作，同时也是世界范围内最早的史学理论著作。自这部著作问世起，历经唐、五代、宋、元、明、清各朝，直至近代、当代，不断有学者从不同侧面进行研究，既包括对其文本的校勘注释，对其书的刊刻传播，也有对其思想观点的引用和评议，涌现了难以数计的研究成果，从而在客观上形成了贯通古今的《史通》学术史。扬州大学王嘉川教授多年来一直致力于《史通》研究，在十年前完成《清前〈史通〉学研究》的基础上，最近又出版35万字的《〈史通〉学术史》（以下简称《学术史》），作为"中华元典学术史"丛书

---

　*　张光华，盐城工学院人文学院。

之一出版。该书主要是从思想史的角度，以辩证唯物史观为指导，以历史和逻辑相结合的方法，从历时性和共时性两个维度，考察《史通》自唐代中期产生以来至1949年中华人民共和国成立前，对中国史学发展所产生的影响，以及不同历史时期对它的研究情况及其发展脉络，梳理其学术发展的线索，客观而真实地反映《史通》在各个时代所受到的评价情况，描摹出一部动态演进和螺旋式发展的元典阐释史，对学界了解《史通》思想的研究全貌，认识《史通》的价值、意义等贡献良多。笔者阅读这部著作，认为有以下几个方面值得关注。

第一，《学术史》首次对一千三百余年来《史通》思想的研究状况进行了贯通的、全景式的梳理与探讨，体现出全面、系统的特征。《学术史》出版之前，学界已有对《史通》学术史的零散研究。期刊论文如《张邃青及其〈史通〉研究》《朱希祖与〈史通〉研究》《郭孔延〈史通评释〉探析》等，数量虽然不少，但研究范围仅限于《史通》学术史中某一特定的"点"。学位论文如《宋代〈史通〉研究史》《清代〈史通〉学研究》《20世纪上半叶（1900—1949）〈史通〉研究的历程》等等，也只是做到了特定时段的贯通。就是作者此前的专著《清前〈史通〉学研究》，也只是梳理清代以前的《史通》学术史状况。而今这部《学术史》，则以贯通的、全景的方式向学界展示出这一历程。

《学术史》包括五章和余论共六部分。首章"横空出世：《史通》的编纂及其思想价值"，简要介绍刘知幾编纂《史通》的过程、撰述宗旨、历史思想、史学思想与价值，既为其后各章的论述确立基础，也能使非专业读者对该书有一个基本的认识。第二章至第五章，以时间为序，分别梳理和讨论唐宋元、明朝、清朝直至近代的《史通》研究状况，准确地把握《史通》学术随时代环境和学术思潮变化而显示的阶段性特征。唐宋元时期的研究特征为"暗度陈仓"。《史通》"被大张旗鼓地直接点名批评和贬斥，以致公开的肯定和褒扬不占学界主流，这使唐宋元时期的《史通》学术，较多地呈现出'阴用其言而显訾其书'"的特色。明代的研究特点为"大张其军"。陆深翻刻《史通》为其盛行奠定基础，使其彻底摆脱了在明代前期不绝如缕的传布境况，促成明代《史通》研究的热潮，出现了郭孔延、李维桢等研究名家。清代的特征为"纵深拓展"。在官方，《史通》于明史修撰中扮演了理论指导的角色。在私家，对《史通》的校勘、注释、评论、引证等层出不绝，加上考据之学兴起，其学术水平明显超越前代，在整体上显示出向纵深发展的态势。近代阶段的特征是"旧貌新颜"。随着"新史学"的兴起，学界开始以近代史学理论研究这部传统的著作，特别是在马克思主义唯物史观的指导下，《史通》研究更是呈现出与以往不同的面貌。余论部分，除梳理各时期《史通》研究的线索、特征之外，又从"具体观点"和"宏观意涵"两个层面，论述了《史通》对当前学界与社会的意义。这是全书内容的总结与升华，既具体而微，又高屋建瓴，体现出作者对《史通》研究的深入思考。

这种全面、系统的特征在各章内容安排上也有明显体现。在每章开始部分，作者先写有简明扼要的导语。接下来分专题梳理各时期《史通》学术概况，如清代部分包括"对刘知幾和《史通》的总体认识与评价""对《史通》思想观点的接受与发挥""引用《史通》的观点论说来作为自己的立论""对《史通》思想观点的运用""对《史通》思想观点的辩难与发展""对《史通》思想观点的批评""梳理总结《史通》对后世的影响"等七个专题。接下来，选取该时期《史通》影响下的重要学术事件、关键学者、学术领域等进行重点解析，如清朝时期，作者选取了"明史纂修中的《史通》元素""浦起龙对《史通》体系与思想的认知""章学诚对《史通》思想的继承和发展""清代对史才三长论的运用与探讨"等四个专题深入讨论。概述部分提纲挈领，便于读者从整体上了解《史通》研究各个领域的基本情况；专题部分集中突破，便于读者把握该时期《史通》研究的核心与精髓。

第二，对待史料态度严谨，史料搜集全面，考辨精审，是《学术史》又一值得关注的亮点。梁启超曾言，"史料为史之组织细胞。史料不具或不确，则无复史之可言"。[①] 各种类型的史书撰述均是如此。就《学术史》最后所列参考文献来看，多达 270 种，古代、近现代齐具，甚至还有学界很少关注

---

① 梁启超：《中国历史研究法》，河北教育出版社，2000，第 49 页。

的论著，只要是与《史通》研究相关，作者都有参考借鉴。但作者参阅论著的数量应当远不止此。作为"中华元典学术史"丛书的一种，因其"学术著作，大众阅读"的撰写要求，对众多的参阅论著，作者没有能够在书中展示。如第三章第四节第一目"以史才三长论为史家标准来衡评他人和要求自身"的内容，作者共参阅李善长、商辂、丘濬、李梦阳、陈昌积、陈文烛、李维桢、丁奉、顾起元、黄汝亨、董其昌、沈国元、蒋之翘、倪元璐、邵经邦、张时泰、杨孟瑛、陈建、黄洪宪、朱国祯、高汝栻等二十余位人物的论著，但列在"参考文献"中的仅有李善长、李维桢等区区五位而已。而且，部分学者并没有成部帙的著作传世，仅有零散的篇章，或者是经其他学者辗转引用的只言片语流传下来。此类文献获取难度极大，但《学术史》亦多有引证，作者的踏实勤奋由此可见一斑。

《学术史》不仅史料搜集全面，对待史料的严谨态度也非常值得称道。在此选取一例加以说明。《论刘知幾的历史学》是翦伯赞在 1945 年 9 月发表的一篇重要文章，不久与《略论中国文献学上的史料》《论司马迁的历史学》等文章合成《史料与史学》一书，1945 年和 1946 年由独立出版社、国际文化服务社出版。后又经翦伯赞助手张传玺整理，列为"大家小书"丛书的一种。此后北京出版社（2005、2016）、北京大学出版社、湖南教育出版社等又有各种不同的版本，《翦伯赞史学论文选集》第二辑、《翦伯赞全集》第三卷以及《中国史论集》（合编本，中华书局，2008）、《史学理念》（重庆出版社，2001）也都收录该文。其中有一段文字："吾人读刘知幾书，而知其兼才、学、识三者而并有之。惜乎！任道其职而道不行，见用于时而志不遂，郁快孤愤，终至贬死。贤者委弃，千古同叹，又岂独刘知幾为然耶？"[1] 这段文字，各版本均相同，但《学术史》发现并纠正了其中一处文字的错误。刘知幾在《史通·自叙》中说："嗟乎！虽任当其职而吾道不行，见用于时而美志不遂，郁快孤愤，无以寄怀……故退而私撰《史通》，以见其志。"[2] 毫无疑问，翦先生文中"任道其职"当为"任当其职"之误，这不但可以通过

① 翦伯赞：《论刘知幾的史学》，《史料与史学》，北京出版社，2005，第 174 页。
② 浦起龙通释《史通通释》卷二〇《自叙》，上海古籍出版社，1978，第 290 页。

查对《史通》原文而知悉，而且"道"字在其中也无法通解语意，另外《史通》自身的骈体文书写方式也不可能出现"任道其职而道不行"这样的文字表述。自该文民国间初刊、民国间初版，至新中国后屡次再版，均沿袭这一错误，直到《学术史》面世才将其纠正过来。人们可能会以为，一字之差，无伤大雅。但对史学研究来说，非谨慎如此，则不足以保证史料的准确性。在某些情况下，一字之差可能导致该句或前后多句无法理解（上例即如此），或者文义发生变化乃至完全相反。鲁鱼亥豕的旧事，是严谨的史学研究者必须避免的。一叶可以知秋，有此例证，作者对待史料的严谨态度无须再多列述了。

在史料的解析方面，《学术史》也体现出作者深厚的功力。作为一部元典学术史，其重要内容之一，当然是探讨元典的思想观点等对后世的影响。但有一个难题需要解决，即针对同一史学问题，后世某位学者提出了与刘知幾大致相同的观点，或者刘知幾的观点处于较低层次，而后世学者的观点处于较高层次，是不是就可以判定这位后世学者必然受到了刘知幾的影响呢？如果不能得到肯定的答案，那么这位学者的相关研究也就不宜列入书中。作者对这一点显然有明确的认识。在作者看来：后人有类似观点，不一定就是继承了刘知幾，也可能是继承了别人，或是这位后人自己独立提出。因为刘知幾的观点、思想也不全是他自己独立提出的，他也是在继承前人的基础上推陈出新的，如此，他的思想、观点可能来自更早的前人，而后人也就可能不是继承了刘知幾，而是更早的前人。如果要论定后人一定是继承了刘知幾，那就必须先做到两点。第一，这位后人看过刘知幾的书，知道刘知幾有过这样的论述。第二，在刘知幾之前，没有任何人提出这样的思想或论述，也就是从刘知幾个人和他之前来说，刘知幾是唯一可以被继承的人；在这位后人之前，除了刘知幾，没有任何人提出这样的思想或表述，也就是从刘知幾之后和这位后人之前来说，刘知幾是唯一可以被继承的人。如果不能论定这两点，就不能直接说这位后人一定受到了刘知幾的影响。而这两点归结起来，其实就是一点，即刘知幾作为该思想或论述的提出者和拥有者的唯一性。只有在确保该思想或论述仅为刘知幾一人所有的前提下，才可以说这位后人一定受到了刘知幾的影响，而不是受到了别人的影响。特别是当这位后人与刘知幾之间的时间间隔很长时，更要注意这个问题，因为在这段时间间隔中，思想、学术也是在发展的，难保没有别的学者提出相似观点，这就很难说这位后人到底是受了刘知幾的影响，还是受了别的学者的影响，抑或这位后人自己独立提出。所以，如果不能论定刘知幾作为该思想或论述的提出者和拥有者的唯一性，那就不能直接说后人一定受到了刘知幾的影响；在这种情况下，刘知幾是否影响了后人，是一个有待证明的问题，其结果存在或然性，绝非不证自明。[①]

《学术史》在谈到相关问题时，都根据该问题的实际情况，灵活运用这一原则。例如在讨论《史通》对清代汤斌的影响时，作者说："那么，汤斌见过《史通》吗？如果他见过，上面的对比论述就是可行而且可信的。如果没有见过，则上面的对比论述更多的就是以思想观点相同来做推论，仅属于可行，而结论不一定可信。"接着作者列出三点证据。第一，"汤斌既说'安能诋刘知幾之所短'，则他肯定是见到了《史通》"。第二，汤斌的《明史条例议》《本纪条例》与《史通》部分章节有相同的主题且有基本相似的表述。可见，汤斌不仅见过《史通》，而且是"非常熟悉《史通》一书的"。第三，"汤斌在史馆时，不满史馆工作拖拉无序的状态，但自己又无力回天，于是'有感于刘知幾作《史通》'，精心撰写了《太祖本纪》。这又可见，《史通》在他心目中有着何等高大显要的位置"。由此三点，作者得出结论，"他以《史通》来指导自己的《明史》纂修工作，岂不宜也？"[②] 再如《明史》馆史官朱彝尊上史馆总裁的七封书信，其第一书、第三书强调体例在撰史工作中的先导地位："盖作史者，必先定其例，发其凡，而后一代史事可无纰谬"，"凡例既立，然后纪、传、表、志相符……是史家之遗法"。作者指出，"（朱彝尊）所谓'史家之遗法'，当然是指刘知幾"。因为《史通·序例》中云：

---

① 这段论述，是作者在《〈史通〉学术史》出版后4个月即2023年11月，参加南开大学"中韩史学与文化交流"学术研讨会时提出的，书中并没有直接阐发这一论述，但书中秉持了这一论述的原则，二者思想是相同的。

② 王嘉川：《〈史通〉学术史》，济南出版社，2023，第252—253页。以下引自该书者，仅于文中标注页码。

"史之有例，犹国之有法。国无法，则上下靡定；史无例，则是非莫准"，"凡例既立，当与纪、传相符"。在刘知幾之前，虽已有人谈及体例问题，但将体例的重要性提到如此高度的地位，刘知幾则具有"唯一性"。至于论证确定凡例与撰写纪、传之间的关系，朱彝尊更是直接化用了《史通》的文字。对于朱氏其他五封书信，作者亦列有类似的证据。是则，朱彝尊"不但以《史通》的思想为论说的依据，而且更是在《史通》的指引下开展其修书工作的，可谓清初《史通》理论的忠实执行者"（第 249 页）。这些分析，逻辑严密，合情入理，其结论当然也是无懈可击的。类似的分析，在该著中还有很多，读者阅读自有体会。

第三，《学术史》更加值得关注的亮点是其在各方面所体现出的新意。新意之一，是该书首次把《史通》学术"点"状的、断代的研究，连缀扩展为贯通古今的《史通》学术史，并且准确地揭示出其发展线索和不同阶段的特征。这一点前文已经有所说明，这里要强调的是该书出版所具有的示范意义。刘知幾与《史通》之外，中国史学史上还曾涌现过难以数计的史学名家和名著。历代学人对这些名家、名著持续不断地接受、阐释、发挥，或者是质疑、辩难、提升，从而在客观上形成该名家、名著研究的学术史。对这一研究历程进行梳理、探讨，既拓宽了中国史学史研究的内容，也撰成了各种小型的学术通史专著。虽不及大型的、综合性的学术通史恢宏博大，但它一方面可以使我们对名家、名著的理解和认识更为深入具体，也可以让我们更加细微而深刻地体察随社会环境变化而不断变化的学术思潮，同时又可为大型学术通史的编纂打下更为坚实的基础，其意义绝对不容小觑。另外，相对于综合性研究，小型学术通史的研究主题集中于一位名家或是一种著作，资料搜集难度相对较小，研究内容也相对较易把握，对学术修养还不够深厚的研究者来说，是一种易于切入的学术训练方式。而且这种窄而深的研究，也可能更容易形成创新性的研究成果，得到实实在在的收获，而不是人云亦云的大路货。因此，名家名著学术史的研究确实值得大力推广。而《学术史》在研究内容、方法、体系方面，都给我们提供了很好的参考和借鉴。当然，不仅史学领域，在其他文学、哲学等人文社会科学领域推广，也同样可以取得较好的效果。

新意之二，是《学术史》挖掘出很多学界关注较少甚至完全忽略的内容，从而大大丰富了《史通》学术史的内容。例如，郭孔延、李维桢都是明代《史通》学术史上的重要人物，但当前大多论著中仅有只言片语提及。《学术史》通过深入挖掘，从对《史通》的总体认识与评价、对《史通》思想观点的赞同与称扬、对《史通》思想偏颇的批评、对《史通》后世影响的梳理等不同侧面展示其学术成就，大大丰富了学界对两位学者学术贡献的认识。再如，明朝对"史才三长"的探讨，因为涉及学者众多且资料分散，向来不为学界关注。《学术史》爬梳剔抉，从三十多位学者的论著中选取史料，将其内容、成就予以清晰展示，这是学界首次对这一问题开展的系统研究，一定程度上填补了《史通》研究中的空白。如果说作者此前的《清前〈史通〉学研究》对此已有阐述，《学术史》仅是删要提炼，不能表示作者的新贡献，则我们只要对比分析目录章节页码即可知，《学术史》的内容重心是在清代以来。全书之中，清代之前的《史通》学术史内容占了160页，而清代至民国时期占了248页，显然，作者既是在为自己此前的《清前〈史通〉学研究》向下补续，以便一定程度地形成对《史通》学术史的完整研究，更是在为学界奉献新的研究成果。①

清代的《史通》学研究，目前已有博士学位论文出现，但对比可见，《学术史》无论在内容的全面性和分析的深入程度上，都要略胜一筹。像"浦起龙对《史通》体系与思想的认知"部分，作者对浦氏分析《史通》撰写的原因问题所做的讨论是学界以前所没有的。在"章学诚对《史通》思想的继承和发展"部分，作者采取了与书中其他各节完全不同的写法。其他各节都是作者独立进行自己的研究探讨，这一节鉴于学界"已有比较丰厚的研究成果"，于是作者"就以汇集众说的形式"，揭示章学诚对《史通》思想

---

① 按，《学术史》主要是从思想史的角度，梳理和考察《史通》在各个时代所受到的评价情况，以及其对中国史学发展所产生的影响，至于《史通》研究的文献考订方面的内容则一概从略，但《清前〈史通〉学研究》是包括前后两个方面在内的，这是二书在内容方面的一个主要区别。另外，对比二书可知，"司马光等人对《史通》的接受与阴用其法"也是《学术史》新增的内容，为《清前〈史通〉学研究》所无。

的继承与阐发（第 291 页），这在写作方法上显示出作者灵活机动、不拘一格的特色，显示出作者善于将多种研究方法融冶于一炉并娴熟运用的深厚底蕴。而作者在引述学界已有观点来梳理论题时，又有自己的深入评析，其中特别关注章学诚是否必然受到了刘知幾的影响的问题，从而对学界的一些观点提出异议，此足见作者对论题把握的精准到位和求真求实的研究态度。近代的《史通》学，学界虽已有所探讨，但多为零散短篇，至于资料丰富、内容全面、论点深刻，且有条理、有系统的梳理研究，则非此《学术史》莫属。其中"唯物史观视域下的《史通》研究"集中讨论了翦伯赞和华岗对《史通》研究的贡献，指出翦伯赞的研究更具有开创意义："为《史通》研究提供了新的视角，规划了新的指导思想，代表了 20 世纪上半期《史通》研究的新进展和未来的发展趋向。此后，学者们纷纷以唯物史观的思想和方法来研究《史通》，可以说无一不是在继承着他的业绩。"（第 449 页）而"华岗对《史通》的剖析"一节，则为学界从未有过任何讨论的内容，作者首先指出："与翦伯赞不同的是，华岗没有对《史通》进行专题研究，他只是在宏观探讨中国历史学发展问题的过程中，对《史通》进行了概论性剖析。但与翦伯赞相同的是，他的剖析同样是以唯物史观为指导的，这就继翦伯赞之后，再一次吹响了以唯物史观研究《史通》的号角。"（第 450 页）这就既对二人的研究做了准确区分，也对二人的相同贡献进行了总结。接着对华岗基于唯物史观而对《史通》做出的论述和思考进行了具体分析，最后指出："无论是就历史学的整体发展还是就《史通》研究来说，（华岗）都提出了一些新的认识，从而对于学术界运用唯物史观来研究《史通》，同样具有启示意义。"（第 454 页）这就清晰地告诉读者，在民国时期，以唯物史观研究《史通》并非仅是翦伯赞一人所进行的具体的专题研究，在宏观探讨中国历史学发展问题的过程中，也已经开始了对《史通》进行以唯物史观为指导的考察和研究，"虽然他们的研究在当时学界并不占主流，却代表和预示了《史通》研究的未来发展方向"（第 443 页）。

新意之三，是该书提出很多全新的观点与见解。作者对《史通》学术史的研究，完全秉持鉴空衡平的客观态度。对之前学者的研究成果，既有明确肯定，亦如实指出其失误，并不因为其较高的学术地位而随声附和。例如张舜徽作为近现代学术界很有影响力的文献学家、史学家，其对《史通》的研究当然是非常深入的，但也并非尽善尽美，《学术史》多次指出其评论的不当之处。如称张先生"确实提示了《史通》讲论断限之义的一个弊病，但是张先生此处所论也有一些不妥之处"，接下来提出三点逐一阐述。再如指出张先生对《史通·书志》的理解有偏差之处，"张先生把《史通》此处的思想正好理解反了，以致进行了错误的批评"。认为张先生对《史通·疑古》的把握不够全面，《史通》"书中虽有思想偏谬之处，但此处所言则并不疏误，相反张先生此处所言，倒是对《史通》的错误批评"。对另一位史学名家朱希祖，作者同样指出其不少研究有不妥之处（第 423、426、432 页）。这些论述，均能做到有理有据，令人信服。正是因为作者完全遵从"不虚美、不隐恶"，"爱而知其丑，憎而知其善"的客观态度，才使该书能够在多方面提出全新的观点与见解。

新观点、新见解在《学术史》中的表现是多方面的，既有针对具体问题的看法，也有对于宏观层面的把握，其中后者更能体现作者思考的深入。在具体问题上，如作者对部分学者学术地位的判断："郭孔延以'子玄忠臣'的态度，完成并刊刻《史通评释》修订本。这是自《史通》问世之后，第一部为其全书做注释、评论和文字校勘三种研究工作的著作，也是第一部以学术态度而非以卫道态度对《史通》全书展开评论的著作，对后人全面解读、认识、评价和研究《史通》的史学思想，有着重要的参考价值。"（第 151 页）再如作者对浦起龙《史通通释》的评价："虽有一些疏误、错误和论证不足之处，但正确可从、可资借鉴者显然占了绝大多数，从而以其公正而准确的分析评论，成为中国古代《史通》研究的一部集大成的著作，成为《史通》学术史上一座难以逾越的高峰。"（第 290 页）类似的定性评价，均发前人所未发，对我们准确理解那些学者的贡献具有重要参考价值。

在宏观层面，作者分别用"暗度陈仓""大张其军""纵深拓展""旧貌新颜"等词语，准确揭示了《史通》学术史的阶段性特征，既生动形象，又符合历史事实。而在全书最后的"余论"中，作者又跳出之前各章节的纯学

术范围，从国家、社会和人生的层面探讨《史通》对当前和未来的影响。在
国家和社会层面上，《史通》"上穷王道，下挟人伦"，提醒我们"切实重视
意识形态工作，从各个方面重视社会核心价值观念的培育工作"，这是关乎
国家、社会长远发展的重大问题。在人生态度上，刘知幾实事求是、明辨是
非的学术品格和真诚坦荡、耿介孤高的个人品格，既造就了他非凡的学术成
就，也带来了他坎坷的人生经历。对此我们"也就不能不思考：作为社会群
体中的个人，身处大千世界的芸芸众生之中，应不应该具有这样的品格，应
不应该保持自己的独立人格"。在思维方式层面上，"提醒和促使我们思考
问题更要从实际出发，坚持实践的观点、辩证的观点，在思维缜密、准确把
握、考虑周全的基础上推陈出新"。在个人成长层面上，"天资难以尽凭，而
人工不可不力。古今绩学之士，靡弗以勤致者"，勤奋才是获得成功的关键
因素。在职业操守层面上，刘知幾强烈的事业心和责任感、使命感，启发我
们切实反思如何推动史学健康发展，史学对国家、社会、人生到底有什么作
用（第477—480页）。作者致力于学术探讨，但绝不囿于学术，而是立足
历史，着眼现实，理解过去，透视现在。笔者以为，这或许是《学术史》全
书的立意本旨所在，是作者作为一名有思考力的学者的现实观照所在。

　　总体看来，《学术史》对学术界贡献良多。但也稍有不足，在此提出，
以备作者参考。例如，既然称为"《史通》学术史"，那么自《史通》问世以
来直至当前的研究都应该包含在内，而该书的断限截止在1949年，读来难免
有意犹未尽之感。当然，这或许是作者个人时间安排暂未及此，也或许是该
书所属"中华元典学术史"丛书的体例要求如此，抑或有其他原因或考虑。①
但作为读者，还是希望作者能尽快补充这一部分内容，使之成为一部首尾完
具的学术史，以弥补读者遗憾。此外，书中亦偶有一些不够规范之处。如参
考文献之中，间有序号重复，或与其他各条格式不一者（如参考文献第16

---

① 作者在"余论"中简要述说了中华人民共和国成立后大陆学者在《史通》研究方面所取得的
　收获与进步，并加注释补充说："2000年，代继华在《中国史研究动态》第1期发表《〈史通〉
　研究五十年》，总结了1949—1998年间学术界对《史通》的主要研究状况，是一篇简明的
　20世纪下半期《史通》学术史研究论文。"王嘉川：《〈史通〉学术史》，第465页。

条），而且文献的排序似乎没有一定的规则，不知是作者原稿如此，还是出版过程中后期加工所致。另外文字上，如"爱之深而意之切"，或为"爱之深而责之切"之误（第441页）。此类白璧微瑕，既属难免，也瑕不掩瑜，《学术史》对《史通》研究乃至于整个史学史学科的研究，都具有很大的价值与意义。

在《清前〈史通〉学研究》一书的序言中，乔治忠先生言道："自盛唐《史通》面世，历代之评议、研习状况，学界虽有所言而言之甚略，且讹传累累漫无统系，不为之详尽梳理，《史通》之学终难言成立。惟嘉川君深解此道，于是爬梳旧籍，参核辨析，撰成本书，郁郁乎！曰刘知幾之功臣、曰'《史通》学'由此而成形，均不为过也。"① 《学术史》在作者前期工作的基础上，吸收最新研究成果，再将其范围进一步延伸到清代和近代，无疑又把"《史通》之学"向前推进了一大步。回想当年，《史通》刚刚面世，刘知幾即忧心忡忡地表示："恐此书与粪土同捐，烟烬俱灭，后之识者，无得而观。此予所以抚卷涟洏，泪尽而继之以血也。"② 事实上，后世非但没有忘记《史通》，反而不断地研习阐发，其学术影响也愈加广泛、深刻。如此辉煌的传承历史，已足以抚慰这位史界先贤的忧思。而《学术史》又通过深入的分析，将这连绵不绝的历程予以全面、系统的呈现，最终推动《史通》研究成为专门之学。连《史通》能否传世都极其担心的刘知幾，恐怕更想不到，自己竟能于千载之后得一知己，则此位史界巨子当含笑于九泉矣！

---

① 乔治忠：《序》，王嘉川：《清前〈史通〉学研究》，社会科学文献出版社，2013。
② 浦起龙通释《史通通释》，第293页。

宋代笔记史学价值研究综述（1979—2023）*

杨志佳　申慧青**

摘　要：自1979年中华书局推出"唐宋史料笔记丛刊"系列丛书以来，宋代笔记研究领域取得了丰硕的成果。在笔记的整理方面，相关笔记的整理、点校与出版层出不穷，最终形成了"唐宋史料笔记丛刊"、"笔记小说大观"以及《全宋笔记》等三大代表性系统；在笔记的史料性研究方面，史料辑录以及利用宋代笔记中的相关记载进行专项研究，是其主要研究内容；在笔记的文体与叙事研究方面，文学界与史学界则展现出了不同的研究倾向和视角。然而，在史料价值的深度挖掘、史书叙事与史学批评的细致探讨，以及跨学科交流等方面，宋代笔记仍然具有广阔的研究空间等待学者们深入探索。

关键词：宋代笔记　笔记整理　史学价值　笔记文体　叙事

宋代是中华文化发展的鼎盛时期。随着全社会文化素质的提升，凭借随笔记录的特点，[①] 笔记撰写之风逐渐兴起，无论在数量还是内容形式上，较之前代都有很大提升。"笔记既有对社会重大事件的记录，也有对微观生活的叙述，蕴含着丰富的社会文化，是中国传统文化宝库中一颗璀璨的明珠。"[②]1979年，中华书局"唐宋史料笔记丛刊"系列丛书草创，第一批出版

---

* 本文系河北大学培育项目"中华文化认同视域下的宋辽夏金人物传记研究"（521201324029）中期研究成果。

** 杨志佳，河北大学历史学院；申慧青，河北大学历史学院。

① 关于笔记的定义，学界目前尚未形成统一的看法，本文主张刘叶秋在《历代笔记概述》中所述的观点，即"笔记的特点，以内容论，主要在于'杂'：不拘类别，有闻即录；以形式论，主要在于'散'：长长短短，记叙随宜"。参见刘叶秋《历代笔记概述》，北京出版社，2003，第6页。

② 戴建国：《宋代笔记研究丛书序》，戴建国编《宋代笔记国际学术研讨会论文集》，大象出版社，2020，第1页。

十八种。其后，众多学者和出版机构开始有组织、有计划地加入整理和研究宋代笔记的队伍之中，相关成果纷纷问世，研究内容涉及笔记概念、分类、版本校勘等，研究范围囊括政治史、军事史、经济史、文化史、社会史等领域。学界对宋代笔记研究渐趋系统化，对宋代笔记的史学价值研究尤具有基础性意义。本文拟以"唐宋史料笔记丛刊"出版之始为出发点，在前人整理研究的基础上，[①] 从史学史的角度对四十余年来宋代笔记史学价值研究成果做一总结，进而探讨关于宋代笔记研究的进展与拓展空间。

一 宋代笔记整理研究

宋代笔记的整理出版是宋代笔记研究具体展开和深化的基础。新中国成立至 1979 年之前，宋代笔记只是零星整理出版，"唐宋史料笔记丛刊"之出版是宋代笔记校勘与研究渐成规模的重要标志。然而，因对笔记概念界定的差异、笔记校对质量的争论和历史文献的新发现等，宋代笔记的整理与出版迄今出现了三个系统，下文分别论述。

其一，突出笔记的史料性。这类笔记整理以中华书局出版的"唐宋史料笔记丛刊"为代表，在赵守俨的筹划下，从 1979 年至今陆续出版宋代笔记 60 余种。该丛刊强调笔记的史料价值，有意排除了部分具有虚构、荒诞性的笔记，对志怪、传奇笔记一概不选。这套丛刊自初创以来，就得到了宋史学界的鼎力支持，前辈大家整理点校宋代史料笔记的相关重要著作，[②] 使丛刊整体上呈现出较高水平，广受学界和大众欢迎。但因这是宋代笔记的首次集中

---

① 如郑继猛《近年来宋代笔记研究述评》（《甘肃社会科学》2008 年第 4 期）对笔记的概念问题、笔记文献的整理出版以及研究热点进行了详细探讨；宫云维《20 世纪以来宋人笔记研究述论》（《浙江社会科学》2010 年第 1 期）梳理了 20 世纪以来宋代笔记研究的学术脉络和具体工作；邓孟青、杨蕤《宋代笔记整理研究综述》（《西夏研究》2021 年第 3 期）从史籍整理与出版、宏观历史维度对民国以来宋代笔记的整理研究状况做了梳理工作。

② 如邓广铭、张希清点校《涑水记闻》，李裕民点校《青箱杂记》与《东轩笔录》，周勋初点校《唐语林校证》，徐规点校《建炎以来朝野杂记》，孔凡礼点校《容斋随笔》《范成大笔记六种》等 18 种笔记，等等。

点校出版，存在时间仓促、文献版本参差、史料解读不够周详等问题，部分笔记存在舛误，①且该丛书收录的笔记只占全部宋代笔记的一小部分，难以满足广大学者和读者对宋代笔记的需求。

　　其二，以"笔记小说"为名，突出笔记的故事性与文学性。1981 年，台湾新兴书局有限公司推出了一套名为"笔记小说大观丛刊"的丛书，其中包括多达 300 种的宋代笔记。值得注意的是，该丛书的编排并未严格遵循时间顺序，而且将笔记与诗话、谱牒、小说等各类文献进行了混合编排。这套丛书也存在一些不足之处，如部分笔记的版本质量不尽如人意，加之其是在台湾出版，在大陆的流通量相对较少，因此在大陆学界的影响力较为有限。1995 年，河北教育出版社出版了由周光培主编的《历代笔记小说集成》，该书以影印方式辑录了 188 种宋代笔记，为宋代笔记的研究与传播提供了新的资料，但影印版优缺点并存，优点是较好地保存了原书风貌，而缺点在于没有校勘、标点，并存在字迹模糊不清的问题，另外该书既没有按照笔记生成时间顺序编排，也没有按照笔记种类进行分类，编排较为混乱，给读者带来很多不便。除了上述提及的出版物以外，1983 年，江苏广陵古籍刻印社也出版了《笔记小说大观》，其中精心收录了多达 70 种宋代笔记小说；进入 21世纪后，2007 年上海古籍出版社再次发力，出版了规模宏大的《宋元笔记小说大观》，涵盖了 63 种宋代笔记。这些书虽然以"笔记小说"为名，但真正价值在于对各类笔记文献的全面搜集与整理。它们不仅收录了以故事为主的小说类笔记，还广泛纳入了历史琐闻笔记以及专注于学术探讨的学术笔记，对宋代笔记文献的保存与传播做出了积极贡献。但从另一个角度来看，这种做法也在一定程度上加剧了"笔记"、"小说"以及"笔记小说"这些概念术

---

① 学界已有多位学者撰文批评指正，如徐规《〈旧闻证误〉研究》《〈青箱杂记〉订误》《〈湘山野录〉、〈玉壶清话〉订误》（均收入《仰素集》，杭州大学出版社，1999），舒仁辉《〈泊宅编〉、〈青溪寇轨〉考订》（《杭州师范学院学报》2000 年第 5 期），钟振振《读〈唐宋史料笔记丛刊〉本〈铁围山丛谈〉札记》[《福州大学学报》（哲学社会科学版）2002 年第 2 期]、《〈唐宋史料笔记丛刊〉本〈鹤林玉露〉校读记》[《山西大学学报》（哲学社会科学版）2002年第 2 期]，丁海燕《中华书局版宋人史料笔记小议》（《中国图书评论》2003 年第 3 期），崔文印《〈南部新书〉点校商兑》（《古籍整理出版情况简报》2003 年第 4 期），等等，皆指出了宋代笔记点校中的错误问题。

语在内涵和外延上的相互交织与混淆。

其三，打通"笔记"与"小说"，从"求全""求齐"角度对宋代笔记做全面整理。随着《全宋诗》《全宋文》等大型宋代文献汇编的出版，学界也亟需一部整理点校质量较高、种类齐全、便于查找和利用的"全宋笔记"。1999 年，上海师范大学古籍整理所着手编纂的《全宋笔记》，由河南大象出版社出版，该丛书历时 19 年全部出齐，总计 102 册，2266 万字，收入宋代笔记 477 种。① 参与整理这套丛书的人员多为宋代文学界的权威专家，在收录整理时有意淡化"笔记"与"小说"的概念区别，尽可能收录传世的宋人笔记，并充分吸收学术界相关成果，对此前整理的宋代笔记多有匡正，收录数量和点校质量都有较大提升。《全宋笔记》是目前宋代笔记整理最为齐全的版本，为学界全面研究宋代笔记提供了极大的便利。

宋代笔记文献整理出版取得了丰硕的成果。一方面，以《全宋笔记》为代表的丛书，在前人整理的基础上，几乎囊括了现存的所有宋代笔记，其整理质量也有明显提升，堪称宋代笔记文献整理的集大成者；另一方面，宋代笔记文献整理工作，推动了宋代笔记研究相关领域的发展，如 2015 年 8 月，上海师范大学"《全宋笔记》整理与研究"课题组举办了"宋代笔记国际学术研讨会"，会议收到论文 33 篇，对宋代政治经济史、社会文化史、语言学史及文学史领域做了多维度探讨。此外，宋代笔记整理在一定程度上，也推动了"笔记"概念的界定与分类，在对笔记丛书的利用上，文学研究者偏爱文学性较强、以"笔记小说"为名的各类丛书，而史学研究者则更青睐史料性较强的"唐宋史料笔记丛刊"。

二 笔记史料性研究

宋代笔记在很大程度上摒弃了唐代笔记的传奇色彩，在内容上少了神怪荒诞的虚构元素，更加注重对现实社会的记述，史料价值远超唐代笔记。一

---

① 《国家社科基金重大项目、国家出版基金项目 全宋笔记（全十编，总102 册）》，《读书》2018 年第 10 期。

部分学者认为在唐代笔记的影响下，宋人笔记的史学意识进一步强化，[①] "不少小说的作者自觉地以严肃的态度记录有历史价值的见闻、经历，具有为正史拾遗补阙、供史氏搜集采用的撰述意识"，[②] 如欧阳修作《归田录》、司马光作《涑水记闻》等。郭凌云认为北宋历史琐闻笔记逐渐摆脱了与小说故事类笔记相混的状态，更加注重内容的真实性，笔记作者希望能够有补于史传。[③] 瞿林东进一步将宋代史料笔记撰述的旨趣概括为四个方面，分别是：以古训的名义记述新的"前言往行"、关注学术史"溯其源而循其流"、"事无纤巨，惩恶足以鉴诫"的惩劝作用以及补史官所阙的历史意识。[④] 笔记作者为史传补阙的撰述意图，大大提高了笔记的史料性。

学界对宋代笔记的史料性研究，大致有两类。第一类，史料辑录。如林欢《宋代古器物学笔记材料辑录》（上海人民出版社，2013）把分散于宋代笔记中的金石古器物学发现和研究成果汇为一书，并吸取当代考古学理论和成就，在有必要的地方加了一些简短按语，避免成为无价值的断烂朝报。宁欣《宋人笔记中的隋唐五代史料》（商务印书馆，2018）以大象出版社出版的《全宋笔记》为基础，将笔记中涉及的隋唐五代史料辑出，并将收集和整理后的史料分别放在职官、艺文、政事等十个类目下，以便学者查阅和使用，为学界的相关研究提供了方便。第二类，以宋代笔记中的相关记载为主要史料，进行相关领域具体研究。如宫云维《宋人笔记与宋代科举制度研究》（《齐鲁学刊》2001 年第 6 期）认为宋人笔记中记录的大量科举材料能够弥补《宋史·选举志》、《宋会要·选举》和《文献通考·选举考》等文献的遗憾与不足，宫云维重点关注宋代笔记中有关科举史料与科举制度的内容，发表了多篇文章探讨宋代笔记中有关科举史料对宋代科举制度及相关问题研究的重要意义，对宋代笔记中科举史料的来源、特点、缺陷做了详细的梳理

---

① 如瞿林东《宋人笔记的史学意识》，《文史知识》2014 年第 10 期；江湄《宋代笔记、历史记忆与士人社会的历史意识》，《天津社会科学》2016 年第 4 期。
② 江湄：《宋代笔记、历史记忆与士人社会的历史意识》，《天津社会科学》2016 年第 4 期。
③ 郭凌云：《北宋历史琐闻笔记观念简论》，《北京大学学报》（哲学社会科学版）2012 年第 5 期。
④ 瞿林东：《宋人史料笔记撰述的旨趣》，《天津社会科学》2016 年第 4 期。

与探讨。① 范立舟、吕富华、齐德舜、杨蕤、易玲萍等人对宋代笔记中有关女真、契丹、吐蕃等相关史料进行了梳理与分析，② 认为宋代笔记对中原周边地区内容的记载具有重要的史料价值，大大拓宽了民族地方史的研究范围，对宋代民族关系、民族政权制度、边疆地理等相关内容的研究具有较大的帮助。此外，笔记所涵盖的范围相当广泛，它们不仅具有大量的历史学史料，同时还蕴藏着丰富的音乐学、文学、医学等多个学科的史料。曾美月《宋代笔记音乐文献史料价值研究》（上海音乐学院出版社，2013）一书系统整理和收集了宋代笔记中的音乐文献史料，并将其与史书乐志的相关内容进行对比印证，彰显了宋代笔记在音乐史料研究领域的独特价值，但是该书对这些史料的真伪和价值评估较为不足。冯雪冬《宋代笔记语言概论》（大象出版社，2020）揭示了宋代笔记在文字、词汇、训诂、音韵和语法研究中的语料价值，对宋代笔记语言研究和汉语史等相关研究具有较高的价值。周云逸《医鉴遗珍：宋代笔记医药文献研究》（人民出版社，2023）在搜集整理宋代笔记医药文献的基础上，对之去粗存精、辨析义理，探讨其学理渊源及学术价值，认为宋代笔记中的医学史料具有补医籍正史之不足的作用。

需要注意的是，笔记在创作、流传过程中形成了不少错讹，不少学者专门撰文指出笔记文献的缺点，如张晖《宋代笔记研究》（华中师范大学出版社，1993）第五篇归纳了宋代笔记在形式和内容上的种种缺点，论述了形成这些缺点的原因，总体上概括了宋代笔记的缺点。夏东锋《论宋人笔记舛误的四大成因》（《求索》2015年第7期）对宋人笔记的错误原因进行了专门探讨，认为笔记作者的创作态度及思想倾向、笔记的资料来源和传写刊

---

① 如《从史料来源看宋人笔记中科举史料的价值》，《漳州师范学院学报》（哲学社会科学版）2001年第4期；《试论宋人笔记中科举史料的特点》，《浙江学刊》2002年第5期；《有关宋人笔记中唐五代科举史料的几个问题》，《古籍整理研究学刊》2003年第1期；等等。

② 见范立舟《〈松漠纪闻〉史料价值举例》，《史学史研究》2002年第1期；吕富华《宋人笔记中契丹史料的价值》，《赤峰学院学报》（汉文哲学社会科学版）2015年第3期；齐德舜《宋代笔记吐蕃经济文献研究》，《西藏研究》2021年第6期；齐德舜《宋代笔记吐蕃文献的史料价值及局限性研究》，《石河子大学学报》（哲学社会科学版）2022年第4期；杨蕤、易玲萍《宋代笔记中的西北自然地理文献及其价值》，《宁夏社会科学》2023年第5期。

刻都是导致笔记出现谬误的重要因素。顾宏义《两宋笔记研究》（大象出版社，2020）在第四章"宋代笔记的价值与缺失"中认为笔记受到体裁及著者撰述态度、个人学识的影响，加上个人恩怨、学派纷争以及朝廷党争激烈等因素，从而产生了诸种类型的错讹缺失。要之，对宋代笔记的史料价值一方面应予以充分肯定，另一方面对笔记的史料真伪也须详加辨析，如漆侠所说："小说笔记记录的事务范围颇广，保留很多有价值的资料。如洪迈的《夷坚志》，虽然有许多不经之谈，但如果认真逐条检抄，可能是记录有宋一代诸色匠人、雇工、佃客、商贾、小贩最多、材料价值极高的一部小说笔记。只要善加辨析，抹去上面的灰尘迷雾，就会显露出它固有的社会生活的光辉。"[①]

三　文体与叙事研究

笔记作为一种构建历史记忆的文本和载体，其文体特征、撰述宗旨和叙事视角与史籍、方志和碑刻不同，所呈现的历史面貌也各有侧重。前辈学者指出回到史料视界的原点、考察其叙事特征、分解其叙事结构，从而重建历史叙事，应是史学自身方法的核心。[②]学界以往对宋代笔记的研究，多关注笔记的史料价值，重点考察笔记的历史渊源、相关概念以及笔记的版本整理等，而针对"笔记"的文体与叙事研究则相对较少。进入 21 世纪后，一些研究者开始加入对宋代笔记文体本身的研究，而文体研究主要在文学领域进行，如 2015 年 4 月第二届宋代文学同人研修会在复旦大学中文系举办了"文学视野下的宋代笔记研究"专题会议，会议形成论文集《宋代文学评论》（第 2 辑·笔记研究专辑）（朱刚、侯体健主编，中国社会科学出版社，2017），论文集设立"宋代笔记的文体研究"专栏收录 4 篇文章。[③]其他研

---

① 漆侠：《怎样研究宋史》，《文史知识》1983 年第 9 期。
② 刘后滨：《如何面对"史料"：历史书写的不同文体与叙事特征》，《中国人民大学学报》2017 年第 1 期。
③ 实际上只有 2 篇文章与文体研究有关，且仅针对行记类笔记而言，分别是成玮《百代之中：宋代行记的文体自觉与定型》、李贵《楼钥〈北行日录〉的文体、空间与记忆》。

究者如安芮璿《宋人笔记研究——以随笔杂记为中心》（博士学位论文，复旦大学，2005）探讨了作为一种文体的"笔记"的总体特征及个别著作，认为笔记是最能够体现宋人生活与精神世界的一种体裁。许勇《宋代笔记撰述研究——以结构为中心》（博士学位论文，南京大学，2017）从笔记本身的结构角度来研究宋代笔记，对笔记各部分结构如书名、序跋、类目、小题、条目的命名、变迁以及功能都做了深入的研究，对宋代笔记的总体面貌做了较为真实的还原。刘师健《宋代笔记的文体自觉与定型》[《云南师范大学学报》（哲学社会科学版）2018年第2期]认为宋代笔记的创作主体转向自身，确立了个人化叙事视角，笔记的文体身份得到了进一步的独立，其文体形式和叙事特征获得了新的发展空间。王卫波《宋代笔记小说文体研究》（武汉大学出版社，2023）对宋人视域中的笔记小说文体观念以及宋代笔记小说的文体特性、文体演变、文体价值与地位等问题进行了全面系统的总结和深入细致的阐释，需要指出的是该书的研究范围以历代公私书目中子部"小说家"类所著录的宋代笔记小说作品为主，即刘叶秋所说的"小说故事类"笔记，而对于"历史琐闻类"笔记与"考据、辨证类"笔记则涉及相对较少。

宋代是史学发展的鼎盛时期，笔记作者在叙事时或多或少会受到史学的影响。王季思曾指出："大约宋人的笔记，有两个特色：一、每节故事下面而常附以议论；二、所记多同时人的故事。——即使所记系先朝或怪异的故事，也往往是对当时社会意有所指的。"① 这种故事下面附以议论的做法就类似于传统纪传体史书中"论赞"的体例形式。近四十年来，从史学叙事的角度来看，学界对宋代笔记的研究呈现出两个特点。

其一，重视对宋代笔记所载人物的研究。进入21世纪以来，学界从君主、士大夫、妇女、僧人等视角来挖掘宋代笔记的潜力，如前文提到的"文学视野下的宋代笔记研究"专题会议，其出版的论文集就专门设有"宋代笔记与士人形象建构"一栏。研究者依托宋代笔记尝试为宋代人做一个真实、具有时代特色的人物形象建构，还原宋人本身的精神面貌。申慧青《唐

---

① 王季思：《玉轮轩古典文学论集》，中华书局，1982，第304页。

宋笔记中本朝君主形象建构之比较》（《天津社会科学》2016 年第 4 期）认为借笔记在不同时期对君主形象的记载，不仅可以探究不同时期君主制度的特点，从侧面也反映了笔记作者对君主形象、君臣关系以及历史客体的不同态度。李华瑞《宋代笔记小说中的王安石形象》（戴建国编《宋代笔记国际学术研讨会论文集》）揭示了宋代笔记在传播和塑造王安石形象方面的重要作用，指出王安石在南宋以后多以负面甚至丑化的形象出现；文章还关注了笔记的作者群体和作者的政治立场，以此分析笔记作者对王安石形象塑造的可能动因。程郁《宋代的仕女与庶民女性：笔记内外所见妇女生活》（大象出版社，2020）从女德教育入手展示宋代妇女生活，并选取乳母和妾这两个群体作为观察的重点，将宋代女性所面临的生存境遇问题真实地展现在读者面前，但该书对部分文献出现了解读偏差，也未能清晰呈现宋代理学对女性形象的改造与扭曲。武清旸《南宋士人笔记中的宋代道士形象研究》（巴蜀书社，2021）对宋代道士的多种形象进行了探索，力图申明道士群体与宋代社会产生互动和影响的主要脉络，但未能将笔记中的宋代道士神秘化、专业化、正负面等形象与其他时代道士的形象区分开来，宋代道士形象的时代特色未能完全呈现。

其二，重视对宋代笔记有关学术史内容的梳理。宋代笔记包含了许多学术史内容，甚至有些笔记本身就是以记载学术为主，如王应麟著《困学纪闻》内容囊括经史子集，涉及传统学术的各个方面。一些研究者注意到了宋代笔记中包含的学术史价值，如刘宇《从宋代笔记看宋代经学之发展》（《求索》2011 年第 11 期）认为宋代笔记中的经学内容大致可分为四类，反映了宋人研究经学的方法日趋完善，这些研究方法被清代学术笔记继承，并可借此窥探清代的经学研究。范宇焜《宋代笔记中的“汉书学”》（杨共乐主编《史学理论与史学史学刊》2017 年下卷，社会科学文献出版社，2018）从宋代笔记中关于《汉书》的诸多论述入手，对宋代的“汉书学”做了深入探讨，有助于读者了解两宋时期“汉书学”的发展面貌。朱露川《细碎间见其统续——洪迈〈容斋随笔〉之史学史识见》（《史学史研究》2023 年第 2 期）从史学史角度，把《容斋随笔》中涉及历代史著、史家方面的讨论分成几个阶段加以考察，梳理了中国古代史学发展的脉络，有助于进一步认识中国史学的特质。此外还有学者从易学、考据学等领域对宋代笔记加以考察，[①] 充分体现了宋代笔记的学术性价值。

四 总结与前瞻

1979年至21世纪初，学界对宋代笔记的研究主要聚焦在对"笔记"的概念、分类等理论性研究以及点校整理上。进入21世纪以后，基于宋代笔记文献整理的丰富成果，宋代笔记研究百花齐放：研究队伍不断扩大，硕博研究生成为宋代笔记研究领域的新生力量；研究广度不断拓展，涉及政治史、经济史、文化史、艺术史等领域。四十余年来，宋代笔记研究取得了比较丰硕的成果，但仍然有继续探索发掘的空间。

第一，宋代笔记的史料价值有待更深入的挖掘。21世纪以来的国内宋史研究日趋专题化、细碎化，[②] 而笔记中包含大量民间习俗、生态气候、疾病灾害等内容，在历史细节呈现的方面具有巨大优势，如吕希哲《岁时杂记》、陈元靓《岁时广记》等专记宋代民间岁时节日风俗，对研究岁时民俗现象的发展演变具有重大参考价值；吕祖谦《庚子辛丑日记》从淳熙七年（1180）正月初一到次年七月二十八日，不间断地记载了浙江金华地区天气状况与物候变化，这些资料是中国古籍当中连续记录时间最长、气象要素最齐全的物候观测资料；等等。许多事件在史书中无载，却可在笔记里寻到，如宋初重要的政治事件——宋太祖"杯酒释兵权"，此事宋朝国史、实录皆未记载，最初仅见于北宋前中期的笔记如《丁晋公谈录》《王文正公笔录》《涑水记闻》等著作中，以至于南宋李焘发出感叹："此事最大，而国史、实录皆略之，甚可惜也。"[③] 据统计，《宋史》约有500万字、《续资治通鉴长编》约有

---

① 如王长红《宋人笔记所载易学资料述论》，博士学位论文，山东大学，2010；刘宇《略论宋代的考据笔记》，《江西社会科学》2011年第12期。
② 李华瑞：《近二十年来宋史研究的特点与趋势》，《社会科学战线》2020年第6期。
③ 李焘：《续资治通鉴长编》卷二，建隆二年七月庚午条，中华书局，1979，第50页。

706 万字、《宋会要辑稿》约 800 万字，而大象出版社出版的《全宋笔记》约有 2266 万字，字数超过前三种史料之和。无论是将笔记作为补充性史料，还是将笔记作为专著之学，宋代笔记的史料价值都有待更进一步的挖掘。深挖宋代笔记的史料价值，同时也能为宋代民族区域史、科学技术史、环境生态史、中外交流史等领域研究提供非常丰富的基础史料。

第二，笔记中所涉的史书叙事和史学批评依然存在研究空间。近年来，学术界、理论界都在讨论"三大体系"建设，认真清理史学遗产，继承其中优秀部分，并按一定的类例做细致的梳理，有助于建立中国特色历史学学科体系、学术体系和话语体系。① 具体到宋代笔记研究，其史书叙事与史学批评是一个有待耕耘的园地。"中国史学莫盛于宋"，② 受时代和社会主流意识的影响，宋代对史学的热衷也反映在笔记的创作中，而"史学的进步、发展，或隐或显，总伴随着史学批评"，③ 但是笔记中所涉史书叙事和史学批评的内容比较零散，往往一部笔记中只有几条甚至没有与之相关的内容，给研究者搜集与利用材料带来了困难，导致学界关于这一领域的论著几近于无。史料笔记中蕴含着丰富的史学思想，从笔记入手，可以探寻宋代史书叙事和史学批评更丰富的面貌，近年来已有学者开始撰文探索，④ 期待未来学界对这一领域的热切关注和持续深耕。

第三，加强跨学科交流与互动。宋代笔记材料包罗万象，是宋代政治、经济、军事、社会民生、思想文化等各方面的真实反映和第一手史料记录。若只是对宋代笔记进行单纯的文献梳理与解读，无论是充实已有的研究领

---

① 瞿林东：《传播·反思·新的前景——新中国 70 年史学的三大跨越》，《中国史研究动态》2019 年第 4 期。

② 陈寅恪：《陈垣明季滇黔佛教考序》，《金明馆丛稿二编》，生活·读书·新知三联书店，2001，第 272 页。

③ 瞿林东：《中国古代史学批评纵横》（增订本），重庆出版社，2016，第 112 页。

④ 如丁海燕《大抵观史 当逆其意——简论宋人笔记中所见之史学批评》，瞿林东主编《史学理论与史学史学刊》2009 年卷，社会科学文献出版社，2009；李凯、陶晓珊《中国古代史学批评史》第 4 卷《中国古代史学批评的兴盛（五代两宋时期）》第四章第二节探讨了历史笔记关于史料、史书、史官三个方面的史学批评，湖南人民出版社，2020；朱露川《〈容斋随笔〉论史书叙事札记三则》，杨共乐主编《史学理论与史学史学刊》2021 年上卷，社会科学文献出版社，2021。

域，还是建立新的研究路径，都不足以完全应对未来的研究。自 20 世纪 80 年代以来，学界引介外国年鉴学派、新文化史、接受史学、传播史学、后现代主义等理论与方法，为中国史学史研究注入了新鲜的血液；中国史学史呈现出的跨学科研究趋势，为史学史研究带来了新的发展机遇。① 这方面如李浩然以宋代艺术笔记为研究对象，提出"艺术史微观叙事"论题，② 将"微观叙事"这个人类学概念引入中国传统艺术史学研究中，这无疑是运用跨学科的研究方法，挖掘与解读藏匿在笔记材料背后史学思想的有益示范，对宋代笔记研究具有参考价值。因此，加强宋代笔记与社会学、人类学、艺术学、民族学以及文学等其他学科之间的交流与互动，广泛吸收各学科的研究理论与成果，去芜存菁，是宋代笔记研究的必然发展趋势与发展新出路。

朱刚在《宋代文学评论》（第 2 辑·笔记研究专辑）导论里指出："笔记也有大量内容涉及政治、经济、军事、哲学、科技等方面，但这些专门史的研究者，倾向于把笔记看作补充性的史料，与其他史料结合起来论述问题，很少如文学史的研究者那样把笔记当作专门的研究对象。"③ 虽然宋代笔记研究经过四十多年的探索和发展，已经逐渐由起步阶段走向成熟，但对于史学史研究而言，将"笔记作为相对独立的门类文体进行学科性的探究"，④ 加强学科建设，仍有进一步发展的必要。总而言之，宋代笔记这座巨大文献宝库的潜力还等待更深层次的挖掘，其价值和影响也将在今后的研究中更加凸显。

---

① 陈其泰、张峰：《70 年来中国史学史研究的进展》，《史学理论研究》2019 年第 4 期。
② 见李浩然《宋代笔记"艺术史微观叙事"论题的提出与学理辨析》，《艺术学界》2021 年第 2 期；《宋代笔记中的艺术史微观叙事与叙事转向——以米芾艺术笔记为中心的考察》，周宪主编《艺术理论与艺术史学刊》第 8 辑，中国社会科学出版社，2022。
③ 朱刚：《导论：笔记作为新兴的写作体制》，朱刚、侯体健主编《宋代文学评论》（第 2 辑·笔记研究专辑），第 2 页。
④ 傅璇琮：《序》，朱易安、傅璇琮等主编《全宋笔记》第 1 编第 1 册，大象出版社，2003，第 3 页。

理论与史料视角中史学史研究的创新思路[*]
——记第三期中国史学史青年沙龙

张雅淇　廉　敏^{**}

中国史学史青年沙龙是在老一辈学者的殷切鼓励与悉心关怀下由国内若干有志于史学史研究的青年学者自发组办起来的，并于 2023 年 10 月 21 日、2024 年 4 月 21 日先后在华中师范大学、四川师范大学开展了第一期、第二期活动。

2025 年 4 月 26 日，第三期中国史学史青年沙龙在中国历史研究院举行。本次会议由中国社会科学院历史理论研究所中国史学理论与史学史研究室、《理论与史学》编辑部主办，来自全国 10 余所高校、科研院所和学术期刊的 20 余位学者与会。中国社会科学院历史理论研究所纪委书记、副所长赵庆云发表致辞。他指出："马克思主义史学强调史观与史料的结合，史学史研究既注重理论思考，又深耕史料基础，这种理论与史料相结合的研究路径，正是推动中国史学史学科持续发展的关键所在。"

本次沙龙以"史料与史学：新时代中国史学史的发展"为主题，主要围绕以下几个方面展开讨论。

一　史学史学科的新机遇与新挑战

当前，史学史学科的发展面临诸多新的机遇与挑战。在人工智能风靡全

---

* 本文系中国社会科学院"登峰战略"重点学科"中外史学理论"（DF2023ZD19）阶段性成果。

** 张雅淇，中国社会科学院大学；廉敏，中国社会科学院历史理论研究所。

球、学科交叉研究盛行、社会文化需求日益多元的时代背景下，明确史学史学科在新时代的定位并探寻合理研究进路，已成为推动该学科持续、健康发展的首要任务。在这样的时代背景下，史学史学科亟需对自身状况进行全面而深入的审视，以适应时代发展的需求，实现学科的转型与创新。

中国社会科学院历史理论研究所廉敏副研究员从时代需求出发，认为中国特色社会主义进入新时代后，史学史学科应自觉调整本学科的问题意识，积极承担起新时代赋予的重要使命，提升自己服务于人民日益增长的美好生活需要的能力与水平，以灵活的头脑、多元的视角从悠久深厚的中国史学遗产中发掘具有生命力的、可资创造的思想资源，为中华民族的伟大复兴及人类命运共同体的未来发展积极献计献策。

近年来，人工智能的迅速发展引发了学者对学科本身的反思。廊坊师范学院时培磊教授探讨了人工智能对史学史研究的影响。面对人工智能带来的机遇与挑战，他呼吁青年学者既要掌握技术工具，又要坚守人文内核，推动人工智能与史学史研究的深度融合。北京师范大学王志刚副教授认为，在史学史研究中，人工智能对梳理学术发展脉络和总结现有研究成果等基础性工作有所助益，但无法替代学者对史学史深层次内容的思考。四川师范大学刘开军教授认为，史学史讨论的实际上是史学的知识、思想和情感等问题，真正受到人工智能冲击的是史学史的知识问题。坚信史学史的温度、深度和情感不会被其所取代。人工智能为史学史研究提供新机遇的同时也存在不少问题，史学史学者应积极而又理智地应用智能工具，充分发挥其优势，推动学科发展。

史学史学科积极审视新时代的新机遇与新挑战的同时，新时代的各种新因素也促使史学史学科对自身的定位进行不断的反思。兰州大学邱锋教授聚焦于历史知识、历史修辞和图像转向等学术热点，从跨学科的角度探讨了中国史学史学科未来发展的可能性。在此基础上，他提议做"开放的史学史"，希望史学史研究能够以更加开放的态度吸收其他学科的新概念、新方法，同时强调这种"开放"并不意味着将史学史研究消弭于其他学科领域。云南大学毛春伟副教授从回顾及总结史学史学科近百年成就的角度提出了"大史学史"这一概念，意即不断扩大和拓展史学史研究的领域。北京师范大学王志刚副教授从理论思考的角度认为，史学史不应仅仅被视为既有历史学的分支学科，更是一种具有广义历史学意义的认识方法，是"众史之史"。基于此种认识，他还提出了促进中国史学史学科发展的一些具体措施。

学科发展不能故步自封。无论是关注当下社会热点、民众关切，让研究成果更好地服务于人民，还是立足自身特色的同时勇于突破传统，实现与其他学科的良性互动，抑或是深化理论思考，从历史学的分支转变为广义历史学的认识方法，都有助于我们从更宏观、更深入的层面理解史学史，从而以更加深刻的头脑、开阔的视野与坚定的信心持续推动学科的繁荣。

二 中国史学史研究的百年回顾

1926—1927 年，梁启超在清华大学国学研究院系统讲授"中国历史研究法"时，明确提出"史学史的做法"，认为中国史学"很有独立做史的资格"（《中国历史研究法补编》，中华书局，2010，第 182—183 页），迄今已近百年。对百余年来中国史学尤其是史学史研究不断进行回顾与总结，是推动史学史研究发展的一个基本前提。

山东大学陈峰教授指出，当前对 20 世纪中国史学的研究仍囿于传统框架，未能实现像文学史领域那样的突破。他主张将"20 世纪中国史学"与"20 世纪中国研究"深度整合，来实现 20 世纪中国史学研究的结构性变革。华东师范大学王应宪副教授也持有相似的观点。他认为，将 20 世纪的中国史学史研究与 20 世纪中国历史研究进行有机结合，对于我们深入推进相关研究具有特别的指导意义。

云南大学毛春伟副教授在回顾近百年中国史学史研究历程后总结出，在积累中进步，在继承中发展，在守正中创新，是中国史学史研究取得突出成就的重要条件。华东师范大学王传副教授从文献研究的角度指出，系统整理晚清民国时期遗逸的史学史文献，将有助于完善近现代史学史学科的学术谱系，并在一定程度上改变我们对民国时期史学史学科发展模式的看法。

从这些讨论中，我们能够进一步认识近百年来中国史学及其在具体历史时期的特点。同时，这些回顾与总结也为学者们在新的历史条件下开展史学史研究提供了新的依据与新的可能。我们可以借鉴过往的成功经验，避免重蹈覆辙，结合时代发展的新需求，不断开拓创新，推动中国史学史研究在新时代取得更加丰硕的成果。

三　史学史视野下的史料理论

"史料为史之组织细胞。"（梁启超:《中国历史研究法》，上海古籍出版社，2019，第 59 页）历史研究非常注重史料，却很少对史料问题进行自觉的理论思考，对此，史学史研究责无旁贷。史学史研究通过整理、分析既有的史料运用经验，来深入探索史料运用的内在规律，科学构建史料学的知识体系，从而实现对历史研究的积极推动。本期沙龙有意识地对历史研究中的史料问题进行了针对性的讨论。

首先值得注意的是，几位学者不约而同地对马克思主义史学家的史料理论进行了阐发。中国社会科学院古代史研究所靳宝副研究员认为，郭沫若在唯物史观指导下批判地继承王国维"二重证据法"，将马克思主义理论与传统考据方法相结合，采用以地下考古资料与文献互证的方法研究中国古代社会，奠定了中国马克思主义史学的方法论基础。淮北师范大学吴航副教授指出，白寿彝先生不仅重视史料学遗产和古籍整理工作，而且关注郑樵等史家处理史料的功力，用联系的观点看待史料问题，体现了他研究史学史的深厚功力和卓越器识。中国社会科学院历史理论研究所赵鉴鸿助理研究员指出，尹达先生运用考古实物验证史料，以史学史发展历程验证社会形态发展理论，以传统史学思想勾勒中国传统史学理论发展演进历程，这种路径对中国史学史学科发展具有重要意义。

其次，比较有趣的是，个性化的材料如何体现史料价值也意外成为一个共同关注的话题。南开大学朱洪斌教授认为，学人日记在微观史学研究中具有重要价值。他指出，日记作为私人资料，能呈现个体生命体验与社会变迁，将时代语境和个人视角相结合，为我们重新审视历史提供独特视角。中国社会科学院历史理论研究所徐歆毅副研究员则通过批判性分析深入反思了"十七年史学"中政治与史学的关系，肯定了这一时期唯物史观指导地位的确立对于马克思主义史学发展的重大意义。

史料问题自古以来就是中国史学理论及史学史研究十分关注的议题。刘知幾将掌握广博史料作为史家必备的素养内容、章学诚提出"六经皆史"扩大史学研究范围，傅斯年曾做出"史学就是史料学"的论断……在此次沙龙中，年轻的学者们没有局限于传统的史料观念，他们从多种角度深化了我们对史料问题的认识，拓展了史料的利用范围，尤其展示了马克思主义史料观的积极意义。马克思主义史料观告诉我们，在唯物史观的指导下，我们能够更加科学地分析史料，透过现象看本质，避免被表面现象所迷惑；同时，秉持联系的观点，注重不同史料的内在关联，并借助考古实物等多元资料相互印证，有助于构建出更加真实、完备的历史面貌。不仅如此，此次沙龙将史料问题与新时代进行关联，并从史料的角度对史学理论与史学史学科的进路做了深刻的思考，展现了新时代史学史研究的创新精神。

四　史学史资料的拓展

早期的史学史研究大多围绕经典史著展开，为学者们了解历代史学的基本面貌、把握历史发展的主线提供了坚实的基础。改革开放以来，史学史研究在资料方面已经深入推进到经典史著的细节及大量不曾了解的史学信息上，似乎再无拓展余地。此次沙龙在史学史资料方面竟展示了不少新的可能。

内蒙古大学李德锋教授指出，《青史演义》虽被学界视为蒙古族文学作品，但作者尹湛纳希却自视其为史著，并对文学修饰持一种排斥的态度，仅将文学修饰视为表达工具，是服务于其历史观表达和论证的。该书有明确的历史立场和近代意识，如民族观念的发展、对女主干政的批判，对统治者腐朽统治的揭露等。其中《要目》集中体现了作者的历史理论和史学理论。

华东师范大学王应宪副教授通过重读朱希祖《北京大学史学系过去之略史与将来之希望》一文，认为这篇文章提示了北大史学系早期发展中的方向性改革："由一国的史学，而改为世界的史学""由文学的史学，改为科学的史学""由普通史的灌注进而为专门史的研究"。朱文所言北大史学系的"三次转向"对于我们理解现代大学史学系初创期的课程建置调整、教育理念转化及历史学科的科学化与专业化进程均有所助益。

武汉工程大学谢盛副教授则注意到民国时期史学类期刊的发刊词对史学史研究的意义。他认为这类发刊词在理论引介、方法革新和领域拓展等方面具有多重价值，呈现出经世致用的学术取向和"学术报国"的民族意识。对发刊词的研究，为我们理解民国学术的复杂面貌提供了独特视角。

从文学作品到学术期刊的发刊词，这些非传统意义的史学史资料以其独特的视角与丰富的信息，更加全面、深入地揭示了史学史的复杂性和多样性。学者们对不同类型资料的深入挖掘与综合运用，不仅极大地拓展了史学史研究的资料范畴，更为学科发展注入了新的活力。随着时代的发展与学术研究的不断深入，我们有理由相信，史学史研究将在更广阔的资料基础上，实现研究深度与广度的双重突破。

五 传统史学史研究思路的理论推进

近百年来，史学史研究尤其是马克思主义指导下的史学史研究提出了许多具有深厚发展潜力的研究课题。它们既是史学史学科发展道路上宝贵的智慧结晶，又为史学史学科的未来提供了可靠的发展路径。这次沙龙生动地展示了既有研究思路所包含的广阔的理论拓展空间。

北方民族大学胡祥琴教授从历史理论研究的角度深入思考了北魏时期德属变更问题的历史影响及史学影响。她指出，北魏历史上有两次德属变更，道武帝拓跋珪时期确定德属为土德，孝文帝迁都洛阳后改为水德，这两次德属变化不仅深刻反映了拓跋鲜卑社会历史的发展，而且深度影响了史学的书写。华中师范大学王亮军讲师则深入阐发了明代风俗论的历史理论价值。他认为，明人从时间、空间、制度三重维度展开对有明一代风俗的研究，通过反思元末胡俗与明中后期弊风，形成了制度革新与学术批判的双重致治路径。顾炎武风俗史观即以此为学术基础，对后人的历史研究产生了深远影响。

四川师范大学刘开军教授从史书研究的角度梳理了《明史纪事本末》的编纂脉络、史料来源和叙事技艺，认为此书虽取材遗民史著却突破了其中的精神内涵，既重属辞比事的叙事技艺，又通过"谷应泰曰"彰显经世取向，其补续与节选本的传播印证了此书在清初史学中的典范意义。中国社会科学院历史理论研究所胡楚清助理研究员则关注到了宋代奏议这种兼具政书与史书性质的特殊文献。她指出，宋代奏议从程式文书转向个人著述，逐渐形成固定的撰述范式，史论既以春秋笔法议政又关联时代议题，不仅对君主决策和政局演变产生了一定影响，而且提升了史学的话语地位。

从理论思考的角度研究史学史，不仅提升了史学史研究的思想性，而且有益于我们的理论思维获得新的发展。2016年5月17日，习近平总书记在哲学社会科学工作座谈会上发表重要讲话，指出："这是一个需要理论而且一定能够产生理论的时代。"① 史学史研究既要坚持深入挖掘传统史学遗产，汲取其中的思想精华，又要立足当下，关注现实问题，让史学史研究在解决现实问题中焕发新的生机与活力。

中国社会科学院历史理论研究所《理论与史学》编辑部主任廉敏副研究员在总结中指出，此次沙龙体现出五个方面的创新：注重学科与时代、社会的关联，从中探索史学史发展的契机和方向；从史学史学科与历史学的其他分支学科之间的关系中寻求发展的道路；在传统史学史提出的诸多课题方面，尤其是观念和思想认识层面上继续深入推进；增强传统史学史在史料理论问题上的研究；对遗落的史学史文献进行新的发掘、整理和阐释。而且，这些创新之间彼此关联，共同勾勒出未来的史学史研究在创新发展道路方面的清晰脉络。

---

① 习近平：《在哲学社会科学工作座谈会上的讲话》，人民出版社，2016，第8页。

在此次沙龙中，青年学者们既自觉坚守学术的薪火传承，又积极关切社会的时代变迁；既秉持了严谨求真的治学精神，又展现出多元创新的研究方法。其间热情洋溢、精彩纷呈的讨论氛围告诉我们，史学史学科在新时代的发展充满潜力，值得期待！

稿　约

一、《理论与史学》集刊由中国社会科学院历史理论研究所中国史学理论与史学史研究室主办，一年出版两辑。本集刊立足于打造历史理论研究的前沿阵地，注重发掘中国史学理论遗产的当代价值，推动中西史学对话、比较研究，促进理论研究与实证研究的融会贯通。为此，本集刊欢迎研究、评析国内外的历史理论和史学理论，以及探索重大历史和现实问题的论文，同时也欢迎书评、专访、综述等方面的稿件。

二、本集刊提倡严谨的学风，坚持"百花齐放、百家争鸣"的方针，坚持相互尊重的自由讨论。本集刊发表的所有文章都不代表编辑部的意见，均由作者文责自负。

三、来稿请寄编辑部邮箱（lilunyushixue@sina.com），或登录投稿系统（www.iedol.cn）。

四、采用专家匿名审稿制度。

五、注释一律采用脚注。脚注格式请参《史学理论研究》注释规范及示例（http://lls.cssn.cn/xsqk/xsqk_sxllyj/sxllyj_bjjsgf/202006/t20200628_5162869.html），注释中所引书目、篇名，第一次出现时务请注明出版社名称和出版年份；论文则需注明所载刊物名称和期数。如果引用书目为外文，请用原文，不必译成中文。

六、投稿者（理论沙龙、书评等短篇除外）请提供300字的中、英文摘要和中文关键词。摘要不仅要说明文章所谈主要问题，而且要明确说明观点。

七、来稿请勿一稿数投，如发现这种情况，本刊将不支付稿酬，并在五年内不受理该作者稿件。本刊因人力和经费有限，来稿一律不退，请作者自留底稿。稿件发出三个月未收到采用通知可另行处理。

八、来稿请写明作者真实姓名（发表时笔名听便）、工作单位、职称或职务、通讯地址、邮政编码、电话号码和电子邮箱，以便联系。

《理论与史学》编辑部

2024 年 8 月

图书在版编目（CIP）数据

理论与史学 . 2024 年 . 第 2 辑：总第 11 辑 / 中国社
会科学院历史理论研究所中国史学理论与史学史研究室编 .
北京：社会科学文献出版社，2025.7. -- ISBN 978-7
-5228-5484-7

Ⅰ . K0-53

中国国家版本馆 CIP 数据核字第 2025N12U16 号

理论与史学　2024年第2辑（总第11辑）

编　　者 / 中国社会科学院历史理论研究所
　　　　　中国史学理论与史学史研究室

出 版 人 / 冀祥德
责任编辑 / 赵　晨
文稿编辑 / 孙少帅
责任印制 / 岳　阳

出　　版 / 社会科学文献出版社·历史学分社（010）59367256
　　　　　地址：北京市北三环中路甲29号院华龙大厦　邮编：100029
　　　　　网址：www.ssap.com.cn
发　　行 / 社会科学文献出版社（010）59367028
印　　装 / 三河市龙林印务有限公司

规　　格 / 开　本：787mm×1092mm 1/16
　　　　　印　张：19　字　数：291千字
版　　次 / 2025年7月第1版　2025年7月第1次印刷
书　　号 / ISBN 978-7-5228-5484-7
定　　价 / 128.00元

读者服务电话：4008918866